I0089290

Texte détérioré — reliure défectueuse

NF Z 43-120-11

Paul GABE

Curé de Pessan.

LES

ILLUMINÉS

ou

ANTICONCORDATAIRES

DE

L'ANCIEN DIOCÈSE DE LOMBEZ (GERS)

———❖———

En vente au profit d'une bonne Œuvre

AUCH

IMPRIMERIE CENTRALE — RUE DE LA TETE NOIRE

———

1906

LES ILLUMINÉS

ANTICONCORDATAIRES

DE L'ANCIEN DIOCÈSE

DE LOMBEZ

Paul GABENT

Curé de Pessan.

LES

ILLUMINÉS

ou

ANTICONCORDATAIRES

DE

L'ANCIEN DIOCÈSE DE LOMBEZ (GERS)

—+➤❋◄—

En vente au profit d'une bonne Œuvre

AUCH

IMPRIMERIE CENTRALE. — RUE DE BELFORT, 5.

1906

✝

A LA MÉMOIRE BÉNIE

DU CHER ET TOUJOURS REGRETTÉ

Monsieur Léonce COUTURE

QUI LE PREMIER NOUS AVAIT DONNÉ L'IDÉE

DE PUBLIER CES QUELQUES NOTES

ET LES AVAIT LUI-MÊME, DÈS 1899,

ANNONCÉES DANS LA

Revue de Gascogne.

※

AUCH, *le 3 Février 1906.*

Monsieur l'abbé Gabent, curé de Pessan, semble avoir reçu du Ciel d'une manière spéciale le don de faire revivre les oubliés de notre clergé diocésain. Dans le cours de l'année dernière, il publiait, sous le titre : Un Oublié, *une intéressante monographie d'un prêtre distingué, natif de notre diocèse, Monsieur l'abbé Bourgade, ancien chapelain de Saint-Louis de Carthage. Aujourd'hui il suit la même inspiration en faisant revivre sous nos yeux toute une série de personnages, qui ont rempli un rôle des plus étranges, au commencement du siècle dernier, dans la partie de l'ancien diocèse de Lombez, annexée au diocèse d'Auch par suite du Concordat de 1817. C'est une page attristée, mais extrêmement curieuse de l'histoire ecclésiastique de la contrée qu'il raconte avec une érudition remarquable et un palpitant intérêt, sous le titre «* Les Illuminés ou Anticoncordataires de l'Ancien Diocèse de Lombez. *»*

Le P. Drochon, des Augustins de l'Assomption, publiait il y a quelques années, une histoire de la « Petite Eglise anticoncordataire de France *», qui renferme de longs détails sur les dissidents du Poitou, de la Vendée, de Lyon et autres contrées de France ; mais il a si peu connu l'histoire de nos dissidents de Gascogne que tout ce qu'il en dit remplit à peine une demi-page et encore une demi-page qui n'est pas sans erreur.*

Monsieur l'abbé Gabent supplée à cette lacune regrettable. Il a eu la bonne fortune de voir les recherches patientes qu'il a faites à ce sujet aboutir à des résultats appréciables, et de mettre la main sur d'abondants dépôts de lettres émanant des personnages qu'il met en scène, et d'autres documents qui les concernent. Il a eu de plus l'avantage de passer les premières années de son sacerdoce au cœur même du pays infecté par la plaie du schisme anticoncordataire dans nos contrées. Il a vécu auprès d'anciens et vénérables prêtres qui avaient connu un grand nombre de ces personnages et dont les communications lui ont permis de déterminer d'une manière précise la portée de ces documents écrits, ainsi que le caractère et la valeur morale de leurs auteurs. Il était ainsi dans des conditions exceptionnelles pour tracer un fidèle tableau de l'épisode dont il s'est fait l'historien.

Chacun des auteurs qui figurent sur la scène y apparaît sous un jour bien déterminé : Monseigneur de Chauvigny de Blot, dernier évêque de Lombez, monsieur Lucrès, son vicaire général préféré, les prêtres du diocèse de Lombez et les fidèles leurs adhérents, avec un étonnant mélange d'austérité dans la vertu et de préventions obstinées contre l'autorité de l'Eglise ; monsieur l'abbé Chabanon, curé de Cologne, avec une orthodoxie, une sagesse et un dévouement à l'Eglise qui firent de lui le modèle du clergé à cette époque et l'homme de confiance de ses Supérieurs. Tous ces personnages concourent à faire de cette page d'histoire un drame saisissant que le lecteur suivra jusqu'au bout avec le plus vif intérêt, et d'où se dégage une leçon des plus salutaires. On comprendra en le parcourant que, par suite de l'imperfection humaine l'austérité dans la vertu ne défend pas toujours de l'erreur que les préjugés et l'ignorance peuvent stériliser les intentions les plus généreuses, et que, pour être assuré de demeurer toujours dans le droit chemin, il faut avant tout une soumission humble et courageuse à l'autorité de cette Eglise que saint Paul appelle la colonne et le soutien de la vérité.

Monsieur l'abbé Gabent déclare dans l'avant-propos de son ouvrage que bien des documents lui manquent pour retracer d'une manière complète l'histoire du schisme anticoncordataire dans l'ancien diocèse de Lombez ; mais, en attendant que des chercheurs plus heureux la complètent, on ne peut que lui savoir gré de nous donner un récit plein d'intérêt, et de fournir une importante contribution à l'histoire religieuse de notre pays par la mise en lumière des documents dont il a pu disposer, et que nous l'avions nous-même pressé de publier.

Nous sommes heureux d'accorder l'IMPRIMATUR à l'ouvrage de monsieur le curé de Pessan.

J. BÉNAC,

vic. cap.

AVANT-PROPOS

Rien n'a été publié, que nous sachions, sur les *Illuminés* de l'ancien diocèse de Lombez. Il nous a semblé que ce sujet, en le rattachant à l'histoire générale de l'Eglise et aux grands évènements du commencement du XIXe siècle pourrait avoir quelque intérêt.

Déjà, en 1860, dans le premier numéro du « Bulletin d'histoire et d'archéologie », M. Canéto[1], qui en était le directeur, engageait M. Davezac[2], curé de Puylausic, correspondant du comité pour le canton de Lombez, à faire des recherches « sur l'origine, les progrès et l'extinction de la Petite-Eglise » *dans ces contrées. Pourquoi M. Davezac a-t-il reculé devant ce travail? Nul n'y paraissait mieux préparé que lui ; il avait passé sa vie dans le pays qu'habitaient les Illuminés, et il lui eût été assurément facile, à son époque, de se procurer tous les renseignements désirables. Devenu chapelain de Notre-Dame de Cahuzac, il avait tous les loisirs nécessaires pour cette sorte d'études. Nous n'avons pas la prétention de prendre sa place et de nous faire l'historien de la Petite-Eglise. Tout nous manque pour nous attribuer ce rôle, et les qualités de l'écrivain et les documents indispensables. Mais, faute de mieux, nous nous permettons, pressé par nos amis, de livrer au*

---

[1] Le savant abbé François Canéto, né à Marciac en 1804, mort à Auch le 14 août 1884, à l'âge de 80 ans, vicaire général du diocèse depuis 1857.

[2] M. Germain Davezac, né à Lussan, près Fousseret, dans l'ancien diocèse de Lombez, en 1809, décédé à Gimont, où il était chapelain de Notre-Dame de Cahuzac, le 11 avril 1892.

public quelques notes bien décousues qui, pour être
intéressantes, auraient besoin d'être plus complètes. Les
faits que nous citerons sont puisés à des sources sûres;
les pièces inédites que nous produisons étant depuis
longtemps en notre possession, après nous être tombées
sous la main d'une manière bien fortuite. Il nous a été
permis de puiser quelques documents dans les archives
de l'archevêché. Les archives des paroisses et de quelques familles de l'ancien diocèse de Lombez en renferment certainement d'autres sur cette matière. En
portant l'attention de ce côté, notre publication si
imparfaite pourrait au moins avoir pour résultat de
les faire mettre au jour.

Le R. P. Drochon[1], des Augustins de l'Assomption,
a fait, il est vrai, une histoire de la « Petite-Eglise
concordataire », où l'on trouve des chapitres très inté-
ressants sur les « Dissidents » de Poitiers, de Lyon,
de la Vendée, du Rouergue, etc., mais il a dû être peu
et mal renseigné sur ce qui regarde notre pays. Quoiqu'il ne lui ait consacré qu'une demi-page, il lui est
échappé plus d'une erreur.

Ce qu'il dit du sanctuaire de Cahuzac manque
d'exactitude; il n'y a de vrai que le fait de la possession de la sainte chapelle par les Illuminés durant
quelques années.

Il est faux que la chapelle « ne se vendit pas pendant
la Révolution faute d'acquéreurs ». Elle fut vendue
comme bien national et achetée le 5 messidor an IV
(23 juin 1796), par une bonne chrétienne de Gimont,
Jeanne Labédan, qui eut le malheur plus tard de
tomber dans le schisme.

---

[1] Maison de la Bonne Presse, 8, rue François Ier, Paris, 1894.

Il est également faux que « la chapelle fût rachetée par M. l'abbé de Cahuzac. » *Ce saint prêtre se mit au service de la chapelle, mais il n'en fut jamais le propriétaire. Elle était tombée dans les mains de l'abbé Verdier, prêtre Illuminé, ancien chapelain, qui consentit à la céder à la commune de Gimont par acte public, passé le 26 août 1821.*

En disant que « dans le diocèse d'Auch les schismatiques durent être peu nombreux, grâce à la parfaite orthodoxie de son archevêque, Mgr de La Tour-du-Pin-Montauban [1] », *le P. Drochon est dans le vrai; il n'y eut pas, en effet, que nous sachions, une ombre de schisme dans l'ancien diocèse d'Auch. Mais il ne faut pas oublier que le nouveau diocèse d'Auch, tel qu'il existe depuis le Concordat, est composé de quatre anciens diocèses : Auch, Lectoure, Condom et Lombez [2], et que le dernier titulaire de ce dernier siège fut un des adversaires les plus ardents du Concordat, contre lequel il insurgea son diocèse, dont une partie fut réunie à Toulouse et une autre partie, la plus considérable, à Agen d'abord et puis à Auch [3], qui, par suite de cette annexion, a eu jusqu'à ces derniers temps des adeptes trop nombreux de la Petite-Eglise, désignés dans le pays sous le nom d'Illuminés.*

---

[1] *Mgr Louis-Apollinaire de La Tour-du-Pin-Montauban avait été évêque de Nancy avant de devenir archevêque d'Auch. Ayant donné sa démission en 1801, à la demande de Pie VII, il fut nommé, après le Concordat, évêque de Troyes où il mourut en 1807.*

[2] *Les évêchés d'Auch et de Lectoure remontent aux premiers siècles de l'Eglise. Ceux de Condom et de Lombez furent érigés par le Pape Jean XXII, en 1317.*

[3] *Le siège archiépiscopal d'Auch fut rétabli seulement par le Concordat de 1817 qui ne fut mis à exécution qu'en 1822.*

DIOCÈSE DE LOMBEZ

au XVIIe Siècle

DIVISÉ EN V DISTRICTS

1° Le bas district de Lombez
2° Le haut district de Lombez
3° Le district de Rieumes
4° Le district de Gimont
5° Le district de Cologne

ARMES DE MONSEIGNEUR DAFFIS, Evêque de Lombez. MDCCXXVII.

DIOCÈSE DE LECTOURE

DIOCÈSE D' AUCH

DIOCÈSE DE COMINGES

DIOCÈSE DE RIEUX

DIOCÈSE DE TOULOUSE

DISTRICT DE COLOGNE

DISTRICT DE GIMONT

BAS-DISTRICT DE LOMBEZ

HAUT-DISTRICT DE LOMBEZ

DISTRICT DE RIEUMES

Tournecoupe — Pessoulens — Marignac — Estramiac — Avezac — Faget — Homps — Goas — Lamothe-Cabanac — Lagraulet — Mauban — Le Causé — Briguemont — Mas — Calz — St Paul — St Amé — Laréole — Cologne — Andrés — Ladours — Le Grez — Gaubrac — Cerac — St Orens — Sifac — Quintigniau — Encausse — St Criez — St Agatha — Vignaux — Bellegarde — Touget — Silsa — St Germier — Montgaillard — Roquelaure — Thoux — Monbrun — St Marie — St Aubin — Beaupuy — St Livrade — Ségoufielle — Escornebœuf — Gatonvieille — Razengues — Clermont-Savès — Gimont — Ambon — St Garbic — L'Isle-Jourdain — Giscaro — Moras-en-Savès — Maurens — St Frégouville — Pujaudran — Aurimont — St André — Castillon-Savès — Marestaing — Aurade — Lias — Lahas — Cazaux-Savès — Endoufielle — Bonrepos — Bézéril — La Bastide-Savès — Azimont — Lambès — Noilhan — Empeaux — Saignède — Tirent — Pompiac — La Peyrigne — St Thomas — Polastron — Samatan — Nizas — Réjaumes-Savès — St Foy — St Lys — Gaujac — Lahillère — Savignac-Mona — Bragayrac — Monbardon — Monblanc — Rèbes — Forgues — Labouères — Beaufort — Sauveterre — Mourtens — Laloube — Lafage — Mongras — Sabaillan — Replaus — Sauvimont — Laymont — Monès — Plaignolle — Rieumes — Poucharramet — Cadeillan — Montadet — Monjagal — St Jean-de-Naché — St Arroman — Laulignac — Espaon — Cazarret — St Lizier-de-Planté — Pouy-Loubaer — Le Pin — Monipesat — St Vérac — Sarrat — Miramont — Savignac-Mona — Gajan — Moniastruc — La Bastide-Clermont — L'Isle-en-Dodon — Agassac — Nécas-ou-Mauvezin-Savès — Goudets — Arailles — Castelgaillard — Ambats — Sénarens — Castres-la-Brande — Coudills — Riulas — Cazac — La Bastide-Paume — Paulastron — Brandé — Rustignac — Fébas — Aubran — Montégut — Lussan

Signes conventionnels :

- ⊙ Evêché
- ◉ Chef-lieu de district
- ♀ Paroisse ou matrice
- ○ Annexe
- ⚭ Abbaye
- ♀ Prieuré
- ┼┼┼ Division du diocèse
- ───── Division des districts

Echelle : 0 .... 5 .... 10 Km

A. Branlat 1929

CHAPITRE PRÉLIMINAIRE

Quelques mots sur l'Evêché de Lombez. — Son Origine. — Son Etendue. — Ses Divisions. — Ses Maisons religieuses. — Ses Evêques.

Lombez, autrefois ville épiscopale de la province ecclésiastique de Toulouse, aujourd'hui modeste sous-préfecture du département du Gers, est agréablement située dans la belle vallée de la Save, une des plus fertiles du Midi.

L'ancienne cathédrale, de la fin du xIVᵉ siècle, peut être rangée, malgré quelques irrégularités assez singulières, parmi les monuments religieux les plus remarquables de la région.

Le pays de Lombez fut évangélisé, dès les premiers siècles, par saint Majan qu'il honore comme son apôtre, et dont le culte remonte à une haute antiquité. Cependant l'histoire ne nous permet de rien préciser sur son apostolat. D'après la tradition « *un duc d'Aquitaine, nommé Raymond, donna le lieu appelé Lombez à l'Abbé et aux moines de Saint-Thibéry pour y bâtir un monastère. Dans un oratoire* [1], *sur une colline à côté de la ville,* ajoute la légende, *on conservait les reliques de saint Majan qui, au IXᵉ siècle, sans doute pour les soustraire aux invasions des Barbares, furent portées dans le monastère de Cognes, appelé plus tard Villemagne. A la fin du XVIIᵉ siècle, l'évêque Cosme Roger obtint des moines de Villemagne la restitution d'un bras du saint patron du diocèse, que tout le peuple de Lombez reçut avec des transports de joie et conserve comme son plus précieux trésor* ». C'est tout ce que nous apprend sur saint Majan [2] le *Bréviaire romain* qui n'est que la reproduction de celui de Lombez.

---

[1] L'antique chapelle de Saint-Majan, bâtie sur un côteau au nord de la ville, fut démolie en 1793, elle a été relevée de nos jours dans des conditions modestes et trop peu solides.

[2] Dans les *Annales de Bretagne*, janvier 1904, M. Fr. Duine a publié la bibliographie de saint Méen en soixante-quatre numéros portant sur le nom, la vie, la critique des sources, le culte, l'iconographie de ce saint, et il prétend que c'est le même que *celui qui est honoré en Gascogne, particulièrement à Lombez, sous le nom de saint Majan.* Nous laissons aux érudits le soin de se prononcer sur cette opinion qui nous paraît bien nouvelle.

Saint-Thibéry (qui tire son nom d'un saint martyrisé l'an 304 sous Dioclétien) était une abbaye de Bénédictins, de l'ancien diocèse d'Agde. Villemagne était aussi une abbaye de l'Ordre de saint Benoît et appartenait au diocèse de Béziers. Tous ces lieux dépendent aujourd'hui du diocèse de Montpellier.

Les reliques de saint Majan se trouvent encore dans l'église de Villemagne et on les y garde avec un soin jaloux. L'abbé Abadie, ancien missionnaire d'Auch, mort en 1864, originaire de Saint-Lizier-du-Planté et fort attaché à son pays, racontait à ce propos une piquante histoire.

Vers 1835, étant vicaire à Lombez, il fit avec un de ses confrères le pèlerinage de Villemagne pour y vénérer les pieuses reliques d'un saint qu'il aimait. Très porté à la plaisanterie, l'abbé Abadie, eut l'imprudence à son arrivée à Villemagne, de dire que saint Majan avait été volé à Lombez et qu'il venait au nom des Lombéziens, pour reprendre leur propriété. Cette nouvelle mit tout le bourg en émoi. Les habitants s'attroupèrent et suivirent en grand nombre ces deux étrangers à l'église, prêts à leur faire un mauvais parti s'ils avaient touché aux saintes reliques; on ne parlait de rien moins que de les jeter dans la rivière de l'Orb, qui coule à côté. *Loin de pouvoir reprendre les os de notre saint Majan*, disait l'abbé Abadie, en feignant un air sérieux, *nous fûmes heureux de ne pas y laisser les nôtres.* S'il y a quelque exagération dans ce récit, il n'est pas invraisemblable. Ceci se passait dans un pays où les têtes sont fortement chauffées par le soleil du Midi.

Le monastère fondé à Lombez par les moines de Saint-Thibéry en conséquence de la donation qui leur avait été faite par le duc d'Aquitaine, devint une abbaye de l'Ordre de saint Augustin.

Cette abbaye avait acquis une grande importance, quand le Pape Jean XXII, en 1317, y créa un évêché qui n'était pas un des moins considérables de cette époque. Il avait une longueur de près de cent kilomètres du nord au midi [1], de Maubec, canton de Beaumont-de-Lomagne (Tarn-et-Garonne), à Fustignac, canton de Fousseret (Haute-Garonne), qui étaient ses

---

[1] Voir la carte ci-jointe de l'ancien diocèse de Lombez.

deux points extrêmes. Il comptait une centaine de paroisses, plusieurs petites villes : Lombez, Samatan, Gimont, Rieumes, Cadours, Cologne, Mauvezin, Touget, Sarrant, Solomiac, etc. Mgr d'Affis en 1627, avait divisé le diocèse en cinq districts : 1° haut district de Lombez; 2° bas district de Lombez; 3° district de Rieumes; 4° district de Gimont et 5° district de Cologne. Au xviii° siècle, les deux districts de Lombez, avaient été subdivisés et partagés en quatre, ayant chacun un point central pour la tenue des conférences ecclésiastiques. C'était dans le haut district, Garravet et Cazac, et le bas district, Samatan et Endoufielle.

Il y avait dans ce diocèse, un grand nombre de maisons religieuses ; à Lombez un couvent de Capucins, fondé en 1663 par l'évêque Séguier de la Verrerie, et un couvent de Bernardines fondé en 1640 par noble dame Marie de Gombault, sous l'épiscopat de Jean d'Affis ; à Samatan un couvent de Cordeliers, fondé en 1271 par Bernard comte de Comminges, et un couvent de Minimes, fondé en 1534, par noble Bernard de Lartigue, sous l'épiscopat de Bernard d'Ornézan ; à Gimont un couvent de Capucins, fondé en 1604 et un couvent d'Ursulines, fondé en 1610 par dame Catherine de Pins de Monbrun, plus le college Saint-Nicolas, tenu par les Pères de la Doctrine Chrétienne, fondé sous François Ier en 1545; à Cologne un couvent de Tertiaires-Franciscains, fondé par Jacques de Griffolet en 1648, sous l'épiscopat de Jean d'Affis ; à Mauvezin un couvent de Jacobins, fondé en 1372, par noble Jean d'Armagnac, vicomte du Fezensaguet ; à Touget un prieuré de Bénédictins de l'Ordre de Cluny, un autre à Sillac, et autrefois un autre à Avinsac et un autre à Fustignac ; à Cazaux, un couvent de Minimes, fondé en 1691 sous l'épiscopat de Cosme Roger par dame Anne de Balernay, épouse de l'amiral Bernard de la Valette [1]. De plus les Chevaliers de l'Ordre hospitalier et militaire de Saint-Jean de Jérusalem ont possédé deux comman-

---

[1] A ce couvent était confiée la garde du tombeau du duc d'Epernon, gouverneur de la Guienne, un des *mignons* d'Henri III, mort à Loches, en 1642. Le dernier des Valois, s'etait rendu méprisable par ses prodigalités, ses débauches, ses honteuses complaisances pour ses favoris, que l'histoire a flétris du nom de *mignons*. Ce nom humiliant a été donné surtout au duc d'Epernon, à Joyeuse et à Saint-Luc.

deries dans l'ancien diocèse de Lombez : l'une à Samatan,
dépendant du prieuré de Roncevaux, en Navarre, qui a fini à
une date que nous ne saurions pas plus préciser que celle de
sa fondation, et l'autre à Poucharramet [1], dans le district de
Rieumes, dont le commandeur était seigneur, ainsi que de
Saint-Jean-du-Planté, encore vers la fin du xviii° siècle, comme
le témoigne le Pouillé du diocèse fait en 1779 par ordre de
Mgr de Fénelon [2].

Le diocèse de Lombez s'est toujours distingué par la piété
de ses habitants. Pendant une mission que prêchait à Lombez
en 1824, M. Alexis Dupin [3], supérieur des missionnaires d'Auch,
avec deux de ses collègues, il écrivait à M. Fénasse [4] à la date
du 14 mars : *Ce pays est le meilleur que nous ayons trouvé
jusqu'ici. Si nous trouvions partout les mêmes dispositions qu'à
Lombez, nous reviendrions aux temps les plus florissants de
l'église. Vous ne vous imaginez pas avec quel empressement on
court à nos instructions; c'est un enthousiasme indescriptible. Si
nous pouvions nous partager en quatre pour avoir douze confes
seurs, nous confesserions un peuple immense, tandis qu'en confes-
sant nuit et jour, nous ne pouvons donner satisfaction qu'à un
petit nombre de ceux qui se présentent. Les prêtres voisins nous
portent quelques secours, mais il nous en faudrait bien d'autres.*
(Lettres conservées dans les archives de l'archevêché). De nos
jours encore, au milieu de cette décadence morale, qui est le
triste caractère de notre siècle, les populations des bords de la
Save, n'ont pas entièrement perdu leur bonne réputation
d'autrefois, et les archevêques d'Auch, se plaisent à répéter
que ce pays est le parterre de leur diocèse.

Le culte de la très Sainte-Vierge ne pouvait qu'être en
honneur dans un diocèse si religieux. Un très grand nombre
d'églises lui sont consacrées, y compris l'ancienne cathédrale,

---

[1] A cette commanderie avait été unie celle de Juzet, près de Luchon.
[2] La *Revue de Gascogne* (juillet 1095), dans un article signé V. Auriol,
nous apprend que Cadeillan, près Lombez, était un membre de la
commanderie de Montsaunès, en Comminges.
[3] M. Alexis Dupin, né à Cabas, mort à Auch en 1857, après avoir été
supérieur du Grand Séminaire et vicaire général de Mgr de La Croix.
[4] M. Fénasse est mort à Auch en 1847, après avoir été vicaire général
de trois archevêques, et avoir refusé par humilité en 1828 l'évêché de
Bayonne.

dont saint Majan est le patron secondaire, et qui a pour titulaire la Nativité de la Sainte-Vierge, et l'église paroissiale de Gimont, la seconde du diocèse, placée sous le vocable de l'Assomption.

Deux antiques sanctuaires de Marie semblaient veiller sur ce diocèse et lui servir de rempart : Notre-Dame de l'Ormeau à Cahuzac, du côté du couchant, et Notre-Dame de l'Ormette aux portes de Rieumes, du côté du levant. La dénomination de ces deux sanctuaires paraît indiquer une origine à peu près semblable, mais la légende du sanctuaire de l'Ormette, sans assigner à sa fondation une date précise, la fait remonter plus haut.

Le sanctuaire de l'Ormette était déjà ancien, en 1513, quand la Très Sainte Vierge daigna manifester sa puissance à Cahuzac[1], et les évêques de Lombez l'avaient toujours aimé d'un amour de prédilection, parce qu'en réalité il était le seul qui appartint à leur diocèse, puisque Cahuzac était du diocèse d'Auch, les deux diocèses étant en cet endroit limités par la Gimone. Notre-Dame de l'Ormette mériterait donc d'être plus connue des populations lombéziennes[2]. C'est un lieu de pèlerinage où plusieurs paroisses du canton de Rieumes se rendent en procession, et qui, en 1618, à la demande de Bernard d'Affis, qui en reconnut l'authencité, fut enrichie de nombreuses indulgences par une Bulle du Pape Paul V. A l'ombre de cette pieuse chapelle naquit, en 1503, d'une humble famille de paysans, le cardinal Suau, dit cardinal de Rieumes, mort à Rome en 1565, après avoir signé la Bulle du Pape Pie IV pour la confirmation du concile de Trente, sous le nom *ego Joannes cardinalis Rieumanus*. Il avait été évêque de Mirepoix, un des anciens sièges épiscopaux de la province de Toulouse, relevant aujourd'hui du diocèse de Pamiers.

Nous connaissons dans l'ancien diocèse de Lombez une autre

---

[1] Il est vrai que dans un récent ouvrage sur Notre-Dame de Cahuzac, un écrivain sérieux et très compétent pour toutes ces questions d'histoire, fait remonter la fondation de cette chapelle à une date bien antérieure à 1513. Je veux parler de M. l'abbé Cazauran.

[2] Manuel de Notre-Dame de l'Ormette, par l'abbé A. V., Toulouse, d'Edouard Privat, 1881.

chapelle de dévotion dédiée à la Sainte-Vierge, qui paraît avoir eu autrefois une certaine renommée, c'est Notre-Dame de Dieucède, au sommet d'un coteau au levant du village de Lahas, entre Gimont et Samatan. A Lahas comme à Puycasquier, les fidèles ont désiré reposer après leur mort à l'ombre du pieux sanctuaire de Marie, et Notre-Dame de Dieucède comme Notre-Dame de Gaillan se trouve aujourd'hui au milieu du cimetière de la paroisse. Cette chapelle avait été démolie pendant la Révolution. D'une requête adressée le 22 octobre 1820, par les habitants de Lahas à Mgr l'Evêque d'Agen, il résulte que, *conformément au vœu des fidèles, la Fabrique avait commencé en 1817, de relever les ruines de la dévote chapelle et qu'elle y avait épuisé ses ressources.* A la date du 2 juillet 1830, M. Boussés, curé de Lahas, écrit à Son Eminence le Cardinal d'Isoard, archevêque d'Auch : *Il a toujours existé sur le territoire de Lahas et sur le sol du cimetière une chapelle dédiée à la Très-Sainte-Vierge. Elle fut rasée dans les mauvais jours de la Révolution, mais dans nos temps plus heureux, avec l'agrément de l'autorité diocésaine, et sous la protection de notre bon roi, la piété du peuple a relevé ce temple, où elle a toujours obtenu, par l'intercession de l'Auguste Mère de Dieu, des grâces nombreuses, particulièrement l'éloignement des fléaux qui menacent les récoltes; l'édifice est fini à la grande joie de toute la contrée.* Et M. le Curé demande à l'archevêque de déléguer pour le bénir et bénir aussi une cloche, M. Macon, curé de Samatan. La chapelle de Notre-Dame de Dieucède a les proportions d'une église de campagne, mais sans aucun caractère architectural. Elle paraît bien un peu délaissée aujourd'hui par les populations environnantes; elle est néanmoins décemment tenue, et la vue du cimetière qui l'entoure porte à y prier pour les pauvres morts, sans négliger la Très-Sainte-Vierge Marie qui est leur puissante avocate auprès de Dieu.

Depuis son érection au commencement du xiv° siècle jusqu'à sa suppression, à la fin du xviii° siècle, le diocèse de Lombez a eu trente-trois évêques. Tous, sauf un peut-être [1], ont honoré

---

[1] Celui qui ferait tache, dans cette liste de saints pontifes, serait Antoine Olivier de Leuville, frère de François Olivier, chancelier de France (1552-1571), sur lequel planent des soupçons d'hérésie, et qui

leur état par la sainteté de leur vie. Il y en eut d'illustres :
de 1328 à 1341, un Jacques Colonna, de la noble famille romaine
de ce nom, qui amena dans ces contrées Pétrarque, le grand
poète italien, qu'il fit chanoine de Lombez [1], de 1425 à 1430, le
cardinal Pierre de Foix, qui joua un rôle glorieux dans les
affaires du schisme d'Occident; de 1473 à 1499, le cardinal de
Bilhères de la Graulas, grand prélat et grand diplomate; de
1551 à 1598 un Pierre de Lancrau, l'ami et conseiller du saint
abbé de la Barrière, fondateur des Feuillants, auquel il conféra
lui-même la dignité abbatiale le 7 avril 1577, à Toulouse, dans
l'église de la Daurade; de 1671 à 1711, un Cosme Roger, ancien
général des Feuillants, un des orateurs sacrés les plus goûtés
à la Cour de Louis XIV; de 1771 à 1787, un Fénelon. héritier
des vertus de l'archevêque de Cambrai, doué comme son grand-
oncle, d'un fond inépuisable de bonté qui lui gagnait tous les
cœurs, bien que son nom soit moins retentissant dans l'histoire
que celui de son grand vicaire, le cardinal Maury [2].

Léon-François Ferdinand de La Mothe-Fénelon, évêque de
Lombez, était fils du marquis Jacques de Fénelon, chevalier
des Ordres du roi, ambassadeur à La Haye, que l'archevêque
de Cambrai aimait d'un amour de prédilection, comme le
témoigne l'intéressante correspondance que nous retrouvons
dans ses *Œuvres*. C'est à lui qu'il confia son manuscrit du
Télémaque, dont les premières éditions furent publiées en
Hollande. Il fut mortellement blessé à la bataille de Rocoux [3],
étant lieutenant général, et il mourut trois jours après, 11 octobre 1746. *Le marquis de Fénelon,* nous disent ses biographes,
joignait toutes les vertus de son oncle à tous les talents militaires.

---

laissa pourtant à sa mort, ses joyaux et des biens considérables à son
église de Lombez.

[1] Voir dans la *Revue de Gascogne,* tome xxi, Pétrarque et Jacques
Colonna, par Léonce Couture.

[2] Le cardinal Maury, né à Valréas (1746), diocèse de Vaison dans
l'ancien Comtat Venaisin, mort à Rome en 1817, a séjourné à Lombez
de 1771 à 1773, environ deux ans. En sa qualité de vicaire général, il
allait faire passer les examens au collège de Gimont, et M. Lacoste,
mort curé de Gimont en 1841, aimait à rappeler qu'il avait été plusieurs
fois examiné par lui.

[3] Rocoux est un village de Belgique à quelques lieues de Liège où
l'armée française, commandée par le maréchal de Saxe, remporta, en
1746, une éclatante victoire sur les *alliés.*

. **Son fils, avant** d'être évêque, était à Paris aumônier du roi.
A Lombez, pendant les seize ans de son épiscopat, il se fit
bénir des grands et des petits, et il emporta les regrets de tout
le diocèse, quand, à peine âgé de 53 ans, il mourut, loin de son
troupeau, en 1787, à Bagnères-de-Bigorre. Son corps fut recon-
duit à Lombez par le chanoine Aygobère[1]. C'est le dernier
évêque de Lombez qui ait pu reposer dans sa cathédrale[2].

. M. l'abbé Lestrade, qui a consacré dans la *Revue de Gascogne* des pages très intéressantes à Mgr de Fénelon, signale
(n° de juin 1905) le décès de la mère de ce prélat, *survenu*, dit-il,
en 1782, au palais épiscopal de Lombez, se fondant sur un
article des *Affiches de Toulouse, n° d'octobre 1782*, qui nous
apprend qu'*un service funèbre fut célébré pour elle dans chaque*

---

[1] Le chanoine Aygobère devint plus tard curé de Saint-Orens, près
de Mauvezin, où il mourut en 1842, à l'âge de 77 ans. Il était frère de
l'infortuné Grégoire Aygobere de Maubec, capitaine de la garde nationale de Solomiac, dont la fin fut si tragique. Ayant pris part à l'insurrection de l'an VII, qui éclata sur la fin de juillet 1799 et au combat de
l'Arraset (près Solomiac), qui mit en déroute les royalistes, il fut fait
prisonnier par les républicains, conduit à Toulouse, traduit devant un
conseil de guerre et condamné à mort le 1er complémentaire * an VII.
Il fut fusillé trois jours après, le 4e complémentaire (20 septembre
1799). Il n'était âgé que de 37 ans. Son frère Louis-Antoine, tombé
dans les mains de la police, avait été conduit pour refus de serment
de la maison d'arrêt d'Auch dans celle de Perpignan, pour comparaître
devant la commission militaire (30 juin 1798), et il aurait probablement
subi le sort de son malheureux frère s'il n'avait réussi, à l'aide d'un
déguisement que lui avait procuré une dame de la ville, à s'évader, à
franchir la frontière et à gagner Sarragosse où il attendit la fin de la
Révolution.
[2] L'auteur si connu du *traité de la paix intérieure*, le R. P. Ambroise de
Lombez, appartenait à la famille de La Peyrie, et naquit dans cette ville
dans les premières années du XVIIIe siècle. Ce n'est pas une des moin-
dres gloires de Lombez que d'avoir donné le jour à ce saint religieux
dont la cause de la béatification est à la veille d'être introduite en cour
de Rome.

---

* La loi du 5 octobre 1793 avait aboli le calendrier Grégorien et lui
avait substitué une nouvelle distribution de l'année en douze mois de
trente jours chacun, à la suite desquels on avait pris cinq jours pour les
années ordinaires et six pour les années bissextiles. Ces jours étaient
appelés *complémentaires*, et l'année commençait le 22 septembre de
l'année vulgaire. Le calendrier républicain fut suivi pendant treize ans;
le calendrier Grégorien fut remis en usage par un sénatus-consulte à
partir du 1er janvier 1806.

église du diocèse de Lombez. La preuve ne nous paraisssant pas concluante, nous sommes allés aux informations : un de nos amis a parcouru avec le plus grand soin les registres paroissiaux et nous avons acquis la conviction que Mme la marquise de Fénelon n'est pas morte à Lombez,

Le témoignage d'attachement que le diocèse donne à son évêque dans cette circonstance, n'en est que plus touchant et nous prouve combien étaient étroits les liens qui unissaient le troupeau et le pasteur.

CHAPITRE I.

Le dernier Évêque de Lombez. — Sa Naissance. — Sa Famille. —
Ce qu'il fut avant son Episcopat. — Brioude. — Toulouse. — Sa
Nomination à l'Evêché de Lombez. — Accueil qui lui est fait
dans son Diocèse. — La Révolution éclate. — Premières tracasseries qu'il a à subir. — Il est obligé de se cacher.

A Mgr de Fénelon succéda Mgr Alexandre-Henri de
Chauvigny de Blot. Il était de haute lignée. Sa famille était une
des premières du royaume. Elle appartenait à cette vieille
province d'Auvergne d'où sortirent tant de cœurs valeureux,
tant d'âmes fortement trempées. Le berceau de cette branche
des Chauvigny était à Blot l'Eglise, petite paroisse du canton
de Menat, entre Montluçon et Riom. Les ruines imposantes
de son château de Blot-le-Rocher, dans un des plus beaux sites
des bords de la Sioule, font l'admiration des touristes. Le
château de Rochefort à Saint-Bonnet, où, d'après quelques
chroniqueurs, naquit notre évêque[1], est habité aujourd'hui par
M. le vicomte du Authier, et les Chauvigny de Blot n'ont
plus un représentant dans ce pays. Nous avons fini par en
découvrir un au château du Tyrondet par Evaux (Creuse) :
Madame la comtesse Henry de Loubens de Verdalle, née de
Chauvigny de Blot, et nous n'avons eu qu'à nous louer de la
parfaite courtoisie de M. le comte de Verdalle et de son fils,
M. le vicomte Fernand. qui a mis la meilleure grâce à nous
être agréable, mais qui, malheureusement, n'a pu nous fournir
le moindre document intéressant. On dirait que tous les liens

---

[1] D'après M. Benaben (*Revue de Gascogne*, mai 1905), M. de Chauvigny serait né à *Saint-Gal, diocèse de Clermont*. C'est une opinion que
nous n'oserions pas contredire, attendu que nos efforts pour trancher
cette question sont demeurés sans résultat et que les renseignements
qu'on nous a fournis ne nous ont pas été garantis. M. Benaben peut
avoir puisé les siens à de meilleures sources.

qui rattachaient l'évêque de Lombez à sa famille ont été absolument rompus. Il est probable que, comme il est mort loin
d'elle et entouré à Londres de ses nombreux partisans, tout ce
qui pouvait nous éclairer sur sa vie et son épiscopat est passé
dans des mains étrangères sans nous laisser le moindre indice
pour aider nos recherches. Mme la comtesse de Loubens de
Verdalle, fille de M. le comte Amable de Chauvigny de Blot,
n'a pas connu son père qu'elle perdit étant encore en bas âge
et n'a pu, par conséquent, rien apprendre relativement à son
grand-oncle. Les papiers de famille ont disparu. On a également perdu la trace depuis la Révolution des autres membres
de cette illustre famille.

Dans le passé, les Chauvigny ont toujours figuré avec honneur dans l'Histoire de France. Leur nom a été porté par plus
d'un vaillant capitaine, heureux de verser son sang pour la
patrie. Ils ne se sont pas moins illustrés au service de l'église
et dans la pratique des vertus chrétiennes. Les actes de l'église
d'Apt en Provence, nous font connaître une Charlotte de
Chauvigny de Blot, abbesse de Sainte-Croix d'Apt, qui mourut
en odeur de sainteté en 1637, après avoir gouverné son monastère avec une sagesse remarquable pendant quarante-six ans.
On lisait, sur son tombeau, cette épitaphe si élogieuse : *Hic
jacet pauperum mater Dom. Carola de Chauvigny de Blot.
Muliebre nihil habuit nisi sexum, fortis in utraque fortuna,
virago fuit a teneris, manu benefica, miseris subsidio, ortu clara,
meritis excellentior, charitatis operibus in omnes fæcundissima,
labentem jam domum 50 annorum cura firmavit pietate œcono-
mica restituit, redditibus ampliavit Fama tantis virtutum innixa
fulcris erit nescia lapsus. Misericors tandem heroissa ubertim
collegit misericordiæ fructus ; fœnerabatur enim Domino octo-
genaria major.*

Nous trouvons aussi un de Chauvigny de Blot, abbé de
Celles-Frouin, diocèse d'Angoulême, député de l'Assemblée
du clergé de France en 1715, où il se signala par son éloquence.
Mais l'homme qui ne devait pas moins honorer cette noble
famille, malgré l'erreur inconsciente, sans doute, dans laquelle
il tomba, c'est le dernier évêque de Lombez, Alexandre-Henry
de Chauvigny de Blot.

Né en 1751, il était fils de messire Gilbert-Joseph-Michel

de Chauvigny de Blot et de dame Marie-Valette de Rochevert
de Bosredan.

Nous avons découvert naguère sur les de Chauvigny de Blot
une notice publiée dans la *Revue d'Emulation et des Beaux-Arts
du Bourbonnais*, par le commandant du Broc de Ségange.
Après la longue série de leurs illustres aïeux, figurent le père
et la mère du dernier évêque de Lombez dont les noms sont
exactement tels que d'autres documents nous les ont fait
connaître. Quant au lieu de la naissance de Mgr de Chauvigny,
l'auteur ne se prononce ni pour Saint-Gal ni pour Saint-Bonnet
de Rochefort. Dans chacune de ces deux localités qui ne sont
pas très éloignées l'une de l'autre, on voit des ruines de châ-
teaux ayant appartenu aux Chauvigny.

Le comte Gilbert-Joseph-Michel, père de l'évêque, habitait,
au moment de la Révolution, le château de Saint-Allyre-Jarry,
près Saint-Gérand-le-Puy, qu'il avait recueilli en héritage de
son grand-oncle maternel. Il était, en 1791, maire de Saint-
Allyre. Pendant la Révolution, dénoncé comme aristocrate,
il fut incarcéré dans la prison de Cusset, ses biens furent
confisqués, et on trouve dans les archives d'Avrilly plusieurs
pétitions faites par lui pour son élargissement et le recouvre-
ment de ses propriétés. Ces pétitions sont apostillées par les
municipalités de Saint-Gérand-le-Puy, de Saint-Allyre et de
Saint-Etienne. Pendant sa détention, le 8 floréal an II, il
expose que lui et sa femme ont 5o ans de mariage, que leur fils
Gilbert-Marie-Louis est mort à l'étranger, mais avant le *vertige
de l'émigration,* et qu'il ne peut avoir à répondre de leur fils
l'évêque de Lombez. Le comte de Chauvigny fut transféré de
Cusset à Moulins le 24 octobre 1793 où il fut détenu avec sa
femme et ses filles au couvent des Carmélites. Il obtint enfin
sa liberté le 17 frimaire an III.

Outre Gilbert-Marie-Louis, mort comme nous venons de le
voir avant 1792, sur la terre étrangère, l'évêque de Lombez eut
un autre frère, Jean Gilbert, vicaire général de Mgr de La
Croix de Castries, évêque de Vabres. Celui-ci avait prêté le
serment constitutionnel en septembre 1792, à Saint-Gérand-
le-Puy, où il s'était retiré, mais il dut le rétracter, car il fut
emprisonné et envoyé sur les pontons de Rochefort, où il
mourut le 1er vendémiaire an III.

Alexandre-Henri fut d'abord chanoine-comte du chapitre noble de Saint-Julien-de-Brioude. Dans les années qui précédèrent sa promotion à l'épiscopat, il était devenu vicaire général de Toulouse, et prieur commandataire de Saint-Pierre-de-Villars, dans ce même diocèse. L'*Almanach historique de Baour* porte la mention de M. de Chauvigny de Blot comme vicaire général de Toulouse en 1786, 1787 et 1788 avec l'indication de son adresse, rue Bouquier, pour les deux premières années. Pour 1788 il n'est indiqué d'autre domicile que l'archevêché. Nous savons par une de ses lettres qu'il reçut la consécration épiscopale le 3o mars 1788, probablement des mains du tristement célébre cardinal de Loménie de Brienne[1] qui, à cette même époque, se faisait nommer ministre et archevêque de Sens, laissant le siège de Toulouse à Mgr de Fontanges[2].

M. de Chauvigny de Blot avait à peine trente-sept ans quand il prit possession du diocèse de Lombez et son arrivée y fut saluée avec enthousiasme, parce que sa jeunesse et sa distinction semblaient promettre un long et fécond épiscopat. Les vieillards ont entendu dire à ses contemporains, que le dernier évêque de Lombez était un type de gentilhomme; dont la noblesse du pays, encore très nombreuse à cette époque, était fort engouée. L'occasion s'offrit bientôt pour lui de prouver qu'il ne possédait pas moins les vertus épiscopales.

Il y avait à peine quelques mois qu'il avait pris possession de

---

[1] Etienne-Charles de Loménie de Brienne, né à Paris en 1727, ami de d'Alembert et des philosophes du jour, évêque de Condom en 1760, archevêque de Toulouse en 1763, archevêque de Sens en 1788, prêta en 1791, le serment à la Constitution civile du clergé, et renvoya au Pape le chapeau de cardinal. Sa conduite scandaleuse ne le sauva pas des fureurs révolutionnaires. Il allait être arrêté quand il fut trouvé mort dans son lit, le 13 février 1794. Par quel concours de circonstance M. de Chauvigny était-il devenu vicaire général de M. de Brienne à Toulouse? Ce n'est pas la conformité des sentiments qui pouvait rapprocher ces deux hommes de principes si différents. *Cet homme n'a pas la foi*, disait de lui le pauvre roi Louis XVI, à qui on força la main pour lui faire accepter Brienne comme ministre, et son apostasie montre clairement qu'il avait été jugé selon sa valeur. M. de Chauvigny au contraire était pieux et d'une orthodoxie parfaite, jusqu'au moment où un zèle mal entendu le fit malheureusement tomber dans l'erreur.
[2] François de Fontanges, né dans le diocèse de Clermont en 1744, évêque de Nancy en 1783, archevêque de Toulouse en 1788. Démissionnaire en 1801, il fut nommé évêque d'Autun où il mourut en 1806.

son siège, que déjà on entendait gronder l'orage qui allait se
déchaîner sur notre malheureuse patrie ; c'était comme le bruit
sourd et lointain de la cognée qui frappait l'arbre séculaire à
l'ombre duquel avait grandi et s'était abritée la nation française.
Rappelons ces dates douloureuses, c'étaient autant de glas
funèbres, sonnant l'agonie de l'ancienne société : 5 mai 1789,
convocation des Etats généraux à Versailles ; nuit du 4 août,
abolition des privilèges de la noblesse ; 11 août, sup,ression
des dîmes sans rachat ; 2 novembre, confiscation des biens du
clergé ; 13 février 1790, suppression des ordres religieux et des
vœux monastiques ; 14 mai, vente de tous les biens de l'Eglise.

Quels coups rapides et terribles portés au vieil édifice!
Fallait-il pourtant désespérer? Les illusions n'étaient-elles pas
encore permises? Est ce que le vaisseau de l'Eglise, dépouillé
du fardeau de ses richesses temporelles, ne reprendra pas sa
marche dans des conditions nouvelles, plus conformes à l'esprit
de sa divine origine? Des esprits nombreux, plus honnêtes que
clairvoyants, pouvaient le penser. Mais bientôt il n'y eut plus
d'illusion possible. Le 12 juillet 1790 l'Assemblée vote, le
27 novembre elle décrète, et le 4 janvier 1791 elle déclare obli-
gatoire la sacrilège constitution civile du clergé. C'est le souffle
de l'enfer qui passe. Maintenant, il est clair qu'on a porté la
main sur l'Arche sainte ; l'organisation, l'existence même de
l'Eglise sont profondément atteintes, et on veut élever sur ses
ruines, la seule puissance civile de la nation ; c'était pour les
catholiques une question de vie ou de mort. Mais on avait
compté sans l'épiscopat qui opposa une barrière infranchissa-
ble et dont la résistance invincible sauva l'Eglise de France.

Comme la presque unanimité de ses collègues[1], Mgr de
Chauvigny de Blot refusa avec une sainte horreur le serment
qu'on lui demandait et flétrit avec indignation cette constitution sacrilège. Obligé dès lors de s'éloigner de son cher trou-

---

[1] On sait que des 135 évêques qu'il y avait en France à cette époque,
4 seulement consentirent à prêter le serment constitutionnel : le cardinal de Brienne, archevêque de Sens, de Talleyrand-Périgord, évêque
d'Autun, de Jarente, évêque d'Orléans et de Savines. évêque de Viviers.
L'épiscopat d'Angleterre, en 1562, n'avait compté que 4 évêques fidèles. L'épiscopat français, en 1793, ne compta que 4 prévaricateurs.

peau et de chercher un asile sur la terre étrangère, il ne cessa
de gouverner son diocèse avec beaucoup de sagesse, et ses
actes et tous ses écrits sont empreints d'une grande vigueur
apostolique.

D'après les registres de la municipalité de Lombez, l'évêque
disparut de son palais en septembre 1790, mais en janvier 1791,
il y avait encore un M. de Chauvigny, demeuré là sans doute
pour surveiller les intérêts de l'évêque, qui lui-même se tenait
caché dans un château [1] des environs dans l'espoir que l'orage
se calmerait et qu'il pourrait revenir. Hélas! il ne devait pas
se calmer de sitôt, et cette petite ville de Lombez, naguère
encore si paisible et si attachée à sa religion et à ses évêques,
donna aussi à cette époque le triste spectacle d'un peuple en
délire. Des déclassés, des ambitieux en s'emparant audacieusement de tous les emplois publics, y jouaient un rôle prépon-
dérant et y exerçaient une influence redoutable.

On pourrait écrire un chapitre intéressant sur l'histoire de
Lombez pendant la période révolutionnaire : Installation du
curé assermenté Dupuy, ancien curé de Labastide-Savès, après
le refus de serment de M. le chanoine Bistos, curé légitime;
constitution d'une milice pour la défense de la religion catholique, apostolique et romaine (ce qui prouve que tous les
lombéziens n'avaient pas renié leur foi); refus d'autorisation
sur la réquisition de l'intrus Dupuy, procureur de la commune;
fête de la prestation du serment civique; messe chantée par
l'intrus; *Te Deum* à l'occasion de l'arrestation du roi et de la
famille royale à Varennes; délibération concernant l'heure des
messes; traitement accordé par la municipalité au sieur
Dartigues, ancien organiste du chapitre, *parce que son talent
réhausse la décence du culte*, etc., etc. Tout autant de sujets
qui ne sont pas sans intérêt et sur lesquels on trouve des
détails dans les registres de la commune, mais dont nous ne

---

[1] Ne serait-ce pas le château du Calaoué, paroisse de Saint-Lizier-du-
Planté? Il y avait là, il y a quelques années, plusieurs lettres de Mgr de
Chauvigny. Nous l'avons su trop tard. Elles avaient été livrées à Mgr de
Langalerie et on n'en a plus eu de nouvelles. On n'a pu les retrouver
ni dans les papiers du prélat défunt ni dans les archives de l'archevêché

parlerons pas, parce qu'il ne rentrent pas dans le cadre de notre modeste travail.

On peut juger de l'esprit qui animait la municipalité de Lombez par la délibération suivante. à la date' du 20 octobre 1790 : *En exécution du décret de l'Assemblée nationale du 19 juin concernant l'abolition de la noblesse, le procureur de la commune, Dusargue-Colombier, a prié M. Chauvigny, officier au régiment du Maine, chargé des affaires de M. Chauvigny, ci-devant évêque de Lombez, de faire enlever le tapis où est brodé l'armorial de sa famille et qui se trouve placé dans la stalle qu'il occupait dans la ci devant église cathédrale, que le sieur Chauvigny lui a répondu qu'il ne ferait enlever ledit tapis que lorsqu'il en aurait reçu l'ordre de l'évêque, la municipalité arrête après délibération que la présente décision sera signifiée aud. Chauvigny, ci-devant évêque, pour qu'il est à s'y conformer sous huitaine à compter du jour de la notification du présent arrêté, faute de quoi la municipalité prendra les moyens nécessaires.*

Il paraît que ni l'évêque ni ses représentants ne s'émurent de cette sotte et mesquine querelle et ne tinrent aucun compte des ordres de la municipalité. Aussi dans la séance du 4 décembre suivant le procureur de la commune s'en plaint en ces termes à ses collègues du conseil : *Messieurs, au mépris de votre arrêté du 21 novembre dûment notifié au sieur Chauvigny, ci-devant évêque, en vertu duquel il était invité à faire enlever, conformément au décret de l'Assemblée nationale concernant l'abolition de la noblesse, le tapis placé dans la stalle qu'il occupait dans la ci-devant cathédrale et où se trouve gravé l'armorial de sa famille, le sieur Chauvigny n'a donné aucun ordre pour enlever ledit tapis ni aucune réponse. Comme il importe, Messieurs, de ne pas laisser de traces de cette ancienne féodalité qui a été heureusement détruite par la sagesse et le courage de nos augustes représentants, je requiers que vous donniez des ordres pour faire enlever ledit tapis sans plus de retard.* Sur cette requisition la municipalité se transporte dans l'église, enlève le tapis, le confie au sacristain Dufor, avec ordre de le remettre *à qui de droit, c'est à-dire au ci-devant évêque ou à son procureur fondé, contre un reçu.*

La municipalité s'empara aussi sans retard du palais épiscopal [1], remis entièrement à neuf par Mgr de Fénelon et dont les

constructions étaient à peine achevées. Dès le mois d'octobre
1790, elle intime l'ordre au parent de l'évêque, qui l'occupe
encore, de le quitter, parce que ce bâtiment devait être affecté
au tribunal; ce qui fut exécuté, en effet, en janvier 1791. Le
4 janvier le sieur Cazeneuve est chargé de préparer la salle
d'audience, et le tribunal s'y installait le 18[1].

---

[1] Il paraît que l'ancien palais, souvent visité par les eaux de la Save,
était très humide et souvent inhabitable. Il avait subi le sort de la
cathédrale que les alluvions de la vallée ont en partie enterrée, et dont
il faut chercher le niveau du sol primitif à plus d'un mètre de profondeur. C'est pour ce motif sans doute que plusieurs évêques, notamment
Mgr Richier de Cerisy, semblent avoir préféré le séjour de Gimont qui
était d'ailleurs plus central pour leur permettre de rayonner dans leur
diocèse et où ils possedaient aussi un palais occupé aujourd'hui par
les écoles communales. Le nouveau palais de Lombez, œuvre de
Mgr de Fénelon, fut bâti à grands frais et placé autant que possible
à l'abri des debordements de la rivière; mais il n'a eu qu'une bien
courte existence. On l'a démoli presque de fond en comble dans les
premières années du xixe siècle, pour construire la sous-prefecture. On
trouve cependant dans la maison voisine où sont installés les Frères
des Ecoles chrétiennes, quelques pièces qui dépendaient de l'évêché
et qui sont à peu près conservées telles qu'elles étaient autrefois.
[2] Quand le palais épiscopal fut démoli, le tribunal alla s'installer dans
la chapelle de Saint-Jérôme, enlevée à la confrérie des Pénitents; et
qu'on a fini de faire disparaître de nos jours en perçant une rue. Nous
croyons que les bâtiments du tribunal actuel ne datent que d'après 1830.

CHAPITRE II.

Progrès de la Révolution. — L'Evêque de Lombez est obligé de quitter son Diocèse et de prendre le chemin de l'exil. — Il va en Angleterre, puis en Allemagne.

La Révolution, loin de reculer, gagnait du terrain et tout espoir de réaction échappait au pauvre évêque. Son église était profanée, son palais confisqué, les ordres les plus tyranniques étaient déjà lancés contre le clergé fidèle et il ne pouvait pas prudemment reparaître au milieu de son cher troupeau. C'est alors sans doute, c'est-à-dire dans le courant de 1791, que, quittant la maison hospitalière où il se tenait caché depuis quelques mois, il se résigna à prendre le chemin de l'exil.

Il avait été député, en 1789, à l'Assemblée nationale. Mais s'il se rendit à Paris, il n'y demeura pas longtemps, il dût, en bon pasteur, se hâter de rentrer dans son diocèse pour ne pas laisser le troupeau sans défense au moment du danger. Le 24 décembre 1790, il adressait aux curés de son diocèse une lettre contre la constitution civile du clergé, avec la belle instruction pastorale de Mgr Asseline, évêque de Boulogne, *à laquelle il déclare donner la plus entière adhésion.* Cette lettre se trouve à la bibliothèque du Grand Séminaire d'Auch, dans la *collection des pièces relatives à la Révolution.* 12 vol. in-8°.

Cependant l'émigration avait commencé. Cet affolement, ces fuites précipitées, aveugles, on les a souvent reprochées, comme une faute, à la noblesse française et elles sont restées dans l'histoire comme un évènement insensé. Convenons pourtant que l'instinct du salut les explique sans peine. Devant ce déchaînement inouï de toutes les passions et de toutes les haines, la naissance était un crime qu'il était impossible de se faire pardonner, et nobles et seigneurs ne pouvaient s'attendre, comme les prêtres fidèles, qu'à porter la tête sur l'échafaud.

L'Assemblée nationale s'arma de décrets contre l'émigration, dont le seul fait signalait la France aux yeux de l'Europe comme une terre de mort.

Les Français découverts aux frontières furent déclarés suspects de conspiration contre la patrie, et les revenus de leurs biens confisqués au profit de la Nation. Bientôt elle confisqua non seulement les revenus, mais les biens eux-mêmes des émigrés, et le faible Louis XVI approuvait ces violences et sanctionnait ces décrets! Il est vrai que ces émigrés, ne voyant dans le gouvernement révolutionnaire de France qu'une bande de scélérats, ne craignirent pas de prendre les armes contre leur patrie. Déjà, sur les bords du Rhin, se formait un brillant corps d'armée dont tous les soldats étaient gentilshommes; c'était la fleur de la noblesse française; les princes d'Orléans et de Bourbon, les d'Enghien et les Condé étaient là pour la commander. Les de Chauvigny, appartenant a la haute aristocratie, semblaient bien avoir là leur place. Faut-il s'étonner que l'évêque de Lombez se soit laissé entraîner à leur suite?

C'est dans ces contrées, en effet, où les émigrés affluaient de toutes parts, que nous le retrouvons, dès les premiers jours de 1792; et s'il alla d'abord en Angleterre, comme nous l'apprend une lettre que nous reproduisons plus loin, il n'y fit pas un long séjour et il se hâta de passer en Allemagne [1]. Nous empruntons à la *Revue de Gascogne* [2] d'intéressantes lettres de l'évêque de Lombez, écrites de Cologne à cette époque. En quittant la France, Mgr de Chauvigny avait fondé de pouvoirs pour ses affaires temporelles M. Couret de Ribet, avocat au Parlement de Toulouse [3]. Il lui écrivait de Cologne le 17 janvier 1792 :

« Voici, Monsieur, un nouveau certificat de vie, auquel, » j'espère, MM. les Administrateurs du district ne trouveront » rien à dire.

[1] D'après M. du Broc de Ségange, c'est à Jersey qu'il aurait d'abord émigré.

[2] *Revue de Gascogne*, année 1905, n° de mai, sous la signature de M. Benaben.

[3] Jean-Etienne-Fabien Couret de Ribet, était originaire d'Aspect, dans le Comminges.

» J'ai été à Bonn, à six lieues d'ici, qui est la résidence
» ordinaire du ministre de France, pour le chercher. Ils ne se
» fâcheront pas sans doute de ce que j'ai signé : *Henry, évêque*
» *de Lombez,* car c'est un fait matériel que toutes les constitu-
» tions du monde ne sauraient détruire. Il faut bien que je
» prenne une qualité qui me distingue des autres personnes du
» même nom et surtout qui établisse le droit que j'ai à une
» pension dans le district de Lisle. Le *cy-devant* répugne trop
» à mes principes et je ne peux ni ne dois m'y soumettre[1].
» Ils ont raison de vouloir payer M. de Saint-Julien ou sa
» succession, qui m'a fait saisir et je ne demande pas mieux
» que de me débarrasser de cette dette; mais il est également
» injuste et barbare d'exiger *un droit de chapelle* d'un malheu-
» reux évêque qu'on a chassé, dépouillé et qui a été tout au
» plus *dix-huit mois* en jouissance, lorsque tous mes prédéces-
» seurs n'ont payé le droit qu'à leur mort. Il n'est pas moins
» ridicule d'exiger *un droit de chapelle* pour un *chapitre* qui
» n'existe plus et qui ne fait plus d'offices. D'ailleurs, j'étais
» libre d'acquitter ce droit en argent ou en ornements; et si
» leur injustice me condamnait, je préfèrerais acheter des
» ornements qui doivent être à présent pour rien, que de leur
» donner de l'argent. Enfin, il doivent savoir que la moitié de
» mon minimum, c'est-à-dire 4,000 livres[2], est insaisisable. Je
» demande donc au moins cette misérable somme qui me
» ferait subsister quelque temps. Si vous parvenez à leur
» arracher ces 4,000 livres, ainsi que les avances que j'avais
» faites pour mes curés et vicaires congruistes, je ne me plain-
» drai pas, car j'aurai de quoi vivre pendant quelque temps et
» j'attendrai plus patiemment le retour de l'ordre qui ne me
» paraît pas si prochain qu'à vous.
» Mon cousin[3], qui s'est engagé dans la légion Mirabeau[4],

---

[1] Il paraît qu'il refusait de signer : *cy-devant évêque de Lombez.*
[2] Il s'agit de la part de traitement qui lui était dû depuis la suppression des dîmes jusqu'à la suppression du siège épiscopal.
[3] Est-ce ce cousin dont l'évêque et la princesse de Nassau négociaient
le mariage à Venise deux ans plus tard ? Nous l'ignorons.
[4] Il s'agit de Mirabeau-Tonneau, le frère du tribun, qui avait levé un
régiment à Fribourg en Brisgau, dans le duché de Bade.

» m'avait mandé, il y a longtemps, qu'il avait emporté avec lui
» mes couverts d'argent et qu'il attend une occasion pour me
» les envoyer. Il me mande aussi dans sa dernière lettre, en me
» rendant un compte très superficiel de ce qu'il a fait pendant
» son séjour à Lombez, qu'il vous a remis en partant 2,740 livres
» et qu'il vous a laissé un état de mes affaires. Il me semble que
» vous n'avez pas eu cet état, puisque, lorsque vous avez com-
» mencé à vous occuper de mes misérables intérêts, vous ne
» pouviez pas vous y reconnaître. Vous ne m'avez jamais
» parlé non plus de ces 2,740 livres. Il dit encore que ce n'est
» pas lui qui a donné des meubles à Mlles de Laqueille [1], puis-
» qu'elles étaient au couvent lorsqu'il est parti. Qui est-ce donc
» qui a pu prendre sur lui de faire sortir des meubles de ma
» maison ? Il y a dans tout cela une suite de petites ruses et
» petitesses qui me déplaisent et m'affligent. J'espère qu'à
» présent tout est rentré dans l'ordre. M. Tournier [2] va se
» rendre à Lombez le 6 du mois prochain. Je croyais avoir
» mandé que j'avais consenti à laisser à l'abbé de Lécussan [3] les
» meubles qu'il avait fait porter dans le château de son frère.
» Il faut quelquefois permettre ce que l'on ne peut pas éviter.
» C'est une manière de conserver son autorité et même sa
» propriété.

» J'ai été à Coblentz, au premier de l'an faire ma cour aux
» Princes. J'y ai trouvé la France entière. Je me suis cru en
» même temps à Paris, en Auvergne et en Languedoc. Les
» autres provinces y avaient sans doute autant de représen-
» tants que celles-là que je connais davantage. J'ai été
» étonné d'y trouver tant de gens de mon diocèse. J'ai été
» surpris surtout d'y voir votre gendre qui entre dans *les*
» *gardes du corps*. J'y ai vu le baron de Montégut et M. de
» Juriac, son gendre, M. de Poussignal, M. de Mau-

[1] La famille de Laqueille d'Aurusse était de Montadet.
[2] Etienne Tournier était l'ancien valet de chambre de Mgr de Chauvigny.
[3] Fils sans doute de M. de Lécussan de Toulouse, des anciennes
fermes générales. Les registres d'écrous de la Visitation portent : *Hugues
Lécussan de Toulouse père, domicilié à Toulouse, ayant deux fils dont
l'un cy-devant prêtre sorti de France* (de Bouyton. *Les reclus à Toulouse sous la Terreur*, Toulouse, 1893, p. 95).

» léon[1] et le petit de la Tour[2], le duc et la duchesse d'Escli-
» gnac[3]. Ceux-là c'est tout simple, ils sont chez leur oncle.
» Tout ce brillant cortège est à présent éparpillé, et les
» Princes sont presque seuls à Coblentz, car l'électeur de
» Trèves, qui a eu peur de la guerre, a éloigné de lui et de
» ses états tout cet appareil militaire. Le rassemblement de
» *Varms* est aussi dispersé. Nous n'aurons donc pas la guerre,
» puisque la Nation n'a plus de motifs pour la faire. Je vous
» assure avec une grande vérité que je ne vois ni quand ni
» comment nous sortirons de l'état malheureux où nous
» sommes.

» L'empereur paraît vouloir agir, mais ce sera sans nous, car
» il ne saurait que faire d'une armée de gentilshommes qui
» n'est bonne que pour un coup de main ou un jour de bataille
» et qui est hors d'état de faire une campagne.

» Adieu, monsieur; recevez l'assurance de mon tendre atta-
» chement. J'attendrai que vous m'appreniez qu'on me désire
» dans mon diocèse pour y revenir. J'ai peur d'attendre bien
» longtemps.

» Cologne, 17 janvier 1792 ».

Cinq semaines plus tard, Mgr de Chauvigny écrivait encore
à M. Couret de Ribet, à Lombez en Gascogne, France :

» D'après votre lettre du 6 de ce mois, Monsieur, il faut donc
» que je me soumette à mourir bientôt de faim, puisque cette
» barbare nation ne veut pas me payer même ce qu'elle me
» doit si justement et que je n'aie d'ailleurs aucune ressource;
» car mes parents, émigrés comme moi, sont également embar-
» rassés pour subsister. Il me reste, à la vérité, un peu d'argent
» que je ménage avec le plus grand soin. Mais quand je n'aurai
» plus que 25 louis ou environ, c'est-à-dire l'argent néces-
» saire pour faire ma route, je rentrerai en France au risque

---

[1] Famille nombreuse dans nos contrées. Il y avait des Mauléon à
Sérempuy, à Puycasquier, à Gimont. Il y en a encore au château de Lassalle, près Gimont.
[2] La famille de Vaillac de La Tour habitait le château de La Tour,
à Samatan.
[3] Les d'Esclignac étaient une puissante famille du pays. Ils étaient
seigneurs de Castillon, de Marestaing et autres lieux.

» de tout ce qui pourra m'arriver ; il vaut autant mourir
» pendu que de mourir de faim dans les pays étrangers.
» J'espère pourtant que les évènements qui s'annoncent de
» toutes parts, soit en dedans, soit en dehors du royaume, me
» tireront de cette fâcheuse extrémité. Cependant, je vous prie
» de ne rien négliger pour arracher tout ce que vous pourrez
» des griffes de ces vautours. Quand vous aurez de ce maudit
» papier[1]. vous voudrez bien envoyer *1,000 livres* à Mme de Los-
» tanges que je lui dois pour l'intérêt de la somme de *200,000*
» *livres* qu'elle m'a prêtée. C'est la seule dette que j'ai dans le
» pays. Tournier vous dira son adresse,
» Vous donnerez aussi *4 ou 500 livres* à ce fidèle Tour-
» nier qui n'est pas payé de sa rente sur mon prieuré et
» qui doit être bien mal à son aise. Il est trop juste que je
» vienne à son secours, car je suis touché jusqu'aux larmes de
» son attachement et de son dévouement. J'espère bien qu'un
» jour nous nous réunirons pour ne nous plus quitter. Il me
» paraît en tout que le règne des assignats va finir. Si vous en
» avez à moi, je vous prie de vous en défaire; mais il ne faut
» pas penser à m'en envoyer ici, car ils perdent *70 pour cent*.
» J'aime mieux payer que de perdre autant, et puis ce serait
» une bien faible ressource.
» Je vois, par les détails que vous m'envoyez, que la mémoire
» de mon cousin n'est pas plus fidèle que sa gestion. Je n'au-
» rais jamais crû être trompé par lui..... Oui, certainement
» vous avez très bien fait de prendre mes tapisseries pour
» meubler l'oratoire qui réunit la partie fidèle de mon trou-
» peau. Tout ce qui m'appartient, comme tous mes vœux, sont
» à cela. Si vous étiez encore privés de cet asile, vous pourriez,
» avec la même confiance, vous établir dans cette pauvre
» maison que j'avais acquise et employer pour la réparer, tous
» les matériaux qui peuvent m'appartenir. Ce n'est pas le cas
» de compter et de calculer; j'en retirerai une satisfaction mille
» fois préférable à un vil intérêt.
» Je n'ai jamais entendu parler des frères Azéma[2]. Dites-moi

---

[1] Il s'agit des assignats.
[2] Famille de Lombez.

» donc quelle couleur ils ont pris dans tous ces désordres.
» Et le père Patous (?) que fait-il, ainsi que ses deux fils qui
» étaient vicaires ? Parlez-moi enfin de MM. Lahirle [1]. Il me
» semble qu'ils étaient de braves et honnêtes gens. Je voudrais
» bien les retrouver dans le pays où j'ai tant d'empressement
» de revenir. Pour la race Vignaux [2], je sais ce que j'en dois
» penser. Mais croyez-vous qu'ils eussent eu moins de délica-
» tesse que ceux chez lesquels une partie de mon linge, mon
» sucre et mon café ont disparu ! Quelle triste connaissance à
» acquérir que celle des hommes !

» Adieu, Monsieur, recevez tous mes remerciements et l'assu-
» rance de mon franc attachement.

» Cologne, 22 février 1792. »

Ces lettres tombèrent dans les mains de la police et faillirent
compromettre gravement leur destinataire. Quoiqu'elles ne
fussent pas signées, celui-ci ayant été forcé de les avouer, fut
incarcéré comme complice des ennemis de la République. Le
tribunal usa pourtant de clémence à son égard, et le 5 septembre 1792, il fut remis en liberté. La justice fut plus sévère pour
le fidèle Tournier, l'ancien valet de chambre de l'évêque,
accusé et convaincu d'avoir *entretenu une correspondance dange-
reuse avec les émigrés et des personnes de l'intérieur, d'avoir
reçu plusieurs lettres de M. de Chauvigny qu'il prétend avoir
brûlées, d'avoir envoyé, au nom de l'évêque, le Bref de Pie VI
aux curés du diocèse de Lombez, et d'être chargé de procurer à
Ribet toutes les nouvelles du monde aristocratique.* Pour tous ces
griefs, Tournier est condamné, le 6 septembre 1792, à trois
mois de prison et à 25 livres d'amende. Quant à Mgr de Chauvigny, un procès lui fut intenté devant le tribunal criminel de
la Haute-Garonne, pour crimes de machinations et de conspi-
rations contre la République. Le mandat d'amener avait même
été lancé contre lui. Il nous permet de connaître le signalement
du prélat : *taille 5 pieds 4 pouces, cheveux noirs, âgé d'environ*

---

[1] Cette famille habitait le château de Daroles, paroisse de Monblanc.
[2] Ce nom est porté dans le pays par un assez grand nombre de
familles pour qu'aucune ne puisse se sentir atteinte par ce jugement
sévère de l'évêque.

40 ans. Tout le dossier de cette affaire est conservé au greffe du Parlement de Toulouse. On trouve aussi dans ce dossier la lettre suivante de l'évêque a son fidèle serviteur, celle qui fui saisie et qui le fit condamner :

« A M. Tournier, *chez M. Abel, maître perruquier, rue Croix-*
                          » *Baragnon, a Toulouse. France.*
          » 14 août 1792.   » *Timbre de Cologne.*

     » Je reçois votre lettre du 2 de ce mois et je vous réponds
» sur le champ. Dites à Mme de P...[1], que sa commission est
» faite, que je viens d'envoyer à d'Av. sa nouvelle adresse en
» lui recommandant de la faire parvenir à une qu'elle suive.
» Dites-lui que je crains beaucoup que la lettre précédente ne
» languisse en prenant tant de détours ; que des gens qui sont
» toujours en mouvement, qui ont à peine le temps d'écrire un
» mot à la hâte, ne trouvent celui de mettre trois enveloppes,
» qu'elle devrait chercher une maniere plus simple et plus
» facile. J'entends d'ailleurs et je partage ses inquiétudes qui
» ne sont peut-être que trop fondées. Elle a dû, ainsi que vous,
» recevoir plusieurs lettres qui lui feraient beaucoup de mal, si
» elles étaient interceptées. Vous me direz si elles sont parvenues
» à bon port, vous me direz aussi quel est l'effet produit par
» *cette déclaration*[2] qui doit être connue de tout le monde ; elle
» n'a pas fait a Paris la sensation qu'on désirait et qu'on
» espérait, mais ils sont fous sans doute, car ce n'est pas une
» plaisanterie ni une menace en l'air. Les Prussiens ont quitté
» leur camp auprès de Trèves le 11 de ce mois, et le 20 au plus
» tard, la totalité de ces 70,000 hommes sera en France ; l'armée
» autrichienne aux ordres du général Clairfaix y sera plus tôt,
» car elle n'est qu'à trois lieues de Longwy ; la seconde armée

---

[1] Il s'agit de Mme de Puységur, compromise par cette correspondance. Elle avait disparu quand on venait l'arrêter le 10 octobre 1792.

[2] L'Autriche et la Prusse s'étaient coalisées contre la France et avaient mis à la tête de leurs troupes le duc de Brunswick. Celui-ci, après avoir lancé, le 25 juillet 1792, le manifeste menaçant, dont il est question dans cette lettre, s'avança jusqu'à la frontière avec une armée considerable. Il n'osa pourtant pas livrer une bataille décisive et traita avec Dumouriez après quelques démonstrations insignifiantes. Le duc de Brunswick mourut en 1806 des suites d'une blessure reçue à Auerstaedt.

» autrichienne, aux ordres du prince de Hohenlohe, y est déjà
» et l'on croit qu'elle assiège Landau. Nous sommes sans
» nouvelles de la quatrième armée qui était dans le Brisgau.
» Le prince de Condé, qui déjà avait joint l'armée du prince
» de Hohenlohe, a eu l'ordre d'aller à celle du Brisgau, et il
» est en marche pour s'y rendre à la tête de 5,000 hommes. La
» légion de Mirabeau leur sert d'avant-garde. Le *chevalier* (?)
» est capitaine dans cette légion et sa compagnie porte son
» nom. Le *cousin du chevalier* est aide-de-camp du maréchal
» ancien écuyer de sa tante; il est avec son chef à l'armée du
» duc de Brunswick. C'est donc là que sont nos parents, nos
» amis, nos connaissances. Aussi sommes-nous tentés de nous
» rapprocher d'eux, et il est possible que nous allions à Trèves
» plutôt qu'à Spa. Nous sommes très indécis sur notre
» marche jusqu'à ce que nous sachions celle des armées dont
» le secret est bien gardé. C'est toujours ici qu'il faut m'écrire.
» Les Prussiens se sont emparés, le 9, d'une petite ville, la
» première de France sur la Moselle, mommée Syrk. (C'est
» Sierk qu'il faut dire, petite ville de *1,500 habitants* à *20 kilo-*
» *mètres* de Thionville). Il y a eu *4 canons* pris, *30 hommes de*
» *tués* et *20 prisonniers.* Les Prussiens n'ont perdu qu'un seul
» hussard qui a été tué par une femme d'un coup de pistolet
» tiré par une fenêtre. Cette manière atroce de faire la guerre
» sera punie d'une manière si sévère qu'on ne sera pas tenté
» de l'imiter. La ville entière sera peut-être brûlée ou rasée ou
» au moins la maison d'où est parti le coup.

» Je remercie mille fois et de tout mon cœur tous les
» braves gens qui me témoignent tant d'intérêt, tant
» d'attachement. Parlez-leur beaucoup de ma vive sensibilité,
» et vous ne leur direz que faiblement ce que je pense et
» ce que je sens.

» Dites à M. Couret de Ribet que ma confiance en lui n'a
» pas diminué parce que j'ai donné à L. Boyeux une commis-
» sion qu'il ne pouvait pas remplir lui-même, puisque ses
» bourreaux ne lui permettent pas d'approcher de ma misérable
» ville. Je suis profondément affligé de la mésintelligence qui
» existe entre lui et ce pauvre jeune homme, qui peut avoir eu
» quelques torts de jeunesse, mais qui possède certainement
» des qualités capables de les faire oublier. Ils s'aimaient l'un

» et l'autre avant que je ne parte. Je ne comprends pas ce qui
» a pu les rendre irréconciliables. Il n'en peut résulter que du
» mal pour moi et une peine sensible pour mon cœur, car je ne
» peux trouver des torts dans l'un ou dans l'autre sans en être
» vivement affecté. Je n'écrirai pas à M. de P... aujourd'hui ;
» vous lui lirez de ma lettre ce qui peut l'intéresser.

» Il me tarde de savoir ce que vous pensez de votre petite ;
» vous n'oublierez pas que je désire son extrait de baptême. Il
» est juste que vous fassiez quelque chose pour elle et pour les
» gens qui en ont soin.

» Adieu, parlez de moi à cette bonne et excellente Julie,
» ainsi qu'à toute la famille, petite et grande.

» *13, au matin.* — L'armée du prince de Hohenlohe a aban-
» donné Landau et marche sur Sarreguemines et Deux-Ponts,
» au besoin.

» Nous apprenons dans l'instant les horribles événements de
» la *journée du 10* [1]. Nous en attendons les détails en frémis-
» sant d'horreur et d'impatience. Nous aurons peut-être à
» pleurer notre roi et de nos amis ; et si cette fureur s'étend
» dans les provinces, quelle horrible destinée que la nôtre !
» Malheureux suisses ! Voilà la récompense de leur fidélité.

» Est-ce que M. de L... ne prendra pas quelques précautions
» pour sauver au moins une partie de mon meilleur vin ? L. B...
» est affligé qu'on n'ait pas même voulu lui confier la clé de la
» cave. J'adresse chez Abel une lettre pour L. B... ; vous la lui
» ferez parvenir où il sera.

» Remerciez cette estimable, cette excellente Mme de G... de
» son aimable souvenir. Elle n'est donc pas comme son mari.
» Il est vrai que ce n'était pas le cas de se rapprocher, au
» moins de principes et de conduite. Sera-t-elle dédommagée
» par son fils ? Dites-lui que j'accepterai avec plaisir tout ce qui
» me viendra d'elle, car sans doute elle leur communiquera
» quelques-unes de ses bonnes qualités. Je connais cependant
» quelqu'un de trop malheureusement né pour n'en avoir rien
» pris malgré une liaison qui apparemment n'existe plus : car

---

[1] Le massacre des gardes du roi.

» tout est perfection d'un côté et tout vice de l'autre. Vous
» pouvez lui communiquer cet article de ma lettre. »

Il y a dans cette lettre des passages obscurs qui sont une
énigme pour le lecteur. C'est ainsi que dans ces jours malheureux on était obligé d'écrire pour déjouer les recherches d'une
police ombrageuse, et c'était souvent sans succès.

Voici la lettre que Mgr de Chauvigny charge son fidèle
Tournier de remettre à L. Boyeux. Ce destinataire nous est
inconnu. Ce nom est-il le véritable ou n'est-ce qu'un pseudonyme?... ce qui paraît certain, c'est que c'est un prêtre.

« A M. Boyeux, chez M. Abel, maître perruquier, rue Croix-
» Baragnon, à Toulouse. France.

» Non seulement, mon cher abbé, je vous autorise à vous
» éloigner de la malheureuse ville dans laquelle vous avez
» habité si longtemps et si courageusement, mais je vous
» demande, je vous prie, de vous mettre à l'abri du danger le
» plus tôt possible. J'espère que vous y êtes encore à temps, et
» qu'il ne vous arrivera pas d'accident dans votre route. Elle
» est cependant bien longue. Mais aussi pourquoi avez vous
» attendu si longtemps et pourquoi vous y prendre si tard? Ce
» n'est pas la première fois que je vous l'ai conseillé, et dès
» que l'idée vous en est venue, pourquoi ne l'avez-vous pas
» mise de suite à exécution? Vous deviez être sûr de mon
» approbation ; car, à moins d'être cruel et barbare, je n'aurais
» pas pu exiger de vous ce que votre zèle et votre attachement
» pour moi vous ont fait faire. Partez donc bien vite et soyez
» aussi certain de mon estime que de mon amitié. Je ne sais
» pas ce que M. de C... vous reproche; mais il me faudrait des
» preuves bien claires et bien positives pour me faire douter de
» vos principes, de votre délicatesse et de vos sentiments pour
» moi. Joignez donc à la tranquillité de votre bonne conscience
» la certitude de mon attachement. Que l'un et l'autre vous
» servent de sauvegarde et de consolation. Nous ne serons pas
» longtemps, je l'espère, éloignés l'un de l'autre. C'est même
» une manière de nous rapprocher, car je serai sans doute
» forcé de rester quelque temps à Paris malgre mon empresse-
» ment d'aller plus loin. Vous m'écrirez souvent; vous me

» donnerez des nouvelles et vous me rendrez service, car tous
» mes amis et toutes mes connaissances sont partis de cette
» moderne Sodome, qui finira par attirer sur elle toutes les
» vengeances du ciel et de la terre. Vous mettrez le plus
» d'ordre que vous pourrez dans ma misérable maison; vous
» instruirez Tournier de l'état où vous avez tout laissé, et
» nous nous abandonnerons ensuite à la Providence. C'est
» notre seule ressource et notre seul espoir. Je ne vous
» mande pas de nouvelles pour ne pas vous exposer; vous les
» savez toutes à Toulouse.

» Adieu, continuez à m'écrire et à m'aimer et soyez sûr que
» je ne serai pas ingrat. Nous apprenons dans l'instant les
» évènements de la journée du 10 août, et nous frémissons
» d'indignation et de terreur[1].

        « 17 août 1792 ».

Dans cette lettre à L. Boyeux, l'évêque de Lombez parle de
son retour à Paris comme d'un événement prochain; il fondait
alors de grandes espérances sur le succès de l'armée coalisée.
Mais il ne tarda pas à sortir de l'illusion et de s'apercevoir
qu'au lieu de toucher au triomphe on allait au devant de nouveaux désastres. Il tourna alors ses regards et ses espérances
du côté du Père commun des fidèles et des pasteurs, et il ne
tarda pas d'aller, comme tant d'autres, chercher un refuge
auprès du Souverain Pontife.

---

[1] Dans ce même dossier se trouvait une lettre de M. Dubech,
chanoine de Lombez, datée de Bagnères-de-Bigorre, adressée à M. de
Ribet, dont il était à Lombez le voisin et l'ami. Nous y relevons le nom
d'un homme qui fut dans ce pays une des plus notables victimes de la
Révolution. Antoine-Thérèse de Belloc, né à Lombez le 21 janvier 1737,
seigneur de la Serrade, était à vingt ans conseiller au Parlement de
Toulouse; en 1770 il en devint président en remplacement de M. de
Rességuier; siégea à la réunion de la noblesse de Toulouse en 1789,
acquit un domaine national; incarcéré en avril 1792, relaxé, se retira à
Samatan et à Lombez; arrêté de nouveau le 28 août, il fut amené à
Toulouse, puis à Paris, et, malgré les protestations de la Société monta-
gnarde de Lombez, guillotiné à Paris le 18 messidor an II (16 juillet 1794).

CHAPITRE III.

Dans la préface des *Documents inédits relatifs aux affaires religieuses de France de 1790 à 1800, extraits des archives secrètes du Vatican,* par le P. Theiner, de l'Oratoire (Firmin Didot, 1858), nous lisons : *Rome voyait venir successivement dans son sein les membres les plus illustres du haut clergé français. Parmi ceux qui s'y réfugièrent et y cherchèrent un abri contre la tempête, nous citerons les évêques d'Apt, de Béziers, de Lombez..... Plusieurs de ces prélats se retirèrent ensuite dans les différentes villes de l'Etat pontifical.* M. de Chauvigny dût se rendre à Rome dans les premiers mois de 1794. Le 4 octobre de cette année, il écrivait de Pérouse à Mgr Caleppi, à Rome, la lettre suivante :

« Monseigneur,
» J'ai reçu avec reconnaissance et respect le don que Sa
» Sainteté a bien voulu m'envoyer et que vous avez pris la
» peine de me faire parvenir. J'aurai l'honneur, par le courrier
» prochain, d'offrir au Saint-Père l'hommage de ma profonde
» sensibilité. Je lui dois des remerciements et pour les cent
» écus que Mgr l'évêque de Pérouse m'a remis de sa part et
» pour l'asile qu'il m'a procuré. Je n'ai qu'à me louer tous les
» jours davantage, des soins, des attentions de l'Abbé et des
» religieux de ce bon et salubre monastère. Je vous en dois
» aussi de particuliers, Monseigneur. Maintenant que je sais
» que c'est vous qui avez pris la peine de me chercher cette
» retraite. Je sais aussi par Mgr le Gouverneur tout ce que
» votre bonté l'a chargé de faire pour ces deux malheureux
» prêtres arrivés ici en même temps que moi. Croyez,
» Monseigneur, que mon cœur en est vivement touché.'

» J'ai l'honneur d'être, avec autant de respect que de recon-
» naissance, Monseigneur, votre très humble et très obéissant
» serviteur.

» † ALEXANDRE-HENRY,
» *Evêque de Lombez* ».

Un mois et demie plus tard, l'évêque de Lombez écrivait au
cardinal de Zélada :

« Pérouse, 18 novembre 1794.

» Monseigneur,

» Une affaire importante pour ma famille et peut-être aussi
» pour moi m'oblige d'aller à Venise. J'ignore si je suis soumis
» à la règle qui défend aux prêtres français recueillis dans les
» Etats de Sa Sainteté, de quitter leur domicile ordinaire sans
» une permission expresse ; mais je sais qu'étant un de leurs
» chefs, je. leur dois tous les exemples, même celui de la
» soumission. J'ai trop de respect pour le Souverain-Pontife,
» qui a daigné m'accueillir, trop de déférence pour son
» ministre, qui m'a témoigné tant de bonté, pour m'éloigner,
» même momentanément, de la retraite qu'ils m'ont accordée
» sans avoir obtenu leur agrément. J'ai aussi trop de confiance
» en Votre Eminence pour ne pas lui faire part du véritable
» motif de mon voyage.

» De toute ma famille il ne me reste qu'un jeune homme,
» mon cousin germain [1], que j'ai élevé, qui est l'héritier de mon
» nom et de ma fortune, si jamais j'en retrouve une. Mme la
» princesse de Nassau, qui, depuis longtemps, a des bontés et
» de l'amitié pour moi, la même qui, à l'exemple de son illustre
» époux, a fait de si grands et de si généreux sacrifices à nos
» malheureux princes et à leur malheureuse cause, s'occupe de

---

[1] Est-ce ce parent officier au régiment du Maine, engagé ensuite dans
les légions de Mirabeau, qui fut son fondé de pouvoirs à Lombez après
son départ et qui, d'après une lettre adressée à M. de Ribet, citée plus
haut, abusa de sa confiance et lui donna des sujets de plaintes? On peut
en douter. Quand Mgr de Chauvigny dit *que de toute sa famille il n'a
que ce cousin qu'il travaille à marier*, nous croyons que ces paroles ne
doivent pas être prises au pied de la lettre, puisque dans d'autres de
ses écrits *il parle de ses parents*, tantôt pour dire qu'ils *l'ont accompagné
dans son exil à travers l'Europe* tantôt pour dire qu'*étant privés de leurs
biens comme lui, en qualité d'émigrés, ils ne peuvent lui être d'aucun
secours.*

» faire faire un riche mariage à mon jeune parent. Elle a
» besoin de moi pour cette négociation ; elle m'appelle auprès
» d'elle pour la suivre, et c'est chez elle que je dois aller
» descendre à Venise. Votre Eminence comprendra facilement
» de quel intérêt, de quel avantage cette affaire peut être pour
» moi ; elle sentira sûrement aussi que ce genre d'affaires
» surtout ne peut réussir qu'avec le secret et j'espère qu'elle ne
» parlera qu'à Sa Sainteté de la véritable cause de mon départ
» de Pérouse. Mon absence. je crois, ne sera pas longue, mais
» je supplie Votre Eminence de vouloir bien m'envoyer un
» passe-port qui m'autorise et me permette de revenir ensuite
» retrouver l'asile que Sa Sainteté a bien voulu m'accorder.

» J'ai le projet de m'embarquer à Pesaro ou à Rimini, si la
» mer Adriatique n'est pas trop orageuse dans cette saison ;
» dans le cas contraire, je continuerai ma route par la Marche
» d'Ancône, Bologne et Ferrare. J'aurai soin de rendre mes
» devoirs aux ministres de Sa Sainteté, partout où j'en trou-
» verai, et particulièrement à MMgrs les cardinaux de Bologne
» et de Ferrare. En arrivant à Venise, je m'empresserai de me
» rendre chez Mgr le Nonce, qui pourra instruire Votre Emi-
» nence de mon arrivée, de mon séjour et de mon départ.

» Je n'aurai pas l'indiscrétion de demander à Sa Sainteté des
» secours extraordinaires pour ce voyage; mes amis y pour-
» voiront. Mais, puisque j'en trouve l'occasion, je supplie
» Votre Eminence de vouloir bien me faire savoir quand et
» comment on paiera le domestique que l'on a chargé de mon
» service particulier. Lorsque j'arrivai à Pérouse, je le refusais
» et je voulais le renvoyer, parce que je n'étais pas en état de
» le payer sur les 100 écus que le Saint-Père a l'extrême bonté
» de me donner et qui suffirent à peine pour mon entretien
» dans les premiers temps surtout, où je manquais de presque
» tous les vêtements de mon état. Mgr le cardinal Maury me
» manda alors que je pouvais être sans inquiétude au sujet de
» ce domestique ; que ceux qui me l'avaient donné le paie-
» raient. De son côté, Mgr l'évêque de Pérouse me dit qu'on
» lui avait mandé que la Chambre apostolique devait passer
» 60 écus par an, pour les gages et la nourriture de cet homme.
» Depuis ce temps-là, il me pousse tous les mois pour son
» paiement, et je ne puis savoir de qui il doit le recevoir.

» Pardon, Monseigneur, pardon mille fois de ces ennuyeux
» détails de mes misères: je rougis de vous en avoir entretenu
» si longtemps.

    » J'ai l'honneur d'être avec respect,
         » Monseigneur,
               » De Votre Eminence,
» le très-humble et très obéissant serviteur,

                    » † ALEXANDRE-HENRY,
                      » *Evêque de Lombez.*

    » *P.-S.* — J'ai eu l'honneur de prévenir Mgr le gouverneur
» de ma lettre et de son objet principal. Je ne saurais trop le
» remercier de sa grâce, de son obligeance et de sa bonté pour
» moi. Je félicite Sa Sainteté, si elle est partout et toujours
» aussi bien servie que par Mgr Arazzo. »

Mgr de Chauvigny se rendit en effet a Venise, vers la fin de
1894 ou le commencement de 1795. La grande affaire qui l'y
appelait y fut-elle conclue? Nous l'ignorons. Dans une nouvelle
lettre au cardinal Zélada, datée de Venise, le 28 avril 1795,
l'évêque de Lombez nous apprend seulement qu'il se plaît à
Venise, parce qu'il y est au milieu de ses amis, et qu'il y trouve
beaucoup plus de facilités pour avoir des nouvelles de France
et pour correspondre avec son diocèse, et il espère que le
Saint-Père voudra lui continuer à Venise la pension qu'il lui
servait à Pérouse.

    Avant de citer cette lettre, nous devons en reproduire une
autre bien intéressante, d'une date antérieure, que Mgr de
Chauvigny avait écrite avant de quitter Pérouse. Quelques
prêtres du diocèse de Lombez, réfugiés en Espagne, lui avaient
écrit pour l'assurer de leur dévouement et de leur fidélité. Il
leur répondit l'affectueuse lettre suivante, dont nous possédons
l'original :

« A Perugia dans l'Ombrie, au monastère des Pères Olivétains,
    » Etats du Saint-Siège,   » 2 décembre 1794.

    » J'ai reçu avec une vive et tendre reconnaissance, Messieurs,
» la lettre touchante qui m'a porté les témoignages de votre
» souvenir, de votre amitié, de votre attachement. Quel bonheur

» pour moi! quelle douce satisfaction pour mon cœur de retrou-
» ver une portion de ce clergé si distingué par ses vertus, par
» son courage, par son constant attachement à la religion et
» à l'Eglise, qui même parmi les fidèles a été reconnu pour
» un des plus fidèles, qui aurait fait mon bonheur dans des
» temps de paix, qui fait ma gloire et ma consolation dans
» ces temps de malheur. Je suis fier de m'être trouvé le chef
» d'un corps de pasteurs aussi respectable; qui ne doit qu'à
» lui-même, à ses propres lumières, à ses bons principes, la
» conduite si digne d'éloges qu'il a tenue pendant tout le temps
» de cette horrible persécution. Quel bien ne pouvais-je pas
» espérer de faire avec de tels coopérateurs? Jai eu bien peu de
» temps le bonheur de rester parmi vous, Messieurs, mais j'y
» ai resté assez longtemps pour pouvoir vous apprécier, pour
» sentir que peu d'évêques en France étaient aussi heureuse-
» ment partagés que moi. Je savais que le clergé de Cologne
» et des environs était particulièrement distingué par son zèle,
» sa piété éclairée et son fidèle dévouement à son évêque,
» quelque peu digne qu'il soit d'un poste si important. Quels
» fruits ne pourrai-je pas avoir la confiance de produire si
» jamais la Providence me permet de revenir, avec mes esti-
» mables adjoints, travailler à la vigne du Seigneur? Nous
» aurons les uns et les autres une œuvre difficile à remplir;
» mais, avec la grâce de Dieu et votre concours, et l'union dont
» vous me donnez l'exemple, je ne travaillerai pas sans succès.
» Nous oublierons que nous avons eu des persécuteurs pour
» ne nous occuper que des malheureuses victimes de l'anar-
» chique iniquité qui désole notre pauvre patrie. Tout en
» détestant l'erreur et le crime, nous serons charitables et
» indulgents pour les pécheurs.

» Vous le voyez, Messieurs, dans la joie si vive et si sincère
» que j'éprouve de vous avoir retrouvés, je me vois déjà au
» milieu de ma famille chérie, il me semble que le temps de
» notre malheureux exil est fini, que nous avons la main à
» l'œuvre, que nous travaillons ensemble à ramener notre
» sainte religion dans son ancien empire. Cette douce illusion,
» qui calme l'amertume de mes chagrins, n'est encore, hélas!
» qu'une chimère; mais bientôt peut-être la bonté divine la
» réalisera. On mande de toutes les parties de la France que le

» modérantisme fait de grands progrès, que partout les
» honnêtes gens sont remis en place, que le peuple des campa-
» gnes, moins corrompu que celui des villes, désire et demande
» ses prêtres, que plusieurs déjà sont rentrés de la Suisse et
» exercent assez paisiblement le saint ministère. Espérons que
» nos malheurs finiront, que le crime ne sera pas toujours
» triomphant, qu'un jour nous serons unis de fait comme nous
» le sommes d'esprit et de sentiment dans la foi de Jésus-
» Christ.

» Quand vous recevrez ma lettre, les évènements qui se pres-
» sent auront ou détruit ou augmenté nos espérances. Si elles
» deviennent moins vagues, si elles prennent un peu de consis-
» tance, si la possibilité de notre retour paraît s'annoncer
» d'une manière positive, je me hâterai de vous le faire savoir.
» Puissé-je être assez heureux pour pouvoir vous mander dans
» quelques mois : je pars, dans quelques mois nous nous
» rejoindrons et nous travaillerons ensemble à ramener la
» paix, la confiance et la religion dans notre infortunée patrie.

» Depuis que je suis sorti de France, j'ai parcouru avec ma
» famille, une grande partie de l'Europe. Partout, je cherchais
» et demandais les prêtres du diocèse de Lombez, et personne
» ne pouvait me donner des nouvelles d'aucun d'eux. Un seul
» a sû par hasard, il y a sept à huit mois, ma retraite à
» Cologne, en Allemague, et m'a fait le plaisir de m'écrire[1];
» c'est M. Dupré, consorciste de Gimont, qui habite la Suisse,
» à Romont, dans le canton de Fribourg. Il a reçu longtemps
» et assez exactement des nouvelles de sa famille. Depuis

[1] Nous croyons pouvoir dire quel est le hasard qui permit à M. Dupré de découvrir la retraite de son évêque. Nous avons entendu M. l'abbé Dousset raconter cette histoire. De la maison qu'il habitait à Romont, M. Dupré remarqua un jour à la fenêtre de la maison d'en face quelqu'un qui faisait sa barbe et dont la figure ne lui paraissait pas inconnue. Il se hâta d'aller aux informations. C'était un étranger arrivé la veille, un prêtre du diocèse de Toulouse, qu'il connaissait fort bien. Ils furent bientôt dans les bras l'un de l'autre, pressés d'adoucir dans de réciproques épanchements les amertumes de leur exil et de se communiquer tout ce qu'ils savaient des évènements du jour. Entr'autres nouvelles le prêtre toulousain apprit à M. Dupré que son évêque était à Cologne et il pût même lui donner son adresse. — Il s'agit de M. Dupré-Longueval, qu'il ne faut pas confondre avec M. Dupré-Lapaguère, autre prêtre gimontois, mort curé de Lamothe-Pouy, vers 1842.

» quelques mois personne ne lui écrivait plus, et le modéran-
» tisme n'avait pas réussi à rétablir sa correspondance.

    » Lorsque la misère m'a forcé, au mois d'août dernier, de
» venir chercher un asile dans un couvent où le Pape m'a fait
» recevoir, j'avais espéré que parmi la foule des prêtres qui
» sont établis en Italie, j'en trouverais quelques-uns de mon
» diocèse et j'aurais cru, en les voyant, revoir mes parents,
» mes amis les plus chers. Je n'ai pas eu cette consolation et
» ce n'est qu'ici que j'ai appris que vous étiez tous en Espagne,
» sans savoir quelle partie de ce royaume vous habitiez. Je suis
» ici dans le couvent des Olivétains (qui sont des Bénédictins
» vêtus de blanc) avec cinq autres prêtres de différents diocè-
» ses. Il y a en tout dans la ville 96 prêtres ou religieux qui
» sont, ainsi que moi, à peu près comme vous êtes en Espagne.
» Bénissons la Providence et de ses faveurs et des longues
» épreuves qu'elle nous fait subir. Demandons-lui de sou-
» tenir notre courage, notre patience et notre résignation. Espé-
» rons qu'elle soutiendra nos forces et notre santé et qu'il
» nous en restera assez pour travailler dans les champs
» incultes que l'impiété, l'hérésie et le libertinage nous aban-
» donneront.

    » Je m'estimerais très heureux si je pouvais attirer auprès de
» moi quelques-uns de vous; mais je ne puis que vous exhorter
» à rester où vous êtes et vous prier de dire a tous ceux qui
» penseraient de venir en Italie, de ne pas risquer un voyage
» si long et si pénible. Toutes les issues sont fermées. On ne
» peut plus être admis dans les Etats du Pape qui est déjà
» surchargé, où nous sommes supportés avec peine, où le
» peuple, les prêtres et les moines disent que nous sommes à
» charge et semblent prêts à ajouter que nous sommes dange-
» reux. Les autres Etats n'offrent pas plus de facilités, partout
» nous sommes repoussés comme devraient l'être les ennemis
» du trône et de l'autel. Deux prêtres du diocèse de Lavaur,
» arrivés depuis peu d'Espagne, étaient parvenus à pénétrer
» jusqu'ici. Un ordre du gouvernement les a forcés à sortir des
» Etats du Saint-Père. Les malheureux se sont réfugiés dans
» une petite ville de la Toscane, où ils ne sont pas même sûrs
» de pouvoir rester, où ils trouvent rarement des messes, ce
» qui est pourtant leur seule ressource pour subsister. M. Ray-

» mond, curé de Cugnaux, diocèse de Toulouse, arrivé aussi
» depuis peu avec les recommandations les plus pressantes et
» les plus puissantes, n'a pu obtenir que de rester un mois
» dans la ville et à ses frais. Mgr l'évêque de Lavaur [1] qui est
» venu d'Espagne avec Mgr de Tarbes [2] est depuis un mois
» à Bologne sans savoir s'il y aura pour lui un asile et même
» si on lui permettra de rester dans les Etats du Pape. Je vous
» donne ces détails afin que vous dissuadiez tous nos malheu-
» reux collaborateurs qui seraient tentés de quitter l'Espagne
» et que vous les engagiez à rester où ils sont, de quelque
» manière qu'ils y soient. Il y a partout à souffrir et beau-
» coup, moralement encore plus que physiquement.

» J'avais appris, il y a quelque temps, la mort de l'estimable
» abbé de Vicques [3], qui avait administré pendant si long-
» temps avec tant de douceur et de sagesse, ce cher diocèse de
» Lombez que je n'ai fait qu'entrevoir. Je regrette que vous
» n'ayez pas pu me donner des nouvelles du P. Antonin (?)
» qui mérite toute mon estime. Je savais le départ du P. de la
» Hitte pour l'Amérique. Je désire qu'il y ait trouvé des res-
» sources ; mais je serais bien fâché que son exemple eut
» entrainé si loin beaucoup de prêtres de mon diocèse. Mes
» motifs d'espoir sont encore bien légers, mais malgré moi,
» j'espère que, dans le cours de l'année prochaine, nous pour-
» rons revoir notre patrie. Oui certainement je regrette de
» toute mon âme ces prêtres trop courageux qui ont osé
» rentrer en France ; leur zèle nous eût été d'un grand secours!
» Si vous en connaissiez quelques-uns qui eussent le même
» désir, recommandez-leur de ma part d'attendre encore ; le
» moment n'est pas encore venu ; il reste trop peu de bons
» ouvriers pour les laisser s'exposer. Je ne serai sûrement
» pas le dernier à partir, j'y pense souvent et je le désire
» ardemment ; mais nous devons, en ce moment, écouter la
» prudence plus que notre empressement et notre zèle.

[1] Antoine de Castellane, dernier évêque de Lavaur, démissionnaire en 1801.
[2] De Gain de Montaignac, évêque de Tarbes, démissionnaire en 1801.
[3] Ce saint prêtre avait été vicaire général de Lombez sous les trois derniers évêques, et mourut dans les premières années de la Révolution.

» Je finis ma longue lettre que vous aurez sans doute de la
» peine à lire. Je souhaîte qu'elle vous fasse autant de plaisir
» que j'en ai eu en l'écrivant. Je l'adresse a M. l'archiprêtre
» de Cologne, dont j'ai reconnu l'écriture, mais je vous prie de
» prendre pour chacun de vous l'assurance bien sincère de
» l'estime profonde que j'ai pour lui et du tendre attachement
» que mon cœur éprouve si vivement. Faites-moi le plaisir de
» faire parvenir les mêmes assurances à chacun de mes ver-
» tueux collaborateurs avec lesquels vous pourriez être en cor-
» respondance. Dites-leur bien, dites-vous bien tous qu'aucun
» ne m'est étranger ou indifférent, que je pense à vous souvent,
» que je porte partout avec moi, et que je conserve comme un
» titre de gloire pour vous et pour moi, votre *adhésion aux*
» *principes du clergé* que vous m'avez envoyée. Priez tous pour
» moi le bon Dieu, comme je le prie pour vous tous.

» † ALEXANDRE-HENRY,
» *Evêque de Lombez.*

On comprend que de telles lettres devaient resserrer les liens
qui unissaient le clergé de Lombez à son évêque. Celle-ci fut
écrite à Pérouse, à la date du 2 décembre 1794. Peu de jours
après, Mgr de Chauvigny était à Venise, d'où il écrivait au
cardinal de Zelada :

« Venise, 28 avril 1795.

» Monseigneur,

» Je sais depuis bien peu de jours que d'après la demande de
» M. l'Ambassadeur d'Espagne, Sa Sainteté a bien voulu me
» laisser espérer qu'elle me continuera ici la pension qu'elle
» m'accordait à Pérouse. Oserais-je supplier Votre Eminence
» de mettre aux pieds de Sa Sainteté le nouvel hommage de
» ma reconnaissance? Elle me donne par là la facilité de vivre
» au milieu de mes amis, de recevoir d'eux les consolations
» dont j'ai besoin, de conserver les correspondances que je
» suis parvenu à établir en France, avec mes gens d'affaires et
» quelques vertueux habitants de mon diocèse, facilité que je
» perdrais en m'éloignant d'ici. Mais si les heureux change-
» ments qui se remarquent dans toutes les parties de la France
» se soutiennent, si les espérances qu'ils nous donnent d'une
» possibilité prochaine de retourner dans nos foyers se réali-

» sent, avant de penser à aller reprendre le poste que la divine
» Providence m'avait confié, j'ai un autre devoir à remplir,
» également cher à mon cœur. La nouvelle bonté du Saint-
» Père me permet d'espérer et de croire qu'il daignera m'ac-
» corder la permission et les moyens d'aller recevoir ses avis
» et sa bénédiction, d'aller mettre à ses pieds l'hommage de
» ma soumission la plus entière au chef de l'Eglise, de mon
» dévouement, de mon respect profond pour le successeur de
» saint Pierre. Je n'oublie pas, je n'oublierai jamais que c'est
» par son attachement inviolable au Saint-Siège que le clergé
» de France a su résister au torrent de l'erreur et à la persé-
» cution, que nous ne devons négliger aucun des moyens qui
» peuvent cimenter cette union si désirable qui a fait notre
» force et notre consolation dans les combats, qui assurera le
» succès de notre zèle lorsqu'il nous sera permis de travailler
» et de réparer les maux que quatre années de crimes et de
» scandales ont faits à la religion dans cette vaste portion de
» l'empire de Jésus-Christ. J'attends donc la première occasion
» favorable qui se présentera pour retourner dans ma patrie.
» Mais ce n'est pas par mécontentement que je m'éloigne de
» l'asile que le Pape m'avait accordé dans ses Etats. Je n'ai
» que des éloges et des remerciements à donner pour l'accueil
» que j'ai reçu, pour les attentions qu'on a eues pour moi.
» Mgr Caleppi était mal informé lorsqu'il a mandé à M. l'am-
» bassadeur d'Espagne qu'on n'a pas entendu parler de moi
» à Pérouse depuis mon départ. J'écris presque toutes les
» semaines à Mgr le gouverneur, qui emploie son autorité et
» sa fortune à protéger et à soulager les malheureux, qui sait
» apprécier et honorer l'infortune, dont je n'oublierai jamais la
» grâce et la bonté. J'ai écrit à Mgr l'évêque qui m'a répondu
» avec son obligeance ordinaire. J'ai écrit à l'abbé de Monte-
» Marcino, qui ne m'a pas fait réponse, son âge et ses infir-
» mités sont sans doute une excuse suffisante. Je supplie Votre
» Eminence de recevoir avec bonté le nouvel hommage de
» respect avec lequel j'ai l'honneur d'être, Monseigneur, votre
» très humble et très obéissant serviteur.

» † ALEXANDRE-HENRY,
» *Evêque de Lombez* ».

Les archives secrètes du Vatican, dans la collection des documents désignés sous la rubrique *De charitate S. Sedis ergà Gallos,* vol, xxxiv, renferment encore la lettre suivante adressée à Mgr Caleppi, à Rome :

« Venise. 23 octobre 1795.

» Je viens d'apprendre, Monseigneur, que vous aviez bien
» voulu faire remettre au secrétaire de la légation d'Espagne
» les 100 écus que le Saint-Père a la bonté de m'accorder ; je
» vous prie d'en recevoir tous mes remerciements. M. l'abbé
» Poulle, prévôt d'Orange, qui part pour Rome avec M. le
» chevalier de Bressac, se chargera de me les faire parvenir,
» mais je n'ai pas voulu différer davantage à vous en remercier
» et à vous en accuser réception.

» Il est vraisemblable que d'ici au printemps prochain mes
» affaires m'obligeront d'aller a Naples et par conséquent de
» traverser Rome et les Etats du Saint-Pere. Je chercherai les
» moyens de faire ce voyage le moins chèrement que je pourrai ;
» mais, comme il est possible que l'occasion se présente trop
» promptement pour me laisser le temps d'écrire à Rome et
» d'en attendre la réponse ; je vous prie, Monseigneur, de vou-
» loir bien demander d'avance l'agrément du Saint-Père et de
» m'envoyer un passe-port. Je ne resterai à Rome que le temps
» nécessaire pour faire ma cour à Mesdames de France, et
» surtout pour mettre aux pieds de Sa Sainteté l'hommage de
» ma filiale et respectueuse soumission. M. le chevalier de
» Bressac, qui aura l'honneur de vous voir et de vous remettre
» ma lettre, se chargera de me faire parvenir le passe-port que
» je désire.

» J'ai l'honneur d'être,
» Monseigneur,
» votre très humble et très obéissant serviteur.

» † ALEXANDRE-HENRY,
» *Evêque de Lombez.* »

M. l'abbé de Nicollet, chanoine de Lavaur, résidant à Imola, écrivait de son côté à Mgr Caleppi, à la date du 7 octobre :
« Je viens d'apprendre que le Saint-Père a bien voulu conti-
» nuer à Mgr de Lombez, placé d'abord à Pérouse et retiré
» ensuite à Venise, les 100 écus romains qu'il donne en espèces·

» C'est là, Monseigneur, ce qui m'enhardit à vous demander
» la même grâce pour mon évêque..... »

Que devint Mgr de Chauvigny à partir de cette époque?
Nous savons qu'il effectua, en 1796, le voyage de Naples dont
il est question dans sa lettre à Mgr Caleppi et il est probable
que, renonçant à sa vie errante, il ait fixé, pour les deux années
suivantes, son séjour dans cette ville. Dans une lettre du
22 février 1799, sans signature, mais où il est facile de reconnaître l'écriture de M. Favier, son vicaire général, nous lisons :
« Notre prélat a quitté Naples le 6 octobre pour *revenir* en
» Angleterre; il nous promit avant son départ de nous donner
» de ses nouvelles, dès qu'il en trouverait l'occasion. N'ayant
» encore rien reçu de sa part, nous ne sommes pas sans
» inquiétude ». Ce serait donc le 6 octobre 1798 que l'évêque
proscrit serait allé pour la seconde fois demander l'hospitalité
à l'Angleterre, qu'il ne devait plus quitter et nous n'en avons
plus de nouvelles jusqu'au Concordat.

Les épreuves de la persécution l'avaient grandi dans l'estime
de tous, et le pasteur et le troupeau voyaient arriver avec
bonheur le terme d'une longue et pénible séparation, quand la
demande du Souverain-Pontife vint anéantir toutes leurs espérances. Ici commence pour Mgr de Chauvigny un rôle bien
moins glorieux.

CHAPITRE IV

L'Évêque de Lombez à Londres. — Son opposition à la promesse de fidélité à la Constitution de l'an VIII. — Premiers démêlés avec son clergé. — Ses vicaires généraux. — Favier ou Lucrès?

La plus affreuse des révolutions touchait à sa fin. La France respirait à peine, et l'Eglise, après douze ans d'une cruelle persécution, recouvrait enfin un peu de liberté. Lorsque le vénérable et saint Pontife Pie VI avait été traîné mourant, de la façon la plus barbare, par les armées du Directoire, jusqu'à Valence où il expira le 29 avril 1799, les philosophes avaient chanté victoire. croyant assister aux funérailles de la papauté. Mais l'Eglise de Dieu est immortelle, et, le 14 mai 1800, le Conclave, réuni à Venise sous la protection des baïonnettes russes, lui donnait un nouveau Pape dans la personne du *Cardinal Barnabé Chiaramonti,* qui prit le nom de *Pie VII.*

Un des premiers soins du nouveau Pontife fut de travailler au rétablissement en France de la religion, et des négociations furent immédiatement ouvertes dans ce but avec le premier consul Banaparte à la grande joie des catholiques, tous pleins de confiance dans la sagesse et les lumières du Vicaire de Jésus-Christ. Mais le Concordat n'était pas encore signé et nous voyons déjà l'évêque de Lombez dans les rangs de l'opposition *au sujet de la promesse de l'an VIII.* La Constitution *dite de l'an VIII* fut rédigée, après le 18 brumaire. par les trois consuls et les comités législatifs. Ce n'était pas la complète réparation de l'affreux régime révolutionnaire qui, depuis huit ans, pesait sur la France. La réaction ne pouvait être soudaine; il fallait par prudence ménager encore un peu les habitudes de haine d'un peuple que l'irréligion avait fanatisé.

Les décrets de proscription contre le clergé fidèle étaient

rapportés ; les arrêtés qui prescrivaient que les églises ne seraient ouvertes que les *décadis* furent annulés; le serment sacrilège que la constitution civile du clergé exigeait des prêtres était réduit à *une promesse de fidélité à la Constitution.* Cette *promesse* n'exigeant rien de contraire à la conscience, le Saint-Siège permit de la faire, et grâce à cette condition. déjà avant le Concordat, un grand nombre d'églises se rouvrirent en France. C'est cette *promesse,* approuvée et encouragée par le Saint-Siège que Mgr de Chauvigny condamnait et défendit à ses prêtres de la manière la plus sévère.

A la date du 24 avril 1800, les évêques français, réfugiés en Angleterre, publièrent *les réflexions de la majorité des évêques sur la Constitution de l'an VIII.*

En l'envoyant à son clergé avec une autre pièce intitulée : *Interprétation dite officielle de la loi du III nivôse an VIII de la République et de la formule de la promesse qu'elle prescrit,* l'Evêque adressa un mandement qui, étant écrit en latin, n'intéresserait pas toute sorte de lecteurs et que, pour cette raison, nous renvoyons aux *pièces justificatives.*

La promesse de l'an VIII condamnée par l'évêque de Lombez, avait produit pourtant des résultats heureux en permettant aux prêtres catholiques revenus de l'exil de reprendre l'exercice des fonctions de leur ministère sous la protection des lois. Pour ceux qui prétendaient, par suite d'un grossier préjugé, que le trône et l'autel étaient indissolublement unis, il n'y avait pas d'autre puissance légitime que la monarchie héréditaire. *L'Assemblée nationale avec ses lois de proscription,* dit Crètineau-Joly, *la Convention avec ses chefs sanguinaires, le Comité du Salut-Public avec ses scélérats et ses grotesques, le Triumviral, le Consulat et l'Empire sont également à leurs yeux le gouvernement des tyrans et des usurpateurs, On ne leur doit,* écrivait Mgr de Coucy, évêque de La Rochelle en 1799, *que ce qu'on accorde à un voleur plus fort qui vous dépouille dans un bois, Ce serait un acte de folie de reconnaître une des lois de la République.*

Si telle était l'opinion de l'Evêque, ce n'était pas celle de tous ses prêtres. Nous allons voir, par la lettre suivante de Mgr de Chauvigny, quelle fut, dans ces circonstances, la conduite de M. le Curé de Cologne, un des plus distingués de son diocèse :

« Londres, 18 janvier 1801.

» J'ai à me plaindre de vous, mon bien cher coopérateur, et
» c'est à vous-même que je veux adresser ma douleur encore
» plus que mes reproches. La lettre ci-jointe et la copie de
» lettre que vous trouverez vous instruiront du sujet de mes
» peines.

» J'ai trop d'estime pour vous pour ne pas gémir de l'égare-
» ment momentané où vous êtes tombé et pour garder entre
» mes mains une lettre qui pourrait altérer les sentiments que
» je me plais à conserver pour vous. J'ai trop de confiance
» dans la droiture et la bonne foi d'un des curés les plus distin-
» gués de mon diocèse pour n'être pas persuadé que vous vous
» hâterez de revenir de votre erreur et d'en faire revenir ceux
» qui partagent vos opinions, surtout ceux que votre exemple
» et vos conseils ont pu entraîner. L'un et l'autre étaient faits
» pour séduire, et je bénis la Providence qui n'a pas permis
» que vous fassiez plus de prosélytes. Pourquoi sa bonté
» n'a-t-elle pas voulu que je reçusse de votre canton, comme
» d'une autre partie du diocèse, des témoignages de déférence,
» de fidélité, d'obéissance ? témoignages qui honorent cette
» partie de mon estimable clergé et qui me donneraient les
» consolations les plus douces si je n'étais profondément affligé
» de voir quelques-uns de mes plus zélés coopérateurs s'éloi-
» gner du chef auquel ils ont été si intimement unis depuis le
» commencement de nos maux et se montrer las d'une culture
» pénible au moment où la récolte la plus abondante s'offrait
» à nous. Comment se fait-il qu'un ministre de l'Evangile ait
» assez oublié les premiers devoirs de la charité chrétienne
» pour dire, pour écrire sans preuves et même contre des
» preuves multiples qu'un ecclésiastique dépositaire de tous
» mes pouvoirs et de toute ma confiance, qui dans les jours les
» plus orageux de la Révolution s'est dévoué au saint minis-
» tère avec autant de constance que de courage, auquel nous
» sommes en grande partie redevable de la conservation de la
» foi dans nos contrées, que cet ecclésiastique recommandable
» à tant d'égards et qui a rendu de si grands services à la
» religion, a étrangement trompé !!! Non, il ne vous a pas

» trompé; c'est vous-même qui vous trompez, et je ne sais
» quelle funeste illusion vous entraîne loin de lui et de moi.
» Ce qu'il a dit, ce qu'il a écrit, ce qu'il a publié c'est par mes
» ordres. Dépositaire fidèle, administrateur intègre, il n'a pas
» cru qu'il lui fût permis de semer dans le champ que je lui
» ai confié d'autre grain que celui que je lui ai envoyé, de
» professer au milieu de mon peuple une autre doctrine que
» la mienne. D'après les plus mûres réflexions, d'après les
» lumières d'une grande partie de mes confrères, j'ai pensé et
» pense encore que l'on ne pouvait *prêter la soumission* ou
» plutôt le véritable serment de fidélité que le gouvernement
» exige à présent. Je n'ai pas cru et je ne crois pas que l'expli-
» cation donnée par le *Moniteur* soit officielle et propre à
» rassurer les consciences.

» J'ai pensé et je pense encore que les interprétations si
» multipliées envoyées par le ministre de la police Fouché sont
» bien plus directes, plus claires, plus franches, qu'elles seules
» disent la véritable intention du gouvernement, qu'il n'est
» pas question de soumission passive qui, d'ailleurs, convient
» si peu au ministère évangélique qui, par sa nature, est essen-
» tiellement actif. Et ces mesures contre lesquelles on se
» permet tant de plaintes et de murmures ne portent pas sur
» la *soumission* ou plutôt le *serment* qu'il ne nous appartient
» pas de qualifier, puisque l'Eglise ne l'a pas encore qualifié;
» elles ne sont qu'un frein pour contenir dans le devoir, une
» juste punition pour ceux qui oseraient manquer à l'obéis-
» sance qu'ils doivent à leur évêque. Ces mesures subsistent
» dans toute leur rigueur, et je ne comprends pas d'après
» quelle autorité vous avez pu mander *que tout prêtre qui ferait*
» *la promesse, conserverait sa juridiction et que cette affaire était*
» *décidée.* Et qui donc s'est permis de la décider contrairement
» à ma décision? Et cette décision fût-elle personnelle et
» isolée, ne doit-elle pas être respectée et suivie dans mon
» diocèse? Mais je ne suis pas le seul qui ai donné une pareille
» décision. La très grande majorité connue de mes confrères
» — 72 contre 14 — l'ont publiée cette décision dans leurs
» diocèses respectifs; elle est de plus appuyée sur le jugement
» prononcé par la Congrégation des Cardinaux chargée, dès le
» principe de nos malheurs, de toutes les affaires de l'Eglise

» de France. Une lettre de M. le Cardinal Maury, datée de
» Rome le 4 novembre, dit que la Congrégation a été *unani-*
» *mement* d'avis que cette *promesse de fidélité à la Constitution*
» ne pouvait être faite, que les circonstances ne permettaient
» pas au Souverain-Pontife de publier un décret formel, mais
» que c'en était assez pour que désormais chacun sache à quoi
» s'en tenir; et le témoignage de M. le Cardinal Maury doit
» avoir plus de poids dans le diocèse de Lombez que partout
» ailleurs. Une autre lettre authentique, datée de Munster le
» 30 décembre, dit qu'un cardinal a mandé de Rome à l'un des
» évêques qui y sont réfugiés, que la Congrégation a *unanime-*
» *ment* délibéré que la promesse de fidélité ne pouvait pas se
» faire, que le Saint-Père a approuvé ce jugement, mais qu'il
» a cru dans sa sagesse ne pouvoir pas donner une déclaration
» solennelle. Cependant, Pie VII a voulu que les évêques de
» France connussent son sentiment et lui donnassent le degré
» de publicité que la prudence peut permettre.

» Il ne vous appartient pas de juger des circonstances parti-
» culières où le Saint-Père peut se trouver et notre devoir est
» d'obéir. J'obéis, et j'espère que le clergé du diocese de
» Lombez ne démentira pas par une faiblesse sa courageuse
» conduite passée.

» Je sais bien qu'on risque d'être rigoureusement poursuivi;
» mais en 1791, 1792 et les années suivantes, avons-nous donc
» tant calculé nos aises et nos commodités pour ne pas céder
» aux séductions de l'erreur? Ah! plût à Dieu que je pusse
» diminuer vos peines et vos dangers! Plût à Dieu que je pusse
» au moins les partager! Ce n'est pas ma faute si je ne suis
» pas au milieu de vous. Je cherche les moyens de me rappro-
» cher, et si je peux les obtenir, je ferai cesser bien vite l'éloi-
» gnement qui me sépare de ma chère famille.

» Vous vous plaignez de ne pas recevoir plus souvent de mes
» lettres, et moi aussi je m'afflige de n'être pas en correspon-
» dance directe avec chacun de mes coopérateurs. La première
» lettre qui me soit parvenue est celle que je vous renvoie, et
» dans la position où je suis, je n'ai qu'*une adresse que je*
» *ménage de peur de la perdre.* Mais j'ai mandé à M. Favier,
» et je vous prie de le faire savoir à M. le Curé de Cazaux et à
» tous vos collègues, que je recevrai vos lettres avec grand

» plaisir, que j'y répondrai avec empressement, et que je prie
» tout le monde de les envoyer à M. Favier, qui a ordre de
» me les faire parvenir et sur la fidélité duquel on aurait tort
» d'avoir des doutes.

» Je n'ai plus d'espace que pour vous assurer qu'en m'affli-
» geant avec vous, je n'en ai pas moins pour vous autant
» d'estime que d'attachement. Rendez-moi donc un de mes
» meilleurs curés et croyez à mes sentiments affectueux.

» † ALEXANDRE-HENRY,
» *Evéque de Lombez*. »

Voici une autre lettre du prélat sans date, mais écrite certainement à la même époque. Elle est adressée au *citoyen Chabanon, ministre du culte catholique à Cologne*, et porte le timbre
postal de Bagnères-de-Luchon et le chiffre 3o :

« Monsieur,

» On vous a trompé sur M. Dupré-Longueval. Il n'est pas
» vicaire général, il n'est pas administrateur du diocèse, et je
» vais lui écrire pour l'instruire de mes intentions. Il est
» vrai qu'à l'époque où l'erreur et la persécution m'avaient fait
» perdre une partie de mes coopérateurs, je craignis que les
» fidèles ne manquassent de secours spirituels, et, d'après
» l'invitation du Saint-Père, j'envoyai à M. Dupré, à M. de
» Lamezan et à d'autres tous les pouvoirs que je pouvais
» communiquer ; mais cette concession devait cesser avec les
» circonstances qui l'avaient nécessitée. Il est temps de mettre
» de l'ensemble, de l'uniformité, de l'unité dans l'administra-
» tration diocésaine, et pour poursuivre ce but si désirable,
» j'ai mandé que je révoquais toute ampliation de pouvoirs,
» que je désirais que MM. les Curés, Vicaires et autres prêtres
» approuvés rentrassent dans les limites qui existaient ancien-
» nement, que je ne reconnais plus que deux vicaires généraux,
» M. Du Bourg et M. Favier surtout, le seul en correspondance
» avec moi, parce que le premier a trop d'autres occupations
» qui ne lui permettent pas de s'occuper autant de ma besogne,
» qui est l'unique ou premier objet du travail du second.

» Cette mesure de sagesse ne change rien à mes sentiments

» pour les autres, et ce sera avec plaisir que je saisirai les
» occasions pour leur en donner des preuves.

» † ALEXANDRE-HENRY,
» *Evêque de Lombez* ».

Nouvelle lettre de l'Evêque de Lombez à *M. Chabanon, curé
de Cologne, à Cologne.* Celle-ci n'a pas été confiée à la poste :

« Londres, 14 juin 1801.

» Monsieur,

» Il y a peu de jours que j'ai reçu votre lettre. La mienne du
» 18 janvier ne vous est pas parvenue, ou peut-être n'avouez-
» vous pas l'avoir reçue, puisque dans le coupable système de
» désobéissance que l'on suit avec une opiniâtreté, un entête-
» ment qui me surprend autant qu'il m'afflige, on a poussé la
» mauvaise foi jusqu'à nier mon écriture et ma signature.
» Je n'ai pas de moyens pour forcer à les reconnaître ainsi
» que mon autorité. J'ai tout lieu de craindre que cette lettre
» soit encore supposée fausse. Mais pour l'acquit de ma
» conscience, je veux vous répéter en peu de mots ce que j'ai
» mandé dans le temps à vous, Monsieur, à M. Dupré, à
» M. Barailhé, à tous ceux dont les lettres me sont parvenues.
» Je persiste a déclarer, ainsi que la grande majorité des
» évêques de France   72 contre 14 — et conformément à la
» Congrégation des Cardinaux, *que la promesse de fidélité à la
» Constitution est illicite,* que toute restriction ou modification
» est inadmissible, attendu que celui qui la recevrait n'en
» aurait pas le droit, puisque l'interprétation d'une loi n'appar-
» tient qu'à celui qui l'a portée. Je déclare que M. Dupré n'est
» pas mon vicaire-général, que les pouvoirs extraordinaires
» qui lui ont été donnés dans les temps les plus malheureux
» de la Révolution sont révoqués de droit et de fait par la
» connaissance que M. Lucrès lui a donnée de mes ordres, que
» sa conscience demeure chargée de toutes les fausses
» dispenses et permissions qu'il a pu donner et qu'il est
» responsable devant Dieu du scandale qu'il a donné de tout
» le mal qu'il a fait en usurpant ma confiance et en s'opiniâ-
» trant à agir en vertu d'un titre qu'il n'a pas. Je déclare que
» M. Lucrès est seul mon vicaire général, que les pouvoirs de

» tous les autres sont révoqués et nommément ceux de M. Du
» Bourg, lequel professe, prêche et cherche à répandre une
» doctrine contraire à la mienne. Je déclare que je défends sous
» peine de désobéissance, à tous les ecclésiastiques du diocèse
» de Lombez, de faire aucune *promesse au gouvernement*, quelle
» qu'en soit la forme, sans y être expressément autorisés par
» moi ou mon grand vicaire. Je désire, Monsieur, que cette
» déclaration claire, nette et précise dissipe tous vos doutes,
» si, dans la bonne foi que j'ai lieu d'attendre d'un ministre de
» Jésus-Christ, vous avez pu en conserver jusqu'ici. Je désire
» vivement qu'elle puisse vous faire revenir de votre erreur et
» de votre entêtement et qu'elle me donne le droit de vous
» compter au nombre de mes estimables coopérateurs demeurés
» fidèles à leurs légitimes pasteurs.

» J'ai l'honneur d'être, Monsieur, votre très humble et très
» obéissant serviteur.

» † ALEXANDRE-HENRY,
» *Évêque de Lombez.* »

Quant, au commencement de la Révolution, Mgr de Chauvigny, dans une pensée de louable prévoyance, avait donné à
tous ses prêtres les pouvoirs les plus étendus; il avait pour
vicaires généraux, dans les conditions ordinaires, MM. Du
Bourg, de Chasteigner, de Lamezan et Favier. M. Philippe
Du Bourg, dont la famille occupe encore un haut rang dans
la société toulousaine, fut nommé plus tard évêque de Limoges
où il mourut en odeur de sainteté en 1822. M. de Chasteigner,
qui était, croyons-nous, de l'Isle-Jourdain ou des environs, fut
pris, pendant la Terreur, avec le Père Martin, capucin de
Lombez; ils furent envoyés tous les deux dans les prisons de
Blaye et on n'en a plus entendu parler. M. de Lamezan appartenait à une famille dont le berceau est au château de Joncet,
paroisse de Castet-Gaillard, dans l'ancien diocèse de Lombez,
aujourd'hui département de la Haute-Garonne ¹.

¹ M. l'abbé des Innocents, de la famille seigneuriale de Maurens,
dont le frère était premier président de la Cour royale de Toulouse,
ne figure pas parmi les vicaires généraux de Mgr de Chauvigny, quoiqu'il ait porté le titre de vicaire général de Lombez jusqu'à sa mort,
arrivée en 1810. Il s'était retiré à Toulouse, et on peut voir son nom
avec son titre de vicaire général de Lombez gravé sur une plaque de

Mais l'homme qui nous intéresse le plus dans ce groupe des vicaires généraux de Lombez, celui que nous voyons le plus longtemps sur la scène, qui fut le plus mêlé à l'administration du diocèse et à la vie de son évêque, c'est M. Favier. Dans sa lettre du 18 janvier 1801, l'évêque fait le plus grand éloge de M. Favier et le présente comme son unique vicaire général. Dans celle du 14 juin, écrite seulement quelques mois plus tard, *c'est M. Lucrès,* dit-il, *qui est le seul dépositaire de ses ordres et de son autorité, à l'exclusion de tous les autres grands-vicaires dont les titres sont révoqués.* Quel est ce M. Lucrès dont il n'avait pas encore été question et qui apparaît tout à coup investi des pleins pouvoirs de son évêque?

Nous avons entendu dire par M. l'abbé Dousset, ancien curé de Gimont, mort en 1866, que *M. Lucrès n'était autre que M. Favier lui-même, qui, avec le consentement de l'évêque et peut-être par ses conseils, avait caché sous ce nom de guerre son rôle si contesté.* M. Lucrès paraît, en effet, si bien continuer M. Favier et lui ressembler si fort qu'il ne nous restait pas le moindre doute sur leur identité. Nous avons voulu cependant tirer la chose plus au clair et trouver de ce fait une preuve plus positive.

Nous tenions aussi de M. Dousset que le vicaire général de M. de Chauvigny était originaire d'Alby. Dès lors, nous n'avions qu'à consulter les registres de l'état-civil de cette ville pour voir si nous retrouvions le personnage en question et sous lequel de ces deux noms il est inscrit. Grâce à de patientes recherches, nous avons découvert *M. Sébastien Lucrès,* né le

---

marbre, dans la sacristie de Saint-Etienne, comme bienfaiteur de cette métropole.

M. Mamert Soussens, notre distingué compatriote, né à Puycasquier en 1857, mort en 1903, à Fribourg (Suisse), où il rédigeait avec un vrai talent le journal *La Liberté,* dans une lettre du 18 janvier 1892, nous parle de *l'abbé Robert Ratsbourg, vicaire général de Lombez, le premier, dit-il, de nos prêtres émigrés qui se retira en Suisse.* Ce nom n'a jamais été porté par un vicaire général de Mgr de Chauvigny. Ne serait-ce pas un pseudonyme? Ou, si le nom n'a pas été emprunté, n'aurait on pas usurpé le titre? Il se peut, il est vrai, qu'on n'ait emprunté ni le nom ni le titre, puisque, à cette époque, tous les prêtres de Lombez, avaient des pouvoirs de vicaires généraux. Le personnage en question était probablement M. Dupré-Longueval, le seul prêtre de Lombez qui, à notre connaissance, se soit réfugié en Suisse.

19 janvier 1739 et baptisé dans l'église de Sainte-Martiane, et nous nous sommes assurés que c'est bien celui qui mourut à Toulouse le 6 janvier 1823, à l'âge de 84 ans, après avoir été le vicaire général et l'homme de confiance du dernier évêque de Lombez et le chef de la *Petite-Eglise* dans nos contrées. Nous avons même retrouvé dans les archives diocésaines d'Alby son *eurriculum vitœ*. Vicaire de Saint-Lieux de 1765 à 1766, vicaire à Saint-Salvy d'Alby de 1766 à 1769, il quitta cette paroisse et le diocèse en 1770. Nous le retrouvons à Toulouse bénéficier à la métropole Saint-Etienne, où il fit sans doute la connaissance de Mgr de Chauvigny, grand vicaire de Toulouse, avant son épiscopat. M. Gabriel Soulages, ancien maire d'Alby, dont la longue et sage administration a été si appréciée, après nous avoir fourni ces précieux renseignements, a eu l'obligeance d'ajouter les suivants. Il y avait deux frères prêtres du nom de Lucrès : Sébastien, celui qui nous occupe, et Jean-Baptiste qui fut vicaire de Saint-Jean de Tartage et prébendier de Saint-Michel de Gaillac. Ils figurent l'un et l'autre sur les listes des émigrés en 1792, et leurs biens furent séquestrés en messidor an II (Elie Rossignol, *les Prêtres du Tarn pendant la Terreur*). Par testament olographe du 24 mars 1812, déposé aux minutes de Mᵉ Cabanis, notaire à Toulouse (aujourd'hui étude Fabre, place Saint-Etienne), M. Sébastien Lucrès *légua tous ses biens à Mᴵᴵᵉ Lamarche, marchande de modes aux Quatre-Coins-des-Changes, à Toulouse*. En 1825, celle-ci réclama, en vertu de la loi du 27 mars, une indemnité pour une maison confisquée en l'an II. Elle prouva que cette maison, portée comme appartenant aux deux frères, était la propriété exclusive de Sébastien, en vertu de la vente à lui faite par les consuls d'Alby, le 8 mars 1770. Le conseil de préfecture du Tarn admit sa réclamation et il lui fut alloué *1,681 francs* d'indemnité. M. Soulages nous apprend encore que Sébastien Lucrès est l'auteur d'une brochure ainsi mentionnée dans Barbin, *Dictionnaire des Anonymes : Lettre adressée à M. le Cardinal Légat (Caprara), datée de Dijon, le 2 septembre 1804, et signée Odile de B..., née de Saint-Aubin. in-8°, 34 pages. Cette lettre est partie de Toulouse et non pas de Dijon. L'auteur n'est pas Odile de B...., mais Sébastien Lucrès, d'Alby, prêtre de la Petite-Eglise, mort à Toulouse le 6 janvier 1823.*

Que faut-il donc penser de l'opinion de M. Dousset sur l'identité de M. Favier et de M. Lucrès ? Si dans les deux noms donnés successivement par Mgr de Chauvigny à son grand-vicaire, il n'y a qu'un seul homme, c'est Lucrès évidemment qui est le vrai nom, et le nom de Favier, porté pendant la Révolution, était un nom d'emprunt. Nous pouvons tirer une autre preuve de l'identité de ces deux noms d'une lettre de M. Chabanon, curé de Cologne, datée du 13 octobre 1801 et adressée à *M. Favier.* Il est à remarquer que celle de l'évêque, présentant *M. Lucrès* comme son unique vicaire-général, est du 14 juin précédent. Déjà, à cette époque, M. le Curé de Cologne paraît tenir son supérieur en médiocre estime, et sous le couvert d'une charité qui n'est pas exempte de malice, il ne lui épargne pas plus d'une verte leçon. Il y a dans cette lettre des aperçus sur des agissements peu honnêtes, des allusions à des actes qui feraient peu d'honneur à la loyauté du destinataire et dans lesquels il aurait outrepassé et même dénaturé les instructions et son évêque.

« Cologne, 13 octobre 1801.

» Monsieur,

» Vous m'avez fait l'honneur de m'annoncer que vous avez
» reçu l'ordre de Mgr notre Evêque de rendre publique, par
» la voie de l'impression, la lettre du 14 juin qui m'a été
» adressée par Sa Grandeur. Je n'ai pas appris que vous ayez
» exécuté votre mandat; sans doute, vous avez résolu de le
» mettre de côté. Je ne puis douter que vous n'ayez fait
» circuler cette lettre comme celle du 6 du même mois; elles
» ont été dans les mains de nos confrères les *non-promettants*,
» et ils ne les tenaient pas de moi. J'ai la certitude qu'ils
» avaient connaissance de la première avant qu'elle ne fût
» remise. Notre prélat voulait sans doute que vous fussiez
» instruit du contenu en icelles, puisqu'il n'y avait point
» apposé de cachets, mais voulait-il que vous les rendissiez
» communes sans ma participation ? Vous était-il permis de
» disposer à votre gré d'un bien qui m'est propre? Est-ce que
» votre qualité d'*unique vicaire général* vous donne le droit de
» manquer à tous les égards? J'attendais impatiemment le jour
» où il vous plairait de faire imprimer cette fameuse lettre,

» Pour n'être pas en retard avec vous, j'ai envoyé à des amis
» éclairés et vertueux, mémoire et documents pour ma défense.
» Cette fameuse lettre du 14 juin présente seule toutes sortes
» de moyens pour ma justification. Vous avez gardé le silence,
» je le garde, mais si vous jugez à propos de le rompre, je me
» montrerai hardiment.

» Qui croira, Monsieur, que la lettre du 14 juin est l'œuvre
» de notre prélat? Si, par impossible, il en était l'auteur, pour
» sa propre gloire et pour la nôtre, vous auriez dû la tenir
» cachée. Il y a des traits qui montrent à tout homme judicieux
» qu'un évêque catholique ne peut pas déraisonner d'une
» manière si étrange. Qui croira que, pour vous excuser,
» Monseigneur de Lombez se soit permis une diatribe insul-
» tante contre MM. les Vicaires généraux auxquels vous étiez
» associé? Est-ce bien lui qui dit que *la lâcheté, l'ignorance ou*
» *des dispositions plus coupables ont introduit contradiction de*
» *principes dans l'administration du diocèse?* Cette administra-
» tion n'a été confiée qu'à MM. Du Bourg, de Lamezan, de
» Chasteigner et à vous; c'est donc contre ces messieurs qu'est
» portée cette indécente apostrophe. Mais elle rejaillirait sur
» le prélat, puisqu'elle ne ferait pas honneur au choix libre
» qu'il avait fait des dépositaires de son autorité et de sa
» confiance; il serait donc coupable d'avoir abandonné le soin
» des âmes à des hommes *lâches et ignorants*, pour ne rien dire
» de plus. Vous n'aviez pas prévu sans doute les conséquences
» qu'on peut tirer de cette étonnante proposition.

» Veuillez me dire de même si l'on peut répondre d'une
» manière satisfaisante à l'induction que je suis autorisé à tirer
» contre vous touchant la lettre du 18 janvier. Vous me disiez
» en septembre 1800 que Monseigneur vous nommait seul
» vicaire général, tandis que, quatre mois après, Monseigneur
» me dit à moi-même que M. Du Bourg est vicaire général
» avec vous. Dire que le prélat ignorait à cette dernière époque
» que vous eussiez signifié les lettres de révocation à M. Du
» Bourg n'est pas détruire la proposition qu'il est vicaire
» général. Je passe sous silence bien des subterfuges par
» lesquels vous cherchez en vain à nous cacher la vérité.

» Mais que dire de la lettre du 14 avril? qui pourrait contenir
» son indignation devant l'odieux titre de schismatique qui

» m'y est donné? Je n'ai qu'à me rappeler l'enseignement du
» catéchisme pour reconnaître que je ne suis pas séparé de la
» communion de l'Église. On ne m'a jamais montré de décision
» de mon évêque *contre la promesse.* Aura-t-il voulu décider,
» du moment que le Chef de l'Eglise garde le silence sur cet
» article, sa décision isolée serait-elle règle de foi? Dans la
» lettre du 6 janvier qu'on lui attribue, *il n'est parlé que d'opi-*
» *nion.* Or, en matière libre, ne puis-je pas, sans pécher, avoir
» une opinion opposée à celle de mon évêque? Vous ne vous
» guidez, dites-vous, que d'après les bons principes; veuillez
» croire que les nôtres sont au moins aussi sûrs et aussi ortho-
» doxes.

» Je ne puis qu'applaudir aux éloges qui vous sont donnés
» dans deux lettres de notre évêque. *Vous avez été l'apôtre*
» *de la religion dans nos vastes contrées; c'est à vous que nous*
» *devons la conservation de la foi; votre zèle courageux a sauvé*
» *du naufrage l'Arche sainte; nous sommes des ingrats si nous*
» *ne célébrons pas publiquement vos vertus et votre constance au*
» *milieu des plus grands périls.* Mais votre modestie a dû
» rougir. C'est pour la ménager que votre panégyriste n'a pas
» fait mention de vos talents, de vos lumières, de votre modé-
» ration, de votre sagesse. Il nous a laissé le soin d'y suppléer;
» il peut être assuré que nous serons exacts à entrer dans
» ses vues.

» Comment suis-je l'auteur de l'arrêt de mort qui menace
» votre tête? Je vous livre à tous les remords pour une impu-
» tation aussi outrageante et aussi injuste. Sachez, Monsieur,
» que je ne suis pas un homme de sang. L'horreur que j'ai
» toujours eue pour la discorde et la perte de mes frères me
» porta à m'interdire toute participation au soulèvement du
» peuple qui eut lieu il y a deux ans [1]; pouvez-vous vous rendre

---

[1] M. Chabanon fait allusion ici à l'insurrection royaliste qui, en 1799,
éclata dans la contrée, devenue une seconde Vendée. Les insurgés se
rendirent les maîtres de l'Isle-Jourdain, et le drapeau blanc flotta
plusieurs jours sur les murs de cette ville en plein Directoire. A Gimont,
on se souvient de la *bataille de Charlas* perdue par les royalistes au
moment où ils comptaient s'emparer de la ville, et on nous a montré
dans la ferme qui a donné son nom à la bataille, sur les coteaux au sud
de la ville, pas loin de la route de Samatan, *le four* où plusieurs royalistes

» le même témoignage? Si vous êtes poursuivi par l'autorité
» civile, n'en accusez que vos écrits, vos discours, vos machi-
» nations contre le gouvernement sans lequel il nous est enfin
» permis de respirer. Jamais je ne me suis permis la moindre
» délation. Sans adopter vos maximes et sans approuver votre
» conduite, j'ai toujours vu en vous mon supérieur, et en cette
» qualité vous avez droit à mon estime et à mon respect.

» Je finis en vous demandant comment vous avez pu mar-
» quer dans votre lettre écrite la semaine dernière, au sujet de
» la légitimité de *la promesse*, qu'il fallait attendre la décision
» du Pape. Vous aviez donc oublié que dans la lettre du 14 juin
» il est dit que le Pape l'avait condamnée? Et vous exigez
» après cela une confiance aveugle à toutes vos assertions,
» quelques contradictoires qu'elles soient?

» On nous assure que vos amis reçoivent de vous lettres sur
» lettres où vous leur dépeignez, sous les couleurs les plus
» noires, les événements qui se préparent. L'un d'eux, en
» m'écrivant dit qu'il ne partageait pas vos alarmes, ajoutait
» qu'elles pouvaient bien avoir leur source dans la douleur que
» vous cause la perte dont vous êtes menacé, celle d'être réduit
» a l'état de simple prêtre, en étant privé de la suprême auto-
» rité si chère à votre cœur. C'est une supposition trop peu
» charitable, à laquelle il me répugne de croire. Vous avez
» souvent médité cette salutaire maxime du livre de l'*Imitation*
» *de Jésus-Christ* ; « *Ama nesciri et pro nihilo reputari* »; elle a
» constamment fait la règle de votre conduite. Je ne me per-
» suaderai pas non plus que vous, qui nous avez si souvent
» prêché l'obéissance à notre évêque [1], imitiez la conduite de
» ces prêtres qui publient hautement qu'ils ne déféreront point

---

s'étaient cachés et où ils furent horriblement égorgés par les républicains avec des fourches de fer, *escanats à cops de houchinos*, nous disait
un paysan qui nous rappelait ces horreurs sur les lieux même. M. Lucrès
aurait-il joué un rôle dans ces insurrections populaires? M. Chabanon
a bien l'air de le lui reprocher, et les poursuites judiciaires dirigées
contre lui confirment ce soupçon. Plût au Ciel qu'il n'y en eût pas
d'autres qui fissent plus de tort à sa mémoire!
[1] Comment ces paroles pourraient-elles s'appliquer à M. Lucrès, s'il
était un nouveau venu dans l'administration diocésaine? Ne prouve-
t-elle pas avec évidence que M. Lucrès n'était autre que M. Favier?

» à l'autorité, à la décision du Chef de l'Eglise s'il se prononce
» contre leur maniere de voir. Grâce à Dieu, vous trouverez
» chez nous d'autres sentiments. Nous serions revenus sur nos
» pas, si notre procédé eût été condamné. Nous avons le droit
» d'attendre de nos confrères, et de vous surtout, même obéis-
» sance et même sincérité.

» J'ai l'honneur d'être avec considération, Monsieur, votre
» très humble et très obéissant serviteur.

» CHABANON,
» *Curé de Cologne.*

» *Post-scriptum.* — Ma lettre écrite, je confère avec un grand
» antagoniste de *la promesse*, qui a l'honneur de vous connaî-
» tre. Il m'avoue que parmi eux on n'ose plus mettre en
» avant ces deux points fondamentaux de leur opinion : *la*
» *majorité de l'épiscopat et la congrégation des cardinaux.* Vous
» vouliez donc, mon cher ami, faire de nous autant de dupes,
» en nous citant des mensonges que vous reconnaissiez comme
» tels ? Si, au souvenir des maux cruels qu'on a fait à la reli-
» gion par ces misérables artifices, il était permis de se livrer
» à quelque sentiment de joie, nous pourrions nous réjouir
» d'avoir su éviter les pièges sans nombre que vous nous
» tendiez, d'avoir résisté à tous les obstacles que vous avez
» opposés au désir unique dont nous étions animés, de pro-
» curer la gloire de Dieu et le salut de nos frères. Le temps
» vient, il est venu où notre religion sainte va enfin triom-
» pher des efforts de l'enfer. »

Quoique au moment où cette lettre lui fut adressée, M. Lucrès
ne fut pas encore révolté et schismatique, cette pièce nous le
montre sous un jour qui ne lui est guère favorable, et nous
révele déjà des faits qui ne tournent pas à sa gloire.

Il faut rapporter à cette même époque un incident qui ne lui
fait plus d'honneur et semble prouver qu'on aurait peut-être
tort de mettre à la charge de Mgr de Chauvigny tous les faits
et gestes de son mandataire. Au moment où s'élevaient dans le
clergé toutes ces discussions sur la question de savoir s'il était
permis aux prêtres de faire *la promesse* que le gouvernement
exigeait pour le libre exercice du culte public, un prêtre, dont
nous avons déjà parlé, M. Dupré-Longueval, pendant la Révo-

lution réfugié en Suisse, où il s'était lié d'une étroite amitié avec M. Magnon, le légendaire curé de Mirande, venait de rentrer à Gimont. Ignorant peut-être la défense de Mgr de Chauvigny, ou s'inspirant plutôt des circonstances et des instructions des autres évêques, particulièrement de celles de Mgr de La Tour-du-Pin-Montauban, archevêque d'Auch, sachant que cet acte n'engageait pas sa conscience et devait aider au relèvement de la religion, M. Dupré-Longueval n'hésite pas à faire *la promesse* demandée. Son ami, M. Magnon, dans une lettre adressée de Bulle, le 18 février 1801, à M. Geaudy [1], l'annonce en ces termes : *Après m'avoir donné des nouvelles du pays, M. Dupré me mande qu'il a fait la soumission exigée, que son exemple a été suivi par 59 confrères, et que, dans les diocèses d'Auch, de Toulouse et dans beaucoup d'autres, personne n'y trouve la moindre difficulté. Tant mieux.*

Cependant, cet acte de soumission alluma contre M. Dupré un violent orage dans le camp des *non-promettants*, et il fut interdit de toutes fonction ecclésiastique. D'où vint cet arrêt sévère ? Vint-il réellement de Londres, de Mgr l'Evêque de Lombez ? Ce n'est qu'en son nom qu'il pouvait être porté, mais les deux lettres suivantes sans date, qui se rapportent à cette affaire, donnent lieu à toutes sortes de conjectures. M. Sales [2] écrit à M. Dupré :

« Mon amitié pour vous, mon cher Dupré, a toujours bien » souffert de ce que j'ai eu jusqu'ici de mortifiant à vous » communiquer. Avec la franchise que vous me demandez et » qui, vous pouvez le croire, est vraiment dans mon cœur, je » vous envoie la lettre ci-incluse qui vous instruira sans doute » de ce dont il est question. En cas qu'elle ne vous en dise pas » assez, j'ajoute qu'il s'agit d'ordres de notre évêque qui vous » regardent directement. Si vous voulez les connaître, donnez- » vous la peine de venir le plus tôt possible jusque chez moi,

[1] Ce nom n'est probablement qu'un pseudoyme.
[2] M. Sales était un prêtre de Gimont, ancien vicaire de la paroisse, qui tomba plus tard dans le schisme. Par le rôle louche qu'il joue dans cette affaire, on voit que déjà il obéit à d'autres inspirations que celles de la conscience.

» Je vous attends ce soir, ou si quelque obstacle devait me
» priver du plaisir de vous voir, donnez-moi une réponse. »

M. Dupré répond à M. Sales :

« J'ai reçu, mon cher abbé Sales, votre lettre avec celle de
» M. Lucrès. Je vous ai dit mes dernières intentions, et je n'y
» reviendrai pas, je sais fort bien à quoi m'en tenir. Mon secret
» est a moi, et je ne le communiquerai qu'avec discrétion et à
» son heure. Il est inutile que vous preniez la peine de m'écrire
» sur cet objet. Je ne reconnaîtrai d'autre écriture que celle
» qui viendra de l'Autorité ; encore faudra-t-il qu'elle soit véri-
» table et non fabriquée par une société secrete qui a la mau-
» vaise foi d'abuser du talent dangereux que possède un de
» ses membres. »

Il paraît que, malgré ses doutes sur l'authenticité de la
mesure qui le frappait, M. Dupré crut prudemment devoir s'y
soumettre. Ce fut une vraie révolution dans Gimont où ce saint
prêtre jouissait d'une estime et d'une popularité universelles.
Lorsqu'en 1786, M. Lacoste, précédemment bénéficier à Mon-
tauban, fut nommé à la cure de Gimont, ce ne fut qu'après le
refus de M. Dupré qui, par modestie voulut demeurer simple
consorsiste. Devant l'interdit lancé contre ce saint prêtre, toute
la population de Gimont se souleva en sa faveur, de vives
réclamations se firent entendre, et une pétition couverte d'un
grand nombre de signatures fut adressée à l'autorité diocésaine. Nous n'avons pas cette pièce, mais nous avons la
réponse de M. Lucrès. Elle nous prouve que, si M. le Grand
Vicaire manquait de franchise, il ne manquait pas d'habileté,
ni de cette dignité dans le langage qui convient à un supérieur
ecclésiastique.

Réponse à la supplique des catholiques de Gimont à la suite
de l'interdit de M. Dupré :

« Messieurs, si c'est un devoir sacré pour votre illustre
» Evêque dont j'ai l'honneur d'être le représentant, de seconder
» les pieux désirs et de pourvoir aux besoins spirituels de ses
» diocésains, c'en est un aussi rigoureusement sacré pour moi

» de ne pas compromettre son autorité en vous laissant croire
» que vous avez le droit de lui demander raison des motifs qui
» ont guidé sa conduite à l'égard de M. Dupré-Longueval, en
» qui j'ai toujours reconnu de la piété, du zèle, des lumières
» et des mœurs irréprochables. Un évêque, Messieurs, ne sera
» jamais justiciable de ses prêtres, encore moins des simples
» fidèles confiés à ses soins. Il ne doit compte de son adminis-
» tration qu'à Dieu et a ses supérieurs dans l'ordre hiérar-
» chique. En sa qualité de successeur des apôtres, votre évêque
» a trouvé bon, dans sa sagesse, de ramener à l'obéissance qui
» lui est due quelques-uns de ses prêtres; ses intentions sont
» suffisamment connues. En les promulguant, j'ai rempli ma
» tâche. C'est aux prêtres ainsi qu'aux fidèles à remplir la leur
» en y conformant leur conduite. Aucun des prêtres du diocèse
» n'ignore, et vous ne l'ignorez pas vous-mêmes, Messieurs,
» les défenses expresses que leur a faites le prélat depuis 5 ou
» 6 mois et renouvelées à plusieurs reprises; elles sont donc
» dans toute leur force. M. Dupré, qui, depuis son retour à
» Gimont, peut ne pas avoir eu le temps de s'instruire de leur
» véritable esprit, a dépassé le premier ces défenses, marquées
» pourtant au coin de la prudence épiscopale et inspirées au
» prélat par son grand respect pour l'autorité du Saint-Siège.
» La fausse interprétation que ce monsieur a donnée aux
» ordres de son évêque, à l'ombre d'un titre qu'il a cru avoir et
» dont il n'est pas revêtu, a entraîné plusieurs autres prêtres
» dans sa désobéissance, peut-être innocente aux yeux de Dieu.
» Mais le prélat devait à la religion, à son clergé, à tout son
» diocèse, ainsi qu'à sa personne, de prouver qu'on ne manque
» pas impunément à l'autorité d'un évêque. Et afin qu'on ne
» pût pas un jour lui reprocher d'avoir été injuste à l'égard de
» ses prêtres qui n'ont fait que suivre l'impulsion et l'exemple
» de M. Dupré, Sa Grandeur a cru devoir commencer par
» redresser celui qui avait entraîné les autres. Si vous aviez,
» Messieurs, moins prêté l'oreille à la calomnie contre vos
» supérieurs, il vous eût été facile d'apercevoir le véritable
» esprit qui a présidé à toutes leurs mesures; vous vous seriez
» épargné en même temps la peine inutile de plaider devant
» votre évêque la cause d'un prêtre qui, tout responsable qu'il
» est, n'en a pas moins violé les ordres de son évêque dans

» une question qui touche au bon ordre et à la discipline
» établie dans le diocèse; vous vous seriez épargné la faute
» grave que vous avez commise en qualifiant de libelles les
» diverses lettres qui renferment les avis et les défenses dont
» l'authenticité ne devait pas être contestée, puisqu'elle vous
» était garantie par celui que vous avez reconnu pour son
» représentant, lequel respecte trop le sacré caractère dont il
» est revêtu pour faire tenir à son véritable commettant un
» langage que celui-ci n'aurait pas tenu ; vous vous seriez
» épargné enfin le petit ridicule de tracer des règles à ceux que
» Dieu et l'Eglise ont établis au-dessus de vous et aux ordres
» desquels vous devez tous, prêtres et fidèles, respect, soumis-
» sion, obéissance en tout ce qui concerne le salut de vos âmes,
　» Je sens, Messieurs, et le prélat l'a senti comme moi, le
» vide que M. Dupré laisserait dans votre ville. Mais, outre
» qu'il ne tiendra qu'à ce monsieur de reprendre quand il
» voudra l'exercice de ses fonctions, ce n'est pas, encore un
» coup, ni a vous ni à moi de demander au prélat : Pourquoi
» agissez-vous ainsi ? C'est l'obéissance à l'évêque qui a dis-
» tingué de tout temps le vrai catholique. Et sous le spécieux
» prétexte que d'autres commandent ou permettent ce que lui
» défend, ne vous érigez pas en juges ou en censeurs de sa
» conduite; mais plutôt conformez la vôtre à cette maxime de
» la sainte obéissance que nous tenons d'une grande sainte :
» *Quand votre supérieur vous commande quelque chose, ne dites*
» *pas : Un autre commande le contraire; mais croyez que tous*
» *les deux ont de saintes intentions, et obéissez à celui qui vous*
» *commande.*
　» Je n'entreprendrai pas, Messieurs, de relever l'équivoque
» dont sont susceptibles ces paroles qui terminent votre lettre :
» *Nous sommes les amis des âmes vraiment religieuses.* Je laisse
» à votre religion et à l'honnêteté qui vous caractérise de juger
» si c'est le respect que tout catholique doit à ses supérieurs
» qui vous les a inspirées. Qu'il me suffise de vous dire que si
» vous voulez qu'on vous croie *les amis des âmes vraiment*
» *religieuses*, et *des âmes vraiment religieuses vous-mêmes*, vous
» saurez vous contenter d'un culte moins bruyant et entière-
» ment dégagé de certaines formalités préalables qui entravent
» au jugement de votre Evêque et de celui de la majorité de

» ses collègues cette sainte et précieuse liberté nécessaire dans
» l'exercice du culte du vrai Dieu.

    » J'ai l'honneur d'être...   » LUCRÈS,
                                 » *Vicaire-général.* »

L'interdit ne dut pas tarder à être levé si tant il est vrai que
Monseigneur de Lombez l'eût jamais prononcé. Quoi qu'il en
soit, cette mesure ne porta pas la moindre atteinte à la réputation de M. Dupré, qui continua de jouir de l'estime et de la
vénération de tous ses compatriotes. Le 4 octobre 1807, M. le
Curé de Cologne écrivait à M. de Lagrange, pro-vicaire général
a Auch : *Un avis de votre part à M. le Curé de Gimont pourrait
opérer un très grand bien dans cette paroisse, ce serait de
l'engager à confier à M. Dupré-Longueval le soin de faire les
catéchismes aux jours de fêtes et de dimanches. Ce pauvre
M. Lacoste ne sait pas profiter d'un sujet si precieux, si instruit,
et qui n'attend pour travailler que d'en recevoir la mission.* Cette
mission de catéchiser son peuple que M. le Curé de Gimont se
hâta de lui confier, M. Dupré la remplit, dit-on, avec un talent
remarquable jusqu'à sa mort, arrivée le 1er juin 1817. Il était
âgé de 62 ans.

CHAPITRE V

Le Concordat. — L'Evêque de Lombez ne veut pas s'y soumettre. — Il désobéit au Pape. — Il refuse de donner sa démission et prétend continuer d'administrer son diocèse. — Sa mort.

Cependant, un Concordat entre le Saint-Père Pie VII et Bonaparte, premier consul, rétablissait en France la religion catholique. Il fut signé le 15 juillet 1801. Ce concordat n'était pas certainement une œuvre parfaite. Le malheur des temps était tel que l'Eglise avait accordé tout ce qui ne blessait ni la foi, ni la doctrine, ni sa constitution essentielle. Rome, dont la politique traditionnelle est de condescendre paternellement à toutes les transactions honnêtes, accepta le bien relatif qui s'offrait, et tous les meilleurs esprits convinrent que les sacrifices volontaires ou forcés qu'elle fit alors, préservèrent l'Eglise d'une crise que la tyrannie des maîtres du jour rendait extrêmement redoutable. Pour amener le Pape aux concessions, Bonaparte avait évoqué plus d'une fois, dit-on, l'ombre d'Henri VIII, et si la France ne partage pas aujourd'hui le déplorable sort de la pauvre Angleterre, n'est-ce pas à la sage clairvoyance de Pie VII que nous le devons ?

Quoique certaines dispositions du Concordat laissassent beaucoup à désirer pour la religion, le rétablissement du culte catholique au lendemain des mauvais jours de la Révolution inondait de joie tous les cœurs demeurés fidèles, et l'on vit, le 18 avril 1802, à Notre-Dame de Paris, une solennité plus imposante que toutes celles qu'on avait vues dans les siècles de la monarchie, la plus imposante que l'imagination chrétienne eût jamais pu concevoir après les dix ans de sacrilèges et de délire qu'on venait de traverser. C'était le jour de Pâques. Les consuls, suivis de tous les hauts dignitaires de l'Etat, se rendirent en grande pompe à Notre-Dame et assistèrent à la messe célébrée par le Cardinal Caprara, légat du Saint-Siège, qu'entouraient un grand nombre d'évêques, et à un *Te Deum* solennel chanté en actions de grâces. Tous les fronts s'inclinaient, tous les cœurs étaient émus, des larmes coulaient de tous les yeux, l'enthousiasme était indescriptible. Quel spectacle après les orgies infâmes qui avaient souillé cette auguste basilique! On dit qu'à cette vue, rendant hommage à la main divine dont l'action se manifestait d'une manière si visible, un grand nombre d'impies se convertirent.

Cependant, la joie de l'Eglise de France n'était pas entière. Le premier consul avait exigé que le Pape changeât l'ancienne démarcation des diocèses et supprimât un grand nombre d'évêchés, afin d'élever, pour ainsi dire, sur les débris de la vieille Eglise, une Eglise nouvelle; et la plus grande partie des titulaires vivaient encore. Ces vénérables évêques, dispersés sur la terre étrangère, expiaient le crime de leur fidélité au Saint-Siège. Ils avaient combattu, ils avaient souffert pour la foi; Pie VI les avait soutenus, encouragés dans cette lutte, et, captifs, exilés ou martyrs, ils avaient par leur exemple préservé de la contagion le clergé et le peuple qui leur était confié.

Il faut pourtant le dire, ne voulant pas séparer le trône de l'autel, l'épiscopat, exilé comme catholique, s'était fait un devoir de rester émigré comme royaliste[1]; la question religieuse s'était compliquée d'une question politique, et l'ombrageux Bonaparte ne voulait pas être gêné par ces généreux confesseurs de la foi. Pour sortir du chaos où la main du despote retenait l'Eglise de France, le Pape avait été, malgré lui, réduit à faire acte d'omnipotence; Bonaparte s'était emparé d'une dictature militaire et civile, le Pape fut obligé de s'investir d'une dictature spirituelle que Rome n'avait jamais exercée; il avait élevé la puissance apostolique au-dessus de toutes les règles de la discipline pratiquées jusqu'alors, et dans l'affliction de son âme, il avait adressé, à la date du 15 août 1801, aux évêques émigrés, le bref *tam multa* qui leur deman-

[1] La religion catholique, écrivait Mgr de La Rochelle à M. l'abbé de Beauregard, ne peut pas plus se soutenir en France sans la monarchie que la monarchie sans la religion. — Les rentrants me font pitié avec leurs sophismes de cuisine. (Lettre de Mgr de Coucy à M. de Beauregard, vicaire général de Luçon).

dait leur démission. Le Pape pouvait-il exiger un pareil sacrifice? « Mettre en doute ce pouvoir, répond le savant Dom
Guiranger, ce serait refuser au capitaine d'un navire en danger
le droit pour le sauver de jeter à la mer, s'il le faut, les mar-
chandises les plus précieuses. » Ces nobles victimes de la
Révolution avaient offert un magnifique témoignage de dévouement à l'Eglise et de fidélité au trône. Surpris par cette étrange
éventualité, leur conscience se trouva malheureusement en
opposition avec leur foi politique. La plupart consommèrent
généreusement le sacrifice; quelques-uns hésitèrent; d'autres,
imbus de leurs maximes gallicanes et n'ayant aucune confiance
dans l'infaillibilité pontificale, refusèrent leur démission et
protestèrent contre le Concordat dont ils ne voulurent pas
reconnaître la légitimité. Lorsque le bref avait paru, sur
135 sièges épiscopaux que comprenait la France en 1789,
51 titulaires étaient morts. Parmi les 84 restants, 3, savoir :
de Talleyrand, évêque d'Autun, de Jarente, évêque d'Orléans,
et de Savines, évêque de Viviers, pouvaient être regardés
comme ayant depuis longtemps renoncé à leurs sièges, puisqu'ils avaient apostasié. Il restait donc 81 évêques parmi
lesquels 45 adhérèrent à la demande du Souverain-Pontife;
mais les 36 autres crurent ne devoir pas suivre cet exemple,
plus confiants dans leurs lumières que dans celles du Chef
de l'Eglise, de celui que Jésus-Christ a chargé de confirmer
ses frères.

C'est dans le groupe des opposants que nous retrouvons
l'évêque de Lombez. Les derniers actes au sujet de *la promesse
à la Constitution de l'an VIII* faisaient bien pressentir quelle
serait son attitude dans ces circonstances. Il fut un des plus
ardents à résister à la volonté du Souverain-Pontife. Dans la
réunion que tinrent les 18 prélats français résidant en Angleterre pour arrêter en commun leur ligne de conduite, il prononça un discours dont le texte nous a été intégralement
conservé; il s'y exprime avec une extrême violence sur les
prétentions du Souverain-Pontife :

« Nous ne sommes pas des esclaves timides, dit-il, pour
» obéir aux ordres d'un maître ombrageux, pour marcher ou
» nous arrêter, pour parler ou nous taire, à sa volonté! Le

» Pape est le chef de l'Eglise, mais il n'en est pas le domina-
» teur. Il est le successeur du Prince des Apôtres, mais il n'est
» pas tout le collége apostolique. Il a ses droits, nous' avons
» les nôtres; nous avons des devoirs, il a les siens; les uns et
» les autres sont prescrits par les canons et par l'antique disci-
» pline de l'Eglise. Depuis quand les évêques français seraient-
» ils assez persuadés de l'infaillibilité du Pape pour se croire
» tenus à lui obéir sans réflexions et sans représentations?
» Dès le commencement de nos malheurs, nous lui avons
» renvoyé, il est vrai, la connaissance et le jugement de nos
» affaires. Ce parti était sage parce que son indépendance
» nous répondait alors de sa justice. de sa fermeté, de son
» impartialité; mais nous ne lui avons pas confié les intérêts
» de l'église gallicane pour la bouleverser et l'anéantir. Sommes-
» nous donc obligés de laisser notre confiance entre les mains
» d'un arbitre qui ne peut plus qu'en abuser? »

Il prétend ensuite que le refus de leurs démissions ne gênera
pas le Pape, puisque tout de même il doit passer outre.

« Qui sait, au reste, ajoute-t-il, si un jour le Pape ne sera
» pas bien aise de retrouver nos titres intacts entre nos
» mains ? Dans ce choc, dans cette foule d'évènements que ce
» chaos général annonce et prépare, sans qu'aucune puissance
» humaine puisse les calculer et les prévoir, qui peut raison-
» nablement compter sur la stabilité du gouvernement de la
» France ? Qui pourrait assurer que bientôt il n'ira pas ajouter
» de nouveaux débris aux débris des gouvernements et des
» constitutions qui l'ont précédé ? Si de nouveaux gouvernants
» étaient moins persuadés que ceux-ci de la nécessité d'une
» espèce de religion ou plutôt d'une espèce de culte religieux;
» s'ils voulaient avoir des évêques plus accommodants encore
» que ceux qu'on nous donnera pour successeurs, s'ils en
» demandaient d'autres au Pape, comment croire qu'il eût plus
» de force qu'aujourd'hui pour résister à de nouveaux domina-
» teurs aussi hautains, aussi capricieux et aussi puissants que
» ceux auxquels il se dit absolument forcé de céder aujour-
» d'hui ? Comment se persuader qu'il voudra et pourra faire
» plus pour des évêques d'un jour que pour ceux qui datent de

» quinze siècles? — Il n'est pas dans l'ordre des choses impos-
» sibles que les Français, fatigués par tant de révolutions, ne
» finissent par rappeler la monarchie et le véritable monarque.
» Peut-on supposer que les héritiers de saint Louis auront
» plus d'égards pour ces évêques de la République que Bona-
» parte n'en a eu pour ceux qui ont suivi les succès et les
» désastres de la monarchie? Or, si ce roi est puissant, ne
» pourrait-il pas aussi obliger le Pape à lui donner un corps
» épiscopal qui lui convienne, car le Pape qui a été forcé une
» fois, peut l'être encore. Il faudra donc qu'il change les
» évêques aussi souvent que le gouvernement français ou que
» la volonté des gouvernants changera. Elle sera donc rompue
» cette chaîne vénérable de l'épiscopat, non interrompue
» jusqu'ici depuis les apôtres! Concluons que nous devons
» conserver nos titres, qui peuvent être l'ancre de salut de
» l'Eglise gallicane, et appelons-en du Pape enchaîné au Pape
» libre. »

L'orateur ne veut pas pourtant d'une opposition absolument
systématique. Tout en refusant sa démission dans l'intérêt des
âmes, il veut seconder le Pape dans les mesures qu'il croira
devoir prendre pour le bien spirituel de la France.

« Mais est-il possible de croire, continue-t-il, que, dans la
» coaction où il gémit, le Pape ose, contre toute espèce de
» règles et de formes, nommer à nos sièges sans nos démis-
» sions? Il enverra sans doute des vicaires apostoliques dans
» nos diocèses. Comme métropolitain suprême, il a le droit et
» le devoir de pourvoir à l'exercice du saint ministère dans les
» églises abandonnées. Les nôtres le sont non de droit, mais
» de fait. Ce mal ne serait que dans la forme et ne toucherait
» pas au fond; il ne serait que temporaire et non pas radical.
» Nous devrions alors employer tous les ménagements, toute
» la condescendance que l'empire des circonstances peut exiger
» de la prudence, de la sagesse, du zèle le plus éclairé. »

Après tout, en refusant sa démission, l'évêque de Lombez
prétend faire un sacrifice plus grand que celui que le Pape leur
demande.

« On nous dit qu'il nous reste un grand sacrifice à
» faire. Oui, certes, et je m'écrierai avec Mgr d'Uzès : nous
» devons, en effet, faire un dernier sacrifice, mais il n'est pas
» celui d'abandonner une place, de renoncer à un titre qui ne
» peut plus offrir que des peines et des douleurs. Le grand
» sacrifice pour nous n'est pas celui qui peut nous donner le
» moyen de finir doucement, tranquillement notre triste car-
» rière, de trouver enfin le repos dans nos familles au sein de
» de l'amitié ; le grand sacrifice est celui qui nous porte à nous
» élever au-dessus des considérations humaines, à renoncer
» pour jamais à notre patrie, à surmonter les plus douces affec-
» tions de l'homme sensible pour remplir tous les devoirs et
» dans toute leur rigueur.

» Profondément dévoué au troupeau chéri que la divine
» Providence m'a confié et qui, dans ces temps de confusion et
» de désordre constamment fidèle à son premier pasteur, m'a
» donné tant et de si douces consolations ; tendrement attaché
» à mon pays, à mes parents et à mes amis, je désire ardem-
» ment de me rapprocher de ma famille spirituelle et de revoir
« le sol qui me vit naître. Mais je n'ai jamais pensé à revenir
» dans ma patrie que lorsque je pourrai y rentrer avec honneur,
» c'est-à-dire avec ma religion et ma conscience intactes, car
» c'est là, et rien que là, qu'est le véritable honneur d'un
» évêque, et c'est le seul qui ait influé sur ma décision. Voici
» mes conclusions :

» 1° Je suis d'avis de ne pas donner ma démission ;

» 2° Sans nous astreindre au court délai que le Pape nous
» prescrit dans sa captivité, je crois que par respect nous
» devons envoyer notre réponse le plus tôt possible ;

» 3° Cette réponse doit être faite en commun ;

» 4° Je propose à Mgr l'Archevêque de Narbonne d'en être
» le rédacteur et de s'associer telle personne qu'il lui plaira de
» choisir pour l'aider dans ce travail ;

» 5° Je propose de joindre à notre réponse respectueuse mais
» ferme et énergique, une déclaration pour exposer et déve-
» lopper nos motifs, nos principes et nos désirs, particulière-
» ment celui d'un concile ou au moins d'une assemblée géné-
» rale des évêques de France dans tel lieu qu'il plairait à
» Sa Sainteté de nous indiquer, la forme d'une déclaration ou

» d'un mémoire séparé étant plus propre pour ces objets que
» la forme ordinaire d'une lettre missive ;

« 6° Je propose d'envoyer des exemplaires de notre lettre et
» de la déclaration signée de nous à tous nos confrères du
» Continent pour avoir leur suffrage et leur adhésion [1]. »

Des 18 prélats français qui assistaient à cette réunion, 5,
malgré l'éloquence de l'évêque de Lombez, furent d'avis de se
démettre. Les 13 autres (14, si on compte M. Gallais de Latour,
évêque nommé de Moulins, qui signa aussi) se mirent à la suite
de Mgr de Chauvigny et écrivirent au Pape à la date du 27 septembre pour le prier de surseoir à toute mesure.

« Très-Saint Père, y est-il dit, nous ne dissimulerons pas
» à Votre Sainteté la douleur extrême que nous a fait éprouver
» son Bref du 15 août 1801. Il est si étrange le sentiment dont
» nous sommes pénétrés que, malgré notre ardent désir de
» seconder les vœux de Votre Sainteté, nous sommes forcés
» cette fois, à notre grand regret, de mettre des bornes à notre
» obéissance filiale. Tel serait, en effet, le résultat des mesures
» dont ce Bref nous menace, que les sieges épiscopaux de
» l'Eglise de France se verraient tous en même temps privés
» de leurs premiers pasteurs. Mais quel motif d'espérer qu'une
» mesure aussi spontanément générale contribuera au rétablis-
» sement et à la conservation de l'unité catholique dans un si
» vaste empire? Nous ne saurions le concevoir, et Votre Sain-
» teté ne daigne pas nous l'apprendre. Cette immense chaîne
» de malheurs qui depuis tant d'années pèse sur notre infor-
» tunée patrie, ne nous autorise que trop à craindre que cette
» viduité subite et générale de toutes nos églises, n'aggrave, au
» lieu de les alléger, les maux de la catholicité, que le corps
» épiscopal français peut fournir à Votre Sainteté un moyen
» efficace de prévenir.

» A Dieu ne plaise que cette expression naïve de nos senti-

---

[1] Ce discours fut imprimé et répandu à profusion dans le diocèse de
Lombez. Nous l'avons tiré de l'*Histoire manuscrite des Evêques de
Lombez*, par M. Cazenave.

M. Louis Cazenave, né à Bassoues en 1830, a fait ce travail étant
archiprêtre de Lombez. Il est mort archiprêtre de Mirande en 1892.

» ments nous soit inspirée dans ces temps malheureux par le
» regret de descendre de nos sièges! S'il était permis à des
» évêques de soupirer après quelque repos si nécessaire à des
» cœurs abreuvés de tant d'amertumes, il n'est aucun de nous
» qui ne se hâtât de le chercher dans le calme de la vie privée,
» déchargé du poids de devoirs jadis si consolants, aujourd'hui
» si pénibles. Mais le caractère auguste dont nous sommes
» revêtus nous fait une loi de ne pas rompre aisément les liens
» qui nous unissent aux églises que la divine Providence a
» immédiatement confiées a notre sollicitude. Nous supplions
» instamment Votre Sainteté de nous faire connaître les motifs
» qui ont provoqué sa demande afin qu'ainsi éclairés de ses
» propres lumières, nous puissions lui manifester nos résolu-
» tions ultérieures. En attendant, forts de l'affection paternelle
» de Votre Sainteté, nous avons la douce confiance qu'Elle ne
» statuera rien sur cette importante affaire qu'après avoir pesé
» dans sa haute et profonde sagesse les considérations puis-
» santes qu'en fils toujours dociles et soumis nous avons à
» présenter au plus tendre des pères. Prosternés aux pieds de
» Votre Sainteté, nous le supplions de nous donner affectueu-
» sement la bénédiction apostolique. »

Cette lettre fut signée par MM. SS. Richard Dillon, archevêque de Narbonne; Louis de Conzié, évêque d'Arras; François de Malide, évêque de Montpellier, Louis-André de Gri-
maldi, évêque de Noyon; Jean-François de La Marche, évêque
de Léon; Emmanuel de Flamarens, évêque de Périgueux;
Auguste de Belbeuf, évêque d'Avranches; Michel Amelot,
évêque de Vannes; Henri de Béthisy, évêque d'Uzes; Seignelai
de Colbert, évêque de Rodez; Charles de La Laurencie, évêque
de Nantes ; Philippe de Castelnau, évêque d'Angoulême.
Alexandre-Henri de Chauvigny de Blot, évêque de Lombez;
Etienne Gallais de Latour, évêque nommé de Moulins.

Nous retrouvons dans cette lettre toutes les idées énoncées
dans le discours du 21 septembre, et il est probable que la
rédaction en appartient à l'Evêque de Lombez. A la tête de ce
groupe figurait l'Archevêque de Narbonne, un vénérable vieillard octogénaire, aussi recommandable par ses vertus et ses
longs services que par son âge et sa naissance. C'est à lui que le

Pape répondit de sa propre main, à la date du 11 novembre, en lui faisant de nouvelles instances. Mgr Dillon répondit à la lettre du Pape, le 21 janvier 1802, mais ce fut un nouveau refus.

« Aucune considération humaine ne me fait agir, disait ce » pauvre vieillard; j'ai 5o ans d'épiscopat, je suis à la veille de » voir se terminer une carrière dont la prolongation au-delà du » terme ordinaire, en me rendant le témoin et la victime d'évé- » nements aussi atroces que sinistres, m'a paru plutôt une » punition qu'un bienfait de la Providence.

» La conservation de la religion est sans doute le plus essen- » tiel devoir des évêques, mais ce devoir lui-même leur rappelle » que la fidélité au Souverain légitime est également placée » sous la sauvegarde des oracles divins, qu'elle est un des » premiers et des plus chers intérêts de la religion. Un pacte » indissoluble unit le trône et l'autel, et nous sommes, comme » évêques, chargés de veiller à ce qu'il ne soit jamais ni altéré » ni rompu.

» Depuis quatorze siècles, les monarques français avaient » fait asseoir avec eux sur leur trône la religion catholique. » C'est de la main de nos rois que, par une concession spéciale » dont l'exercice, sous différentes formes, remonte jusqu'au » berceau de la monarchie, nous avons été présentés à la » consécration de l'Eglise. Aux liens si doux de la reconnais- » sance qui nous attache aux rois nos bienfaiteurs, s'unit la » puissance, la religion de serment. Je l'ai prêté quatre fois, » Très-Saint Père, ce serment redoutable, comme évêque » d'Evreux, comme archevêque de Toulouse, comme archevê- » gue de Narbonne, et comme commandeur de l'Ordre du » Saint-Esprit. L'idée seule de devenir, en l'enfreignant, quatre » fois parjure, me glace d'effroi. »

Nous ne suivrons pas plus longtemps cet excellent vieillard dans l'exposition de ses principes. Ce sont les pieuses divaga- tions d'une fausse conscience; et ces idées étaient celles de tous les évêques qui l'entouraient et qui, sans donner de meil- leures raisons, accentuèrent leur opposition dans une nouvelle lettre collective adressée au Pape, à la date du 13 février 1802. Plusieurs autres prélats dispersés sur le Continent firent des réponses analogues. Ce n'était pas un refus formel de lui obéir, mais ils voulaient que le Pape attendît et les fît avec lui juges de la situation. Le Saint-Pontife pouvait-il déférer à de telles représentations ? Voyant plus loin que les évêques parce qu'il est placé plus haut, pressé par les circonstances et par le gouvernement français, il ne put attendre que toutes les démissions lui fussent parvenues. Il fallait ou laisser périr la religion en France, ou la sauver par un acte énergique, tel qu'il ne s'en était pas produit de pareils depuis la fondation de l'Eglise. Pie VII ne pouvait pas hésiter, et dès le 29 novembre 1801, il publiait la Bulle *Qui Christi Domini* par laquelle, en vertu de sa suprême autorité apostolique, il interdisait aux évêques non démissionnaires l'exercice de leur juridiction, déclarait nul tout ce qu'ils feraient à l'avenir, et anéantissait toutes les églises épiscopales existant alors en France pour créer à la place 60 nouveaux sièges partagés en 10 métropoles. Les évêques non démissionnaires protestèrent plus fort contre cette mesure prise sans leur aveu, et le 6 avril 1802, ils signèrent en commun des *réclamations canoniques et respectueuses au Saint Pontife.* Ces réclamations, 38 évêques les signèrent. Elles étaient savamment raisonnées; mais ces illustres prélats ne tenaient pas compte de trois choses :

1° *Que lorsqu'il y a nécessité,* comme le dit Bossuet lui-même, *le pouvoir du Pape s'élève au-dessus des règles et des canons;* 2° *que le Pape, aidé de ses conseils, demeure juge de cette nécessité;* 3° *que dans la circonstance où il s'agissait de sauver la France d'un inévitable naufrage, cette nécessité était d'une évidence palpable.*

On aurait pu encore leur répondre que le Pape, en acceptant l'ordre de choses qui existait de fait, n'entendait pas pour cela sanctionner certaines dispositions contre lesquelles il réclamait le premier,

L'évêché de Lombez fut un de ceux qui furent supprimés par la Bulle *Qui Christi Domini.* Mgr de Chauvigny refusa de reconnaître le nouvel état de choses, il fut un des 38 opposants, et ne cessa de signer et de se dire évêque de Lombez. M. Chabanon lui avait envoyé sa démission de curé de Cologne. L'Evêque lui adressa à cette occasion la lettre suivante :

« Londres, 13 février 1802.

« N° 31, Georges Street-Square.

» Je n'ai reçu que depuis deux jours. Monsieur, votre lettre
» du 7 janvier, qui renferme l'acte de votre démission de la
» cure de Cologne et qui m'afflige profondément. Je l'accepte
» cependant cette démission, car sans doute toutes mes repré-
» sentations dans cette circonstance n'auraient pas plus d'effet
» que celles que je vous ai déjà adressées, et dont vous avez
» nié l'authenticité par suite du système funeste que vous avez
» adopté. Mais la position nouvelle où vous place cet acte de
» démission et mon acceptation rendent inutile, je crois, de
» revenir sur les peines que vous m'avez causées, sur le mal
» que votre exemple a fait dans mon diocèse, sur les preuves,
» écrites de votre main, que j'ai de votre insubordination, du
» peu de respect et d'égards avec lequel vous manquez non
» seulement à la charité mais même à la justice en parlant de
» votre évêque sur la lettre du 14 juin 1801 que vous voulez
» encore révoquer en doute contre l'évidence, et dans laquelle
» je vous disais avec douleur ce que je répète aujourd'hui avec
» le même sentiment, que, si vous persévérez dans la conduite .
» que vous avez tenue depuis votre retour d'Espagne, que, si
» vous vous montrez toujours indocile aux représentations de
» votre évêque, je n'ai plus rien a vous dire, parce que vous
» n'êtes pas plus de ma religion que M. Barthe [1] et le P. Ser-
» met [2]. Je suis loin de vous assimiler entièrement à eux et de
» croire ma comparaison exacte en tous points ; mais je dési-
» rais vous effrayer sur les dangers d'une première fausse
» démarche qui, sans que vous le vouliez, pourrait finir par
» vous entraîner aussi loin de moi qu'ils le sont eux-mêmes.
» Je désire que vous retrouviez la paix et le bonheur dans la
» retraite à laquelle vous vous condamnez. Quelles que soient
» vos dispositions à mon égard, j'espère que vous ne cher-
» cherez pas à faire adopter vos idées sur l'impossibilité où j'ai

---

[1] Paul-Benoît Barthe, évêque constitutionnel du Gers, né à Montre-
don, près de Narbonne, était avant la Révolution professeur à l'Université de Toulouse. Il mourut à Auch, en 1807, après une rétractation fort
équivoque.

[2] Sermet, évêque constitutionnel de la Haute-Garonne.

» été de donner ma démission comme le Pape le désirait.
» Je conserve tous mes droits comme tous les devoirs que j'ai
» acquis ou contractés par ma consécration le 3o mars 1788.
» J'ai mandé à M. Lucrès, mon seul grand vicaire, que je me
» réservais personnellement la connaissance et la décision de
» toutes les difficultés que cette malheureuse affaire peut
» entraîner. Je lui ordonne de continuer à exercer tous les
» pouvoirs que je lui ai confiés et dont personne sans doute
» n'osera s'emparer sans mon consentement, de ne rien céder,
» de ne rien abandonner avant que je ne lui ai mandé expres-
» sément ce que la sagesse et la prudence me permettraient de
» céder momentanément.

» Je voudrais pouvoir espérer que des temps meilleurs me
» permettront de rétablir les relations d'estime et de confiance
» que je me plaisais à avoir en vous.

» J'ai l'honneur d'être, Monsieur, votre très humble et très
» obéissant serviteur.

» † Alexandre-Henry,
» *Evêque de Lombez.* »

Cette lettre reçue par M. Chabanon, le 6 mars 1802, est
adressée à M. *Chabanon, ancien curé de Cologne, par Toulouse
et l'Isle-Jourdain,* et porte diverses marques de la poste anglaise
avec le mot : *part 10 d.*

Se regardant toujours comme évêque de Lombez, Mgr de
Chauvigny continuait comme par le passé de soutenir et d'en-
courager ses ouailles par de nombreux écrits, et la chaleur de
ses pastorales, répandues par contrebande, enthousiasmait ses
partisans et leur faisait dire qu'*à la fermeté des Athanase, leur
évêque joignait l'éloquence des Chrysostôme.* En réalité, il ne
faisait qu'entretenir et fomenter la révolte contre l'autorité
légitime. On peut le croire dans la bonne foi, en songeant à
son zèle et a sa piété. Il n'en est pas moins vrai que, par sa
résistance aux ordres du Pape, il fut la cause première du
schisme déplorable qui désola son troupeau, d'autant plus
porté à lui demeurer fidèle qu'il avait une entière confiance
dans ses lumières et dans ses vertus. Ce qui nous fait espérer
que ses intentions furent pures et que son erreur n'est impu-
table qu'à d'invincibles préjugés contre les droits de l'Eglise

romaine, c'est qu'il permit d'abord à ses prêtres de recourir aux pouvoirs des nouveaux évêques comme à des délégués du Saint-Siège, *pourvu toutefois qu'il y eut aucun acte préalable à remplir contraire à la morale, à la discipline et aux droits de qui que ce soit, se réservant expressément sa juridiction pleine et entière sur son troupeau.*

Le diocèse de Lombez avait été partagé entre le diocèse d'Agen et celui de Toulouse. A Agen on eut le privilège, après le Concordat, d'avoir un saint évêque, ancien confesseur de la foi, Mgr Jean Jacoupy[1] qui, élevé fort jeune à l'épiscopat, a vécu jusqu'en 1848 et dont la mémoire est en bénédiction, tandis que, sur le siège de Toulouse on vit s'asseoir un constitutionnel, Claude-François-Marie Primat, ancien intrus de Cambrai et de Lyon[2]. Ce fut une nouvelle pierre d'achoppe-

---

[1] Jean Jacoupy, né le 18 avril 1761, à Saint-Martin de Ribérac, diocèse de Périgueux, fut d'abord vicaire à Roncenac, actuellement diocèse d'Angoulême. Il venait d'être nommé à la cure de Cumond, lorsque la Révolution éclata. Ayant refusé le serment à la constitution civile du clergé, il partit pour l'exil à la suite de son évêque, Mgr de Grossolles-Flamarens (d'une illustre famille dont le berceau est à Flamarens, ancien diocèse de Lectoure). Rentré d'Angleterre au moment du Concordat, M. Jacoupy fut, sur la recommandation de son cousin, le général Jacopin, nommé à l'évêché d'Agen, qu'il occupa pendant 38 ans. Il fut sacré à Paris le 18 juillet 1802, donna sa démission en 1840 et mourut à Bordeaux, plein de jours et de mérites, le 27 mai 1848. Il avait 87 ans.
Veut-on savoir pourquoi les deux cousins, fils de frères, portent un nom différent ? En réalité le nom est le même, exprimé seulement dans deux langues différentes, Jacopin est français et Jacoupy est patois. Le père de l'évêque, qui n'était qu'un pauvre ouvrier, ou bien ses parrains, en le présentant après sa naissance à l'église de Saint-Martin de Ribérac, durent s'exprimer en leur patois périgourdin, et le secrétaire qui reçut leur déclaration, aussi illettré qu'eux, ne sût pas traduire en français le nom de l'enfant, et écrivit Jacoupy. Or, d'après la loi française, on doit conserver avec son orthographe le nom sous lequel on a été enregistré dans les actes officiels.
[2] Il est malheureusement vrai que le Saint-Père fut obligé d'accepter pour des sièges concordataires *12 constitutionnels.* C'étaient Lecoz à Besançon, Saurine à Strasbourg, Raymond à Dijon, Primat à Toulouse, Lacombe à Angoulême, Montaut des Isles à Angers, Perrier à Avignon, Leblanc-Beaulieu à Soissons, Bécherel à Valence, Belmas à Cambrai, Charrier de La Roche à Versailles, Berdolet à Aix-la-Chapelle.
On ne peut disconvenir de la mauvaise impression que fit sur les fidèles et le clergé l'admission de ces constitutionnels dans les rangs de l'épiscopat. Il convient de dire, à la décharge du Saint-Siège de quelle manière les choses se passèrent. Sans doute, dans sa circulaire du 7 juin 1802, le ministre de la police Fouché défendait d'exiger aucune

ment et un nouveau sujet d'angoisses pour Mgr de Chauvigny qui vit là un motif suffisant pour changer de conduite et retirer les concessions déjà faites. Instruit de l'obstination avérée de M. Primat et de la défense officielle du gouvernement d'exiger aucune rétractation d'aucun de ce qu'il appelait les deux partis qui divisaient le clergé, après avoir, de concert avec Mgr de Béthisy, évêque d'Uzès, dénoncé comme hérétique M. Primat au Saint-Père, il déclara qu'il reprenait le plein exercice de sa juridiction sur son diocèse, défendant sous peine de suspense *ipso facto* d'avoir rien de commun *in divinis* avec M. Primat

---

espèce de rétractation d'aucun des deux partis qui divisaient alors l'Eglise de France. Mais comme c'était une affaire purement ecclésiastique qui ne regardait en rien les Pouvoirs civils, le Pape ne tint pas ni ne pouvait tenir compte d'une telle défense.

Cependant, les négociations si laborieusement conduites allaient être rompues si Rome s'opposait à la volonté de Bonaparte. Celui-ci subissait l'influence des constitutionnels qui, poussés par Talleyrand l'apostat, n'avaient consenti à se démettre qu'à la condition qu'un certain nombre d'entre eux rentreraient en fonctions avec les concordataires, promettant, bien entendu, de se soumettre aux exigences de Rome. Le Cardinal Caprara espérait qu'*une fois canoniquement institués, les constitutionnels ne refuseraient plus de donner des marques de leur repentir, qu'après tout leurs actes seraient au moins valides, et que leur troupeau pourrait vivre sous leur autorité avec une conscience tranquille.* Ainsi s'exprime le P. Theiner. Il ajoute, d'après les pièces officielles des archives du Vatican, que ces évêques devaient déclarer devant deux témoins qu'*ils promettaient une vraie obéissance au Pontife romain et qu'ils adhéraient de tout cœur aux jugements émanés du Saint-Siège sur les affaires ecclésiastiques de France.* Ce n'est qu'après cette déclaration que le légat du Pape devait leur donner l'absolution des censures encourues. Les deux témoins choisis pour cette délicate mission furent l'abbé Bernier et l'abbé de Pancemont qui venaient eux-mêmes d'être nommés l'un à l'évêché d'Orléans et l'autre à l'évêché de Vannes. Cela se passait le vendredi-saint 1802. Il n'y avait pas de temps à perdre puisque le jour de Pâques les évêques constitutionnels devaient assister avec les autres prélats nommés à la cérémonie de Notre-Dame et prêter ensemble le serment. Le samedi soir, Mgr Bernier déposait aux archives de la légation le décret d'absolution de tous ces évêques constitutionnels. Ils avaient demandé que leur abjuration fût tenue secrète. Mais le Pape, en ayant jugé autrement, la fit connaître aux cardinaux dans un consistoire tenu le 24 mai. Cette publication humilia ces orgueilleux qui s'en crurent déshonorés. De là, leurs dénégations et leurs colères. De là, cette ignoble lettre de Lacombe au prêtre Binos, ancien chanoine de Saint Bertrand, où il est dit que *loin de recevoir avec repentir le décret d'absolution, les évêques constitutionnels l'ont jeté au feu,* ce qui n'était qu'une impie fanfaronnade. Lacombe était de Montréjeau, et on dit de lui qu'*il avait la tête aussi dure que le rocher sur lequel est bâti sa ville natale.*

ainsi qu'avec tous ceux qui auraient reçu des pouvoirs d'un si
étrange pasteur. Il envoya à tous ses prêtres la circulaire
suivante, imprimée à Londres par AntoineDulau, n° 15, Poland-
Street. Nous possédons l'exemplaire adressé *au citoyen Tournier*[1],
*prêtre à Sarrant, par Beaumont de Lomagne, département
du Gers,* portant le timbre postal de *Bordeaux* et le
chiffre *32.*

« Monsieur, lorsque, à l'exemple de mes vénérables confrè-
» res, je me suis décidé à autoriser les prêtres de mon diocese
» à recevoir les pouvoirs et les fidèles à profiter des secours
» spirituels de celui ou de ceux qui, pendant mon absence
» forcée, devaient venir, au nom du Souverain Pontife. remplir
» des fonctions et des devoirs qu'il m'eût été si doux de remplir
» moi-même, j'ai cru, j'ai dû croire que Sa Sainteté ne donne-
» rait sa confiance qu'à des hommes qui en seraient dignes,
» qui par conséquent n'abuseraient pas de la mienne, il m'était
» impossible de prévoir que des gens jugés et condamnés par
» Pie VI comme intrus, schismatiques et hérétiques, rece-
» vraient l'institution canonique sans expiation, sans péni-
» tence, que le légat du Pape, au lieu des satisfactions exigées
» par les saints canons et les bulles de Pie VI, oserait prendre
» sur lui de se contenter de leur donner un bref d'absolution,
» et que ces pécheurs publics auraient l'audace de se trouver
» offensés d'une grâce qui n'aurait jamais dû et ne pouvait pas
» leur être offerte, et de rejeter avec mépris une si étrange
» indulgence et de protester publiquement contre les rétracta-

---

[1] Prêtre éminent par ses talents et ses vertus, Sulpice Tournier né à
Sarrant, en 1751, fut d'abord vicaire de M. de Griffolet, dont il partagea
l'exil en Espagne pendant les mauvais jours de la Révolution et auquel
il succéda dans la cure de Sarrant après le Concordat; M. de Griffolet
était mort le 9 septembre 1801. Le vénérable restaurateur du diocèse
d'Auch, M. Fenasse, avait M. Tournier en si haute estime, qu'il voulait
l'associer à son œuvre quand il rétablit le Séminaire, et lui en confier la
direction avec l'enseignement de la théologie. Il était l'ami intime de
M. Chabanon dont il avait été le condisciple à Gimont et à Toulouse.
Il mourut le 30 décembre 1823. On raconte qu'à ses funérailles, M. Chabanon, qui officiait, voulut monter en chaire pour faire son éloge; mais
l'émotion était si grande dans l'auditoire que lui-même ne put maîtriser
la sienne; les sanglots étouffèrent sa voix, et il fut obligé de descendre
de chaire sans avoir pu faire entendre une parole. (M. Dubord.)

» tions auxquelles on disait qu'ils s'étaient soumis. Ma condes-
» cendance pour les désirs du Pape doit avoir des bornes, ainsi
» que mon amour pour la paix et ma sollicitude pour la tran-
·» quillité de mon cher troupeau.. Aussitôt que j'ai eu constaté
» la désolante certitude des faits, je me suis hâté de les dénon-
» cer a Sa Sainteté, que l'on trompe, que l'on égare, que l'on
» enchaîne. Je lui ai adressé mes plaintes, mes supplications
» que je vous ferai connaître et par lesquelles j'ai rendu la
» conscience seule du Pape responsable de tout le mal qui se
» fait et se fera par l'installation du sieur Primat, ancien intrus
» a Cambrai et à Lyon, sur le siege de Toulouse. et par consé-
» quent dans une grande partie du diocèse de Lombez; et je le
» préviens qu'en attendant sa réponse, je tâcherai par des avis
» particuliers à empêcher au moins une partie des malheurs
» qui menacent mon troupeau chéri. En conséquence. je vous
» prie de faire savoir à tous les prêtres, vos voisins, qui n'au-
» raient pas reçu ma lettre, et même à tous les fidèles, si cela
» est possible, que je révoque expressément le consentement
» provisoire que j'avais donné à l'exercice des pouvoirs de celui
» qui se présenterait comme délégué du Pape pour la partie de
» mon diocèse annexés au département de la Haute-Garonne,
» que je défends sous peine de suspense encourue *ipso facto*
» toute espece de communication avec le sieur Primat, ses
» vicaires généraux ou autres prêtres délégués par lui, sans
» révoquer le consentement provisoire que j'ai donné pour la
» partie de mon diocèse qui se trouve comprise dans la nou-
» velle circonscription du diocèse d'Agen *(pourvu qu'il n'y ait*
» *aucun préalable à faire qui puisse être contraire à la morale,*
» *à la discipline ou aux droits de qui que ce soit)*, attendu que
» celui qui exerce ou exercera là les fonctions de délégué n'est
» pas dans le cas du sieur Primat, chargé comme lui de
» censures et d'anathèmes.

» Donné dans le lieu de notre exil, le 6 août 1802.

» † ALEXANDRE-HENRY,
» *Evêque de Lombez.* »

C'est le dernier acte officiel que nous connaissions de Mgr de
Chauvigny. Le dernier évêque de Lombez ne survécut pas long-

temps à sa déchéance. Avec sa nature vive et impressionnable, il fut vite usé dans cette lutte qui avait jeté un si grand trouble dans son âme. Ses malheurs et ses chagrins durent abréger ses jours, et il mourut à Londres, le 4 février 1805, à peine âgé de 54 ans [1]. Son erreur inconsciente aura trouvé grâce auprès du Dieu des miséricordes, et le nuage qui obscurcissait son intelligence s'étant dissipé, il voit maintenant et il contemple la vérité tout entière dans les splendeurs du Paradis. Mais, hélas! il avait semé l'ivraie, il avait prêché la révolte ou, du moins, donné l'exemple de la désobéissance au Vicaire de Jésus-Christ. Ce triste spectacle devait porter ses fruits.

Malgré nos recherches, nous n'avons pu découvrir les détails que nous aurions tant désirés sur son séjour à Londres, sur ses dernières années, sur sa mort. Dans l'ouvrage du chanoine Plasse, *le Clergé français réfugié en Angleterre pendant la Révolution*, on signale seulement sa présence et son opposition au Concordat et on donne les noms de trois prêtres de son diocèse qui partageaient son exil: Jean Bégué [2], de Frégouville, à Liverpool, et à Londres Cosnar et Destrade, dont nous n'avons jamais entendu parler. Quant au lieu de sa sépulture, qui intéresse à la fois l'histoire et la piété, nous ne trouvons dans le livre du chanoine Plasse aucune indication; mais nous pouvons, sur cette question, nous livrer à des conjectures qui ne sont pas invraisemblables. Mgr de Chauvigny avait son

---

[1] Telles étaient, d'après le chanoine Monlezun (*Histoire de Gascogne*, vii⁰ volume), les armes de Mgr de Chauvigny de Blot : écartelé, 1 et 4 de sable, au lion d'or, 2 et 3 d'or, à 3 bandes de gueules, et sur le tout d'argent à 5 fusées de sable rangées en fasce.

[2] Nous trouvons dans le même ouvrage un détail fort dramatique de la vie de l'abbé Bégué. Etant demeuré courageusement fidèle à ses devoirs sans quitter la France, il était tombé sous la main de la police qui l'avait condamné à la déportation et transporté à la Guyane. Sur 82 proscrits embarqués sur la *Décade* et jetés sur les bords du Sinnamary, 36 périrent en trois semaines dans un pays si malsain et sous un climat si meurtrier. Pour échapper à la mort, quelques-uns des survivants élevèrent des cabanes sur les bords de la rivière, s'assurèrent d'une barque et d'un vieux soldat qui connaissait bien la mer et les côtes, et purent ainsi s'évader, aborder à la Guyane hollandaise et, de là, s'embarquer pour l'Angleterre où ils arrivèrent heureusement le 21 août 1799. Le plus connu de ces fugitifs était un Capucin du diocèse de Malines. Il y avait 4 Belges et 3 Français. L'un des français était Jean Bégué, de Frégouville.

domicile à *Londres, n° 31, Georges-Street, Portman-Square*. De là sont datées les dernières lettres que nous connaissons. L'auteur du *Clergé français réfugié en Angleterre*, signale sur *Lower Georges-Street* une chapelle catholique fréquentée par les émigrés, N'est-ce pas celle où le dernier évêque de Lombez célébrait les Saints Mystères? De plus, le même auteur fait connaître dans le faubourg de *Sommerstown*, où le saint abbé Carron avait multiplié les établissements charitables en faveur des émigrés ainsi que des catholiques anglais, le cimetière de Saint-Pancrace, *où Mgr de La Marche, évêque de Saint-Pol-de-Léon, Mgr Richard Dillon, archevêque de Narbonne, Mgr de Malide, évêque de Montpellier, et une foule d'autres prélats et prêtres vénérables ont été inhumés.* N'est-ce pas là qu'il convient de chercher la tombe de Mgr de Chauvigny? Et n'est-il pas l'un *de ces autres prélats* qui reposent en ce lieu? Les trois, dont on cite les noms, étaient ses amis anticoncordataires comme lui, ils avaient partagé les mêmes infortunes, les mêmes luttes, les erreurs. Ne cherchèrent-ils pas à se rapprocher dans la mort comme ils l'avaient fait pendant la vie?

En 1869, on fit un appel à la charité chrétienne pour consacrer par un monument le souvenir de ces confesseurs de la foi, morts loin de la patrie et enterrés dans le cimetière de Saint-Pancrace. Son Em. le Cardinal Manning, archevêque de Westminster, patronait cette œuvre entreprise par l'abbé Dolman. Des circonstances malheureuses empêchèrent la réalisation des vœux de cet excellent prêtre. Ce fut d'abord l'extension des dépendances d'un chemin de fer qui envahit une grande partie du cimetière où l'église nouvelle devait se construire; et puis les événements terribles qui éclatèrent sur le Continent, sur la France en particulier, et qui tarirent pour un temps les sources de la charité publique. On fut obligé, dans l'attente de jours meilleurs, de se contenter de renouveler le bail à long terme qui accorde aux catholiques le terrain restant. Puisse le pieux clergé de Sommerstown reprendre un jour le projet de l'abbé Dolman!

CHAPITRE VI

Schisme des Constitutionnels. — Schisme des Illuminés. — Concordataires. — M. Chabanon. — M. Lucrès. — Correspondances.

Sur 300 prêtres qui formaient le clergé du diocèse de Lombez, il n'y avait eu en 1791, grâce, il faut le dire, a l'exemple et á la sage direction de son évêque, que 14 constitutionnels qui, la plupart, se rétractèrent lors du Concordat. Celui qui porta le plus loin son apostasie et épouvanta le plus par ses désordres fut le malheureux Raymond Tissané, curé de Solomiac, dont la vie scandaleuse a été racontée autrefois dans la *Revue de Gascogne*, par le savant abbé Dubord [1]. Le constitutionnel de Gimont, Barciet, était natif de cette ville; avant la Révolution, il était curé d'une petite paroisse du diocèse de Bordeaux. Après avoir embrassé avec ardeur les principes révolutionnaires, il se rétracta au moment du Concordat, il devint curé de Traversères. A Cologne, le constitutionnel se nommait *Saint Martin des Aurios;* il était, d'après M. Chabanon, *le scandale du diocèse et l'opprobre de la religion.* Dupuy, le constitutionnel de Lombez, ancien curé de Labastide, se fit remarquer par toute sorte d'extravagances; nous avons pourtant entendu dire qu'il avait reconnu et réparé ses scandales. Nous avons retrouvé la touchante rétractation que M. Balas, constitutionnel de Noilhan, prononça dans son église devant tout son peuple assemblé *intra missarum solemniac* le 19 octobre 1800. Quoique la pièce soit un peu longue, il nous semble qu'elle édifiera plus d'un lecteur; nous la reproduirons *aux pièces justificatives* en respectant l'orthographe. Cette rétrac-

---

[1] Raymond Dubord, né à Solomiac en 1814, successivement vicaire à l'Isle-Jourdain, curé à Mauroux et à Aubiet, chanoine honoraire d'Auch, mort en 1899.

tation paraît avoir été écrite tout entière de la main de
M. Lucrès qui a signé en toutes lettres, *Lucrès, vicaire général.*
La lecture dût en être imposée au prêtre prévaricateur qui, à
son tour, a signé, *Balas rétracté.* Après ces deux premiers
noms, nous lisons : *Nous, soussigné, prêtre délégué par qui de
droit, certifions avoir reçu la présente rétractation de M. Balas,
à Noilhan, ce 19 octobre 1800. Signé Cuxac, curé de Frégouville,*
qui, en sa qualité de délégué de l'Autorité, dût présider l'office
où se fit entendre cette solennelle rétractation. Suivent deux
autres signatures, celle de *M. Vignes, curé d'Ambon,* et celle de
M. Bégué, prêtre du diocèse, qui figurent sans doute comme
témoins [1].

Le malheureux Balas s'était rétracté une première fois en
1795, s'était parjuré, avait rechuté et continué pendant dix ans
sa vie de désordres. Persévéra-t-il cette fois dans ses bonnes
résolutions? Il ne retomba pas au moins sous les censures et
sa situation ne cessa pas d'être régulière, puisque, après le
Concordat, il fut maintenu dans son poste. Mais ce fut un
malheur pour sa paroisse, car un tel pasteur n'était plus propre
à faire du bien, et lorsque, après sa mort en 1821, il fallut
lui donner un successeur, nous voyons, par les lettres de
M. Chabanon, quels furent les embarras de l'Autorité. Le
23 février 1821, M. Chabanon, pro-vicaire général de Lombez,
écrivait à M. Fénasse, pro-vicaire général d'Auch: *Qui envoyer
à Noilhan, terre inculte depuis de longues années, et où le désordre est à son comble ? Ne jugeriez-vous pas à propos d'y nommer
M. Silliès [2], vicaire de Gimont?* et à la date du 8 juin : *J'ai vu
M. Vilade [3], curé de Garbic, je lui ai parlé de Noilhan. Il a frémi
à cette proposition, soit parce qu'il a son bien-être à Garbic, soit*

---

[1] M. Vignes et M. Bégué, après avoir travaillé à la conversion du
curé de Noilhan, ne tardèrent pas à tomber eux-mêmes dans le schisme
des Illuminés.

Ambon est une ancienne paroisse du diocèse de Lombez, aujourd'hui
supprimée et annexée à Escornebœuf.

Nous ne savons pas si M. Bégué, dont il est ici question, est celui de
Frégouville, revenu d'Angleterre, ou celui de Saint-Criq. Ils furent tous
les deux également de la Petite-Église.

[2] M. l'abbé Silliès, de Homps, devint curé-doyen de Saint-Clar, où il
est mort en 1849.

[3] M. l'abbé Vilade, de Cologne, est mort curé de Pujaudran vers 1870.

parce qu'il est épouvanté du travail pénible et difficile qu'il aurait à supporter. Le ministère offrira à Noilhan les plus grands embarras, parce que ce pauvre peuple a eu, pendant près de 60 ans, des pasteurs oublieux de leurs devoirs et ignorants à l'extrême et que l'on s'y est partagé les biens d'un ancien seigneur émigré dont on a démoli le château : et à la date du 20 juillet suivant : *Une de nos contrées vient d'être dévastée par la grêle A Noilhan, c'est une ruine complète. Cette paroisse est à plaindre, mais elle est bien plus digne de larmes à cause du déplorable état où elle est dans l'ordre spirituel.* Les excellents pasteurs qui se sont succédés à Noilhan depuis cette époque ont heureusement réussi à lui donner une meilleure réputation [1].

Comme nous l'avons dit, le diocèse de Lombez n'eut que 14 assermentés en 1791, mais le diable prit sa revanche en 1801, et au moment du Concordat, les défections furent bien plus nombreuses. Nous n'osons pas donner un chiffre dans la crainte de nous tromper, n'ayant pas des renseignements suffi-

---

[1] Noilhan, à 5 kilomètres au nord de Samatan, est un joli village situé sur l'un des coteaux fertiles qui bordent la vallée de la Save. Son église gothique, admirablement placée au centre du village, a reçu ces dernières années, de la piété des habitants, une voûte, des vitraux et un beau dallage. La paroisse est sous le patronage de saint Pierre. Autrefois, une chapelle lui était dédiée à 3 kilomètres du village, sur une riante colline qui s'avance comme un promontoire dans la vallée et d'où l'on peut jouir d'une vue splendide. La chapelle est démolie, mais sur son emplacement, encore propriété communale, on a élevé une croix, et tous les ans, le jour de Pentecôte, *à 4 heures du matin,* la paroisse, malgré la distance, se rend en procession à cette croix; on y chante l'hymne du Prince des Apôtres, qui fut si longtemps honoré dans ce lieu, et on y prie pour les morts qui y reposent et dont on y découvre encore les nombreux ossements. Une telle cérémonie, qui se continue après plus d'un siècle, ne méritait-elle pas d'être mentionnée ici à la louange des habitants de Noilhan? Nous doutons qu'on fasse nulle autre part une procession aussi longue et aussi matinale.

Quant au château que les Noilhanais, comme nous l'apprend la lettre de M. Chabanon, détruisirent de fond en comble en 1793 en haine de la noblesse, après en avoir chassé le seigneur et s'être emparés de ses biens, il n'en reste pas une pierre. Les révolutionnaires de Noilhan firent pour ce château ce que ceux de Paris firent pour la Bastille.

Nous croyons que les *de Noilhan,* qu'on trouve en assez grand nombre dans d'autres pays, eurent ici leur berceau. La fille de ce dernier seigneur, si maltraité par ses vassaux, avait épousé M. de Montpezat, de Carbon, dans le Comminges, dont nous avons bien connu la fille, Mme Jules de Lagansie, de Gimont.

sants ; mais nous croyons, d'après ce que nous avons entendu dire à Gimont par les vieillards, il y a près d'un demi siècle, qu'il y en eut peut-être une quarantaine. Les 4 que nous venons de voir travailler avec tant de zèle à la conversion du curé de Noilhan furent de ce nombre. Des centaines de fidèles entraînés par leurs pasteurs, et d'autant plus faciles à séduire qu'ils avaient un plus grand amour de la religion, les suivirent dans le schisme. On a dit que l'Eglise constitutionnelle avait recruté la lie du peuple et du clergé, tandis que l'Eglise anti-concordataire recruta non les meilleurs prêtres, mais les meilleurs chrétiens de nos campagnes qui n'étaient pas assez éclairés. Des paroisses entières se rangèrent sous la bannière de M. Lucrès. se disant toujours le vicaire général de Mgr de Chauvigny de Blot. On voit qu'en s'éloignant de la véritable obéissance, celui qui avait confessé la foi avec tant de courage pendant les mauvais jours de la Révolution, avait perdu l'esprit de Dieu et n'agissait plus qu'en chef de parti. On l'a vu déjà par la lettre que lui adressait M. Chabanon à la date du 13 octobre 1801, et dans laquelle il lui fait entendre de si dures vérités. L'homme, dont les actes équivoques et pleins d'astuce avaient déjà compromis son évêque, n'était plus qu'un sec- taire. Se targuant toujours des pouvoirs à lui confiés par l'évê- que de Lombez, dont plus d'une fois peut-être il outrepassa ou présuma trop gratuitement les ordres, il avait réussi, par ses agissements et ses intrigues, à mettre le diocèse en feu en l'insurgeant contre le Concordat. Il faut avouer qu'il se condui- sit en héros, et il est à regretter qu'il ait mis au service d'une si mauvaise cause toutes les industries d'un zèle si courageux. Ce qu'il avait été obligé de faire comme beaucoup d'autres pendant la Révolution, le vicaire général de Mgr de Chauvigny fut obligé de le continuer pendant plus de vingt ans encore, surtout sous l'Empire, car Napoléon, blessé de la conduite des anti-concordataires et voyant en eux des ennemis dange- reux, avait donné à leur égard les ordres les plus sévères. On redoutait particulièrement leur chef. Poursuivi par tous les agents du gouvernement, M. Lucrès sut toujours, par ses ruses et son audace, se tirer d'embarras, et, quoiqu'il ait eu quelque- fois plusieurs brigades à ses trousses, il échappa aux mains de la police. A la faveur de déguisements divers, il était constamment en course, et la nuit tantôt dans un lieu et tantôt dans un autre ; il offrait secrètement les Saints Mystères dans quelque réunion de frères qu'il entretenait dans le schisme et dont il cherchait à réchauffer le zèle.

En face de M. Lucrès se dresse un autre vaillant champion qui, placé sur le terrain du droit et de la justice, en possession de la vérité tout entière, enfant soumis et dévoué de la Sainte-Eglise, fut toujours plus fort que celui qui avait déserté son drapeau et était passé à l'ennemi. Nous voulons parler de M. Chabanon dont nous avons déjà pu admirer, soit dans sa conduite, soit dans quelques-uns de ses écrits, la haute intelligence et la ferme raison. C'est une belle figure sacerdotale que celle du saint curé de Cologne, et nul autre à son époque n'a joui peut-être de plus d'estime. Jean-Paul-Isidore Chabanon était né à Cologne en 1747, d'une famille de notaires [1]. Nommé tout jeune encore curé de sa ville natale, il y exerça pendant près de quarante ans le saint ministère avec une sagesse dont on récolte encore les fruits, car il est vrai de dire que le passage d'un saint prêtre au sein d'une paroisse se reconnaît souvent après plusieurs générations, et Cologne passe avec raison pour une des meilleures paroisses du diocèse.

Le jour de sa mort, le 9 septembre 1831, Son Eminence Mgr le Cardinal d'Izoard reçut la requête suivante :

Le maire, l'adjoint, le juge de paix, tous les membres du Conseil municipal et tous les membres du Conseil de Fabrique et autres habitants de Cologne viennent, les larmes aux yeux, vous faire part de la perte irréparable qu'ils ont faite dans la personne de leur saint curé, M. Chabanon, et réclamer en même temps l'accomplissement d'un vœu que le cher et vénéré défunt avait formé et souvent manifesté, celui d'être remplacé par M. Dirat.

Cette requête, retrouvée dans les archives de l'archevêché, y fut bien accueillie, et M. Dirat fut nommé curé de Cologne où il continua jusqu'en 1858 les belles traditions de son prédéces-

---

[1] Quoique le nom soit perdu, la famille Chabanon est encore dignement représentée à Cologne, et l'honorable M. Jules Marceillac est fier de pouvoir se dire le petit-neveu du saint curé.

seur. Sur la tombe de M. Chabanon, au cimetière de Cologne,
on lit l'inscription suivante :

Jean-Paul-Isidore Chabanon,
Né à Cologne, le 17 avril 1747,
Nommé curé de Cologne en 1789,
Exilé pour la foi en 1792,
Rendu à son troupeau en 1801.
Vicaire général de Mgr l'Evêque d'Agen,
Chanoine-honoraire du diocèse d'Auch,
Décédé à Cologne, le 9 septembre 1831.

Mgr l'Evêque d'Agen, voulant se donner un représentant
officiel dans chacun des anciens diocèses supprimés passés
sous sa juridiction, avait nommé pro-vicaire général pour
l'ancien diocèse de Lombez le vénérable curé de Cologne, et
ses contemporains conviennent qu'il ne pouvait pas faire un
meilleur choix.

Son titre, que nous possédons, nous fait connaître les
pouvoirs qui lui furent conférés. Il est revêtu du sceau, encore
parfaitement intact, de l'évêché d'Agen, signé par l'Evêque et
contresigné par M. Guillon, ce prêtre si distingué que l'Evêque, sur la recommandation de l'abbé Emery [1], avait pris pour
son secrétaire et qu'il eut le malheur de perdre en 1811, pendant
qu'il était au pseudo-concile de Paris. Ce titre est un document
précieux, écrit en latin comme toutes les pièces de cette nature,
et qu'il paraît intéressant de reproduire textuellement :

Joannes Jacoupy
Miseratione divina et Sanctae Sedis apostolica gratiea
episcopus Aginnensis,
Venerabili viro Magistro Joanni-Paulo-Isidoro Chabanon
parochiæ Coloniæ. quam anteâ rexerat rursùs
præfecto Salutem et benedictionem.
Sub onere nostris imparibus humeris imposito fatiscentes,
sollicitudinis partem in alios effundere, et remotioribus latis-

---

[1] M. Emery était supérieur général de St-Sulpice, à Paris. M. Guillon
était d'Avignon.

simœ ˌdiœcesis nostrœ partibus, per adjutorum quorumdam specialium ocnlos invigilare, et eorum operà subvenire animo destinavimus. Quopropter Tibi optimé Nobis noto, ae ob prœstita officia acceptissimo, vices nostras committimus in Justitiis pacis Lumbariœ, Coloniœ, Insulœ-Jordanis, Samatanii et Mauvezin, Tibique eas conferimus facultates pro dictis diœcesis nostrœ partibus, quœ pro tota diœcesi vicariis generalibus conferuntur, in iis quœ spectant ad jurisdictionem gratiosam, nec ad forum externum deduci possunt : nobis reservatis invitorum ecclesiarum rectorum amotione. sacrarum functionum interdictione presbyterorum munera tibi assignata absque evidenti ratione renuentium approbatione, ac iis omnibus quœ Gubernii assensu indigent.

Datum Aginni, anno millesimo octingentesimo quarto, die vero vigesima Januarii, et vigesimâ nonâ Nivosi anno duodecimo.

† JOANNES, *Eppus Aginnensis.*

De mandato :

(Place du sceau épiscopal.) GUILLON. *can. secr*ʳᵘˢ.

C'est donc le 20 janvier 1804 que M. Chabanon reçut les pouvoirs de vicaire général pour toutes les paroisses des cinq justices de paix de Lombez, de Samatan, de l'Isle-Jourdain, de Cologne et de Mauvezin. Il eut sous ses ordres, à partir de ce moment, à peu pres tous les prêtres Illuminés, à l'exception de ceux de Gimont qui relevèrent de l'autorité de M. de Lagrange, pro-vicaire général d'Auch. En sa qualité de représentant de son évêque, M. Chabanon fut obligé plus d'une fois d'user de rigueur à l'égard de ces prêtres rebelles, et on comprend la haine toute particulière qu'ils lui avaient vouée. On verra pourtant par les lettres suivantes ce que M. Chabanon et son évêque déployèrent de charité pour ramener ces pauvres frères égarés. C'est une correspondance entre Mgr Jacoupy et M. Chabanon, d'une part, — et, d'autre part, un prêtre qui, par son obstination, achevait de se précipiter dans le schisme. C'est ce prêtre insoumis qui a transcrit lui-même dans un même cahier les lettres de ses supérieurs avec ses réponses pour les communiquer sans doute et s'en faire gloire devant ses correligionnaires, mais qui a eu soin de cacher son vrai nom sous la fausse signature de Clément [1].

Lettre de Mgr Jacoupy au prêtre insoumis :

« Monsieur,

» Je ne puis blâmer celui qui, par zèle pour vos intérêts,
» vous paraît trop sévère en vous éloignant de fonctions qui
» allaient vous compromettre avec l'autorité. Je regrette beau-
» coup pour vous, pour votre peuple et pour moi de voir votre
» zèle inutile. Levons de concert l'obstacle qui s'oppose à vos
» travaux et a vos succès. M. le Préfet vous a fait défendre, à
» mon insu, d'exercer le saint ministère jusqu'à ce que vous
» soyez en règle, c'est-à-dire apparemment jusqu'à ce que vous
» ayez reçu de moi des lettres de communion. Les voilà. J'au-
» rais pu ne pas exiger cette formalité, mais dès qu'on la
» demande, il faut s'y prêter pour aplanir les voies.

» Si vous les acceptez, la partie de mon diocèse où vous tra-
» vaillez vous sera ouverte, et M. Chabanon aura autant de
» plaisir que moi à vous l'ouvrir ; je connais assez ses senti-
» ments. Mais le tout à une condition, c'est qu'avec votre fran-
» chise ordinaire qui gagne ma confiance et redouble mon
» estime, vous promettrez de garder pour vous seul les senti-
» ments particuliers que je n'ai pas le droit d'aller épier et
» juger au fond de votre conscience, et que vous vous enga-
» gerez à ne mettre aucun obstacle à la réunion sur laquelle
» j'insiste beaucoup parce que je suis convaincu que le salut de
» la religion en dépend. Je n'entrerai pas avec vous dans des

---

[1] Nous trouvons ce même nom ou ce même pseudonyme longtemps après. Un des chefs les plus remuants et les plus grotesques de la Petite-Eglise, l'abbé Blanchard, du diocèse de Lisieux, réfugié en Angleterre, ayant appris qu'un concile national allait se tenir à Strigonie, en Hongrie, le 28 juin 1822, imagina d'écrire une lettre aux Pères de cette assemblée dans l'espoir de les attirer à sa cause. En 1808, il avait tenté sans succès une démarche pareille auprès des évêques d'Irlande. Ceux-ci, devant se décider entre Blanchard et le Pape, n'hésitèrent pas, et Blanchard n'obtint pour toute réponse qu'une condamnation solennelle du schisme des anti-concordataires, rendue le 3 juillet 1809. Malgré ce premier insuccès, s'aidant des lumières de 19 autres prêtres, révoltés comme lui, il s'adressa donc aux Pères du concile de Strigonie. Parmi les signataires de la lettre, nous trouvons Lucrès et Clément, qui prennent également le titre de vicaires géné-raux de Lombez. On devine l'accueil fait à cette requête, et ce nouvel échec ne ramena pas un seul de ces pauvres égarés.

» discussions qu'une lettre ne comporte pas. Je ne chercherai
» pas à vous prouver que la mort, la démission ou un jugement
» canonique ne sont pas les seuls titres qui autorisent à rem-
» placer un évêque. Je ne vous renverrai pas à la théologie du
» Père Alexandre, mettant en thèse qu'il est des cas où un
» évêque est obligé de donner sa démission ; et, certes, le chef
» des évêques a bien le droit et même le devoir de les avertir
» lorsque ces cas se présentent ; et, s'ils ne peuvent s'en
» convaincre, s'ils refusent de le faire, croirons-nous que Jésus-
» Christ ait laissé son Eglise sans ressources contre de pareils
» inconvénients, heureusement rares, mais qui ne sont pas
» impossibles? Je ne vous citerai pas Gerson qui, dans son
» traité de *auferebilitate papæ*, établit que pour le bien de
» l'Eglise on peut même déposer un pape, quoiqu'irréprocha-
» ble, lorsqu'il devient impuissant par la faute d'autrui. Dans
» les suppositions qu'il accumule, il y en a qui ressemblent
». beaucoup aux circonstances actuelles; il veut qu'on dépose
» un pape qu'une force extérieure empêche de remonter sur
» son siège, il veut qu'on le dépose pour procurer l'unité de
» l'Eglise, si des schismatiques, les Grecs par exemple, pou-
» vaient y être ramenés à cette condition.

» Tous ces raisonnements, Monsieur, doivent nous paraître
» inutiles; les catholiques ont une autre manière de décider,
» c'est la voie de l'Autorité. Ils laissent aux protestants celle
» de la discussion. Quand l'Autorité parle, je ne sais qu'obéir,
» et s'il y a conflit, je cède à la plus grande. Je ne croirais pas
» obéir si je ne le faisais qu'après avoir soumis à mon examen
» la décision de mon supérieur, et si l'approbation que je
» donne à son jugement était le motif de ma soumission, je
» suis sûr que le Guide suprême ne me reprochera pas d'avoir
» suivi le guide qu'Il m'a donné, et je craindrais de paraître
» devant Lui en n'apportant pour excuses que mes propres
» lumières. La nouveauté, la singularité des circonstances ne
» font que m'affermir dans ces sentiments et augmenter la
» juste défiance que je dois avoir de moi-même. Je vous réitère,
» Monsieur, l'assurance du désir que j'ai de vos secours et du
» dévouement avec lequel j'ai l'honneur d'être votre très hum-
» ble et très obéissant serviteur.   » † JEAN,

                                        » *Evêque d'Agen.* »

Réponse à la lettre précédente de Mgr Jacoupy :

« Monsieur,

» Que de remerciements n'ai-je pas à vous faire pour toutes
» les marques de bonté que vous me donnez? Je suis confus
» des honnêtetés que vous me faites; mais, hélas! je ne puis y
» répondre. Plus je réfléchis et plus je suis effrayé de ce qui se
» passe.

» Il paraît, Monsieur, que vous croyez que j'agis d'après mes
» lumières. Elles sont trop faibles, j'en conviens, pour qu'il en
» soit ainsi. Est-ce se conduire d'après ses lumières que de s'en
» tenir à tous les principes connus jusqu'ici et toujours respec-
» tés dans l'Eglise de Jésus-Christ? D'après des autorités
» respectables qui doivent avoir à nos yeux plus de poids que
» le Père Alexandre et le savant Gerson? L'usage reçu dans
» toute l'Eglise de ne point placer un second titulaire du vivant
» du premier ne prouve-t-il pas assez contre tout ce qui se fait
» maintenant? Aujourd'hui tout est nouveau, dites-vous; mais
» l'Apôtre des nations ne nous dit-il pas de nous méfier de
» toute nouveauté en matière de religion? Faut-il donc croire
» que nos docteurs modernes en sachent plus que les anciens?
» Ne sommes-nous pas autorisés à penser plutôt qu'ils ont
» tristement dégénéré et que les chrétiens de nos jours n'auront
» plus bientôt aucune ressemblance avec leurs pères? Il y a
» bien eu de tout temps des persécutions dans l'Eglise; mais
» des compositions, des ménagements, des concessions de
» toute sorte, il n'y en a jamais eu autant qu'aujourd'hui. Les
» Cyprien, les Chrysostôme, les Basile et les Ambroise les
» connaissaient-ils? Je ne prétends pas discuter; mais faut-il
» que je sois éclairé, que je sois convaincu pour pouvoir agir
» raisonnablement... et je ne le suis pas...

» Mais puisque vous me dites, Monsieur, que vous auriez pu
» ne pas exiger de formalité pour me continuer les pouvoirs,
» vous le pouvez encore, n'en exigez pas et je travaillerai.
» Si vous n'exigez de moi ni serment, ni promesse, ni déclara-
» tion, en un mot aucun préalable, je reprendrai comme je
» pourrai les fonctions du saint ministère quoique bien péni-
» bles et bien embarrassantes en ce moment.

» Vous avez très bien arrangé, Monsieur, ce qui concerne

» M. Chabanon. Ce qu'il y a de positif, c'est que ce Monsieur
» m'avait frappé avant que l'Autorité civile ne l'eût fait et il ne
» paraît pas aussi certain qu'il ait eu précisément les vues que
» charitablement vous lui attribuez.

» Pour ne pas grossir le volume de ma lettre, je renvoie les
» lettres d'union à M. Chabanon. Si ma position devient telle
» que je puisse les accepter, j'aurai l'honneur de vous les
» demander. J'espère que vous voudrez bien me les accorder
» alors, puisque votre bonté vous a porté à me les accorder
» aujourd'hui sans que je les demande.

» J'ai l'honneur d'être, M... »

Lettre de M. Chabanon accompagnant celle de l'Evêque ;

« Monsieur.

» Je reçois pour vous une lettre de notre prélat que je m'em-
» presse de vous faire parvenir. Je l'adresse à notre commun
» ami M. Sales qui doit être instruit du lieu que vous habitez.
» Je n'ajouterai pas mes observations à celles que vous fait
» Monseigneur, mais je vous répèterai ce que j'ai eu l'honneur
» de vous dire de vive voix, que votre zèle et vos vertus vous
» rendaient très utile dans la portion de la Vigne du Seigneur
» qui vous était confiée. Je regrette infiniment que vous vous
» soyez mis dans l'impossibilité de la cultiver.

» Je suis très satisfait que vous vous soyez adressé à Agen.
» Je n'ai jamais été pourtant au-delà des ordres qui m'avaient
» été donnés, et je n'ai rien outré. Nous marchons malheureu-
» sement dans des routes opposées; je vois le bien de la reli-
» gion là où vous ne voyez que sa ruine; mais rendez-moi au
» moins la justice de croire que je n'ai pas cessé d'être votre
» ami.

» CHABANON. »

Réponse à la lettre précédente de M. Chabanon :

« Monsieur,

» Il paraît par votre votre lettre que vous n'êtes pas bien au
» courant de mes affaires avec M. Jacoupy. Je ne me suis pas
» adressé à lui, comme vous vous l'êtes imaginé, pour solliciter
» quelque grâce. Il m'a écrit le premier, et il a exigé une
» réponse. Je la lui ai faite. Il m'a écrit une seconde fois, et il

» a voulu que je lui répondisse; c'est ce que j'ai fait. Mais je ne
» lui ai pas plus demandé des lettres d'union que je ne vous
» demandai de pouvoirs quand vous m'en avez envoyé avec
» profusion. Je suis très satisfait de M. Jacoupy; ses lettres
» sont pleines d'honnêtetés. Aussi n'ai-je d'autres regrets que
» de ne pouvoir me rendre à ses désirs.

» Vous me dites que vous voyez le bien de la religion là où
» je ne vois que sa perte. Je souhaite que vous soyez plus clair-
» voyant que moi. Mais êtes-vous bien édifié de ce qui s'est
» passé a Touget? Ce qui se passe ailleurs vous fournit-il de
» grandes espérances pour le grand bien que vous attendez?
» Des scandales si fréquents et toujours impunis ne sont-ils
» pas faits pour nous jeter dans une profonde affliction?

» Vous n'avez pas cessé d'être mon ami, me dites-vous.
» Je vous remercie de votre persévérance, et soyez assuré que
» je ne suis pas moins le vôtre. Mais, pour croire à la sincérité
» de votre amitié, faut-il que j'en trouve la preuve dans l'hono-
» rable châtiment que vous avez eu la bonté de m'infliger
» préférablement à d'autres qui n'ont pas eu cet honneur? Si
» je suis dans le cas de ne pouvoir plus travailler à la portion
» de la Vigne du Seigneur qui m'avait été confiée, c'est la
« malice des hommes qui en est cause.

» Je vous renvoie les lettres d'union que M. Jacoupy m'avait
» adressées. Je ne fais que suivre en cela les recommandations
» que vous avez faites à certains de mes confrères à qui vous
» en aviez envoyées de semblables, sans qu'ils les eussent
» demandées.

» J'ai l'honneur d'être... »

La plupart de ces prêtres égarés étaient très pieux et de
mœurs austères; ils ne tombèrent dans le schisme que faute
de lumières et de jugement. Manquant des vrais principes
théologiques, ils ne surent pas comprendre où était le devoir
dans ces étranges circonstances, et ils empoisonnèrent leur vie
par une opposition insensée, plus coupable peut-être à nos
yeux qu'elle ne l'a été aux yeux de Dieu.

Un autre qui signe Pierre Décams, mais qui ne portait peut-
être pas ce nom, ayant été maintenu dans sa paroisse ancienne
au rétablissement du culte, refusa de se soumettre aux forma-

lités réglées par le Concordat et de reconnaître l'autorité de Mgr Jacoupy. Il fut par conséquent privé de toute juridiction. On voit avec tristesse, dans la lettre suivante adressée à M. Lucrès, à quelles angoisses, à quelles perplexités il livra sa conscience quand il lui eût été pourtant si facile de la mettre en repos, en obéissant tout simplement à son supérieur légitime.

« Monsieur,
» Je vous envoie copie de deux lettres que M. Chabanon m'a
» adressées et vous verrez ce qui s'en est suivi.
» Je commence de copier la première :

« J'aime à me persuader, Monsieur, que vous avez égard à la
» lettre que j'ai eu l'honneur de vous écrire. J'apprends à
» Gimont, où je me suis rendu pour offrir mes hommages de
» respect et de fidélité à Mgr notre Evêque, que vous n'êtes
» pas entré dans votre église. Je suis forcé de faire exécuter la
» volonté de notre digne prélat; je parle ici à M. Sémont,
» maire de votre commune, et je le prie d'agréer qu'un autre
» prêtre, que j'ai désigné et dont j'ai la parole, aille dimanche
» prochain ouvrir votre église et y célébrer les Saints Offices
» en qualité de vicaire. Vous serez à temps pour vous décider.
» Il n'est pas dans mes vues de vous faire la plus légère morti-
» fication. Je respecte trop vos vertus, et je regretterais vive-
» ment que vous vous réduisiez à un état d'inaction et d'inutilité
» pour les fidèles. J'ose espérer que vous prendrez une déter-
» mination conforme au bien de la religion et à l'édification
» publique. Par là, le peuple qui a le bonheur de vous posséder
» se réjouira de trouver encore en vous toutes les ressources
» du saint ministère.

» Gimont, 3 novembre.
» CHABANON. »

» P.-S. — Si, comme je l'espère, vous entrez dans l'église, je
» vous réitère l'assurance que vous pouvez confesser; dans le
» cas contraire, il faudrait, dès lundi, vous considérer comme
» dépourvu de toute juridiction. »

« Cette lettre me fut remise jeudi dernier par notre maire à
» qui je promis de faire une réponse le lendemain, et dans cet
» intervalle il fit ranger l'église. Je fus chez lui en temps mar-

» qué et je lui dis que j'étais décidé à faire les offices de diman-
» che dernier. Il me montra alors une formule de déclaration à
» signer, et en voici, autant que je puis me les rappeler, les
» paroles : *Je soussigné promets de faire la soumission exigée*
» *par le Concordat dans les quatre jours; —* ce à quoi je me
» refusai. Alors il me donna une autre lettre dont voici la
» tenue :

    « Monsieur,
» Je vois en ce moment M. le maire de votre commune, il
» n'ose vous livrer les clefs de l'église qu'autant que vous lui
» donnerez une attestation verbale ou, mieux encore, écrite
» par laquelle vous reconnaissez Mgr Jacoupy pour votre seul
» et légitime évêque. Je ne puis blâmer cette précaution de
» M. le Maire. Il veut par là éviter les tracasseries qu'il pour-
» rait avoir lui-même à essuyer de la part de l'autorité civile.
» Je désire ardemment que pour le bien de la religion et de la
» paix vous écoutiez la voix du devoir.

    » Gimont, 5 novembre 1802.
                      » CHABANON. »

    » Cette deuxième lettre ne servit qu'à me faire donner défini-
» tivement une réponse négative. Je dis à M. le Maire qu'à ce
» prix il pouvait arrêter tel prêtre qu'il voudrait pour ouvrir
» l'église. Il me dit alors qu'il allait donner sa réponse à
» M. Barailhé [1]. Ce Monsieur vint en effet dimanche dire une
» messe et vêpres dans notre église, et il annonça, m'a-t-on
» dit, que quand il en aurait la permission, il dirait les deux
» messes. Ce Monsieur connaît la paroisse, où il a été autrefois
» vicaire, et c'est pour cela sans doute qu'il l'a préférée à celle
» de Polastron où on voulait aussi le placer [2]. M. Jacoupy
» passa mercredi dernier à Gimont où il eut la visite de beau-
» coup de prêtres. Il entra dans l'église accompagné de
» M. Lacoste, le vrai curé, et de l'intrus Barciet, et depuis ce

---

[1] Excellent prêtre de Gimont, mort aumônier de l'hospice de cette ville, vers 1820.
[2] M. Barailhé avait été, croyons-nous, vicaire de Sirac. Ce serait donc dans cette paroisse que se trouvait le prêtre insoumis qui signe Pierre Décams.

» jour, m'a-t-on dit, les offices ne se font qu'à cette église
» conjointement avec le dit intrus. Il en est de même à Lombez
» et autres lieux. On m'a dit que M. Dubech[1] était entré en
» communion avec l'évéque d'Agen et qu'il n'y a que 7 ou 8
» prêtres dans Gimont qui n'aient pas été faire leur révérence.
» Dieu soit béni !

» Maintenant, je voudrais vous demander, Monsieur, si je
» dois faire attention à l'interdit que M. Chabanon a lancé
» contre moi. Peut-être me direz-vous non. Mais permettez-
» moi de vous ouvrir mon cœur et de vous faire connaître mes
» perplexités. Je vois là un conflit de juridiction. D'un côté,
» Mgr de Chauvigny est le légitime pasteur à qui j'ai juré
» fidélité dans la personne de Mgr de Fénelon son prédéces-
» seur — illégalement déchu. D'un autre côté, un successeur
» établi par une autorité respectable qui entend être la seule
» légitime, -- ce que j'ai refusé de reconnaître, et je ne m'en
» repents pas. Tout cela cependant me laisse des doutes, ce
» qu'il ne faudrait pas pour la juridiction *non est major defectus*
» *quam defectus potestatis.* N'exista-t-il pas un titre canonique
» pour les sujets fidèles à Mgr de Chauvigny? mais encore
» cela ne m'ôterait pas tout scrupule, puisque le Pape, dans sa
» Bulle, interdit tout sujet remplacé. Voilà, Monsieur, les idées
» qui se heurtent dans ma pauvre tête. Tirez-moi donc d'em-
» barras. Et puis, que dois-je répondre aux personnes de ma
» paroisse, alarmées de l'arrivée de M. Barailhé, qui m'interro-
» gent pour savoir si elles peuvent profiter du ministère de ce
» prêtre et le suivre en sûreté de conscience? A ces pauvres
» âmes, il faut une réponse claire, un oui ou un non, et non
» pas les abandonner à leur conscience à la manière des
» protestants.

» J'ai l'honneur d'être, Monsieur, etc.

» PIERRE DÉCAMS. »

Les quelques bons raisonnements de cette lettre, l'accent, de
franchise et de piété qui y règne font espérer que celui qui l'a

---

[1] M. Dubech était un vénérable chanoine de Lombez, demeuré après le Concordat dans la partie du dioèese réunie à Toulouse. Il est mort en 1817 curé de l'importante paroisse de Rieumes.

écrite, au lieu de s'en tenir aux conseils de cet autre aveugle qu'il eut la malheureuse inspiration de consulter. aura cédé bientôt aux remords de sa conscience et n'aura pas grossi long-temps le groupe des révoltés [1].

Le 2 août 1804, M. Daylies, curé légitime de Frégouville, écrivait à M. Lagrange, pro-vicaire général à Auch, pour se plaindre du trouble qu'occasionnaient dans sa paroisse les prêtres insoumis qu'il nomme.

« Ce sont, dit-il, Jean-Pierre Puntis, dit de Nouan, du nom
» de sa maison paternelle, Jean-Baptiste Puntis, dit de la
» Mousquère ; Jean-Ponce Bégué, qui se dit secrétaire de
» M. Lucrès, le grand vicaire de l'Evêque de Lombez, qui
» vient tenir ses synodes dans cette paroisse. Le quatrième
» s'appelle Jacques Daroles, de Monferran, qui, chassé de la
» maison de son père, s'est retiré ici chez M¹ⁱᵉ Vidal, sa parente.
» Ces malheureux prêtres remplissent ici toutes les fonctions
» du saint ministère dans leurs maisons et font des efforts
» inouïs pour y attirer du monde, répétant à tous qu'il ne faut
» pas ajouter foi au nouvel arrangement relativement au culte
» public que nous exerçons. Je fais ce que je puis pour déjouer
» leurs intrigues, mais leurs maisons sont d'un accès facile ;
» l'intérêt, la parenté l'emportent sur les meilleurs raisonne-
» ments. Ces prêtres se moquent des lois civiles comme des
» lois ecclésiastiques ; ils abusent de la patience des autorités
» pour jeter le trouble dans les esprits, l'alarme dans les
» consciences, le feu de la discorde dans les familles, le désor-
» dre dans toute la paroisse. M. le Maire, comme parent de
» l'un de ces prêtres (M. Bégué), consent à tout ; il supporte de
» ces étranges fidèles dans sa maison ; sa propre belle-sœur
» s'est laissée séduire par la secte, au grand scandale de la
» paroisse. »

Et le bon curé de Frégouville finit par prier son supérieur d'avertir M. le Préfet et de le conjurer de mettre ordre au plus tôt à de tels abus qui sont une désobéissance formelle aux lois.

---

[1] M. Daylies était de Gimont et appartenait à l'honorable famille de ce nom.

CHAPITRE VII

Le Schisme s'accentue dans l'ancien diocèse de Lombez. — L'Autorité religieuse et l'Autorité civile se prêtent la main pour la réorganisation des paroisses.

Les temps étaient difficiles et la besogne était grande pour le clergé fidèle. Quand tous les efforts réunis auraient à peine suffi pour relever les ruines entassées par la Révolution, de malheureux prêtres, infidèles à leur mission, ne travaillaient qu'à semer l'ivraie dans le champ du père de famille. Tout en luttant vaillamment contre tous les pièges tendus par la Petite-Eglise, le digne représentant de Mgr Jacoupy dut s'occuper, au nom de son évêque, de la réorganisation religieuse de la partie du diocèse qui lui était confiée. Il eut la bonne fortune de trouver dans le pouvoir civil un concours des plus dévoués. Lombez possédait à cette époque un sous-préfet qui, aux rares qualités de l'administrateur, joignait les convictions chrétiennes les plus profondes, l'honorable M. Cassassolles, de Saramon, dont tous ceux qui l'ont connu vénèrent la mémoire. Qu'on juge de ses sentiments par la pièce que nous allons reproduire. M. Chabanon devait s'entendre avec lui au sujet d'une nouvelle circonscription des paroisses de l'arrondissement. En lui envoyant ses notes, M. Cassassolles les accompagne des observations suivantes :

« La première sollicitude d'un Etat bien policé doit être la
» Religion. Elle commande l'obéissance à l'autorité, corrige
» les mœurs, tempère les passions, arrête les progrès du vice
» en en peignant la laideur; encourage la vertu, entretient la
» paix domestique et éclaire la société tout entière sur les
» devoirs qu'elle a à remplir.

» Ces grands avantages ne s'obtiendront jamais si l'Etat ne
» favorise pas l'instruction religieuse et ne rapproche pas les

» individus pour s'éclairer mutuellement et s'édifier par
» l'exemple. C'est en multipliant les paroisses qu'elle obtiendra
» cet heureux résultat. Supprimer les paroisses, c'est vouloir
» isoler la religion et ses ministres, et faire perdre à l'une son
» influence et aux autres l'estime et la confiance. Comment
» supposer qu'on peut réunir des paroisses, quand chacune
» d'elles est déjà trop étendue pour profiter du zèle et des
» lumières du pasteur qui est à sa tête? Les difficultés des
» chemins, le passage des ruisseaux empêcheront souvent
» l'assistance aux offices et aux instructions et entretiendront
» l'ignorance dans la partie la plus intéressante de la société :
» la jeunesse. La réception des sacrements sera presque impos-
» sible; de là, la funeste habitude de ne pas les fréquenter; de
» là, le libertinage ; de là, l'oubli des plus saintes obligations.
» D'après ces principes que nous avons pris pour base dans la
» nouvelle circonscription des paroisses, nous avons laissé
» subsister les anciennes toutes les fois qu'elles nous ont paru
» nécessaires pour l'instruction et l'administration des sacre-
» ments, et nous proposerons d'en ériger de nouvelles là où
» les besoins des fidèles nous paraîtront le réclamer. Nous
» n'avons pour but dans ce travail que les progrès de la reli-
» gion et le bonheur de la société, inséparable de celui de
» l'Etat ! »

Cette nouvelle circonscription des paroisses était une grosse
affaire difficile, parce que le nombre de titres dont l'Etat
permettait de disposer étant limité, il était impossible de
donner satisfaction à toutes les populations, il fallait faire un
choix, de là de grands embarras. Dans l'arrondissement de
Lombez, M. le Sous-Préfet s'occupait de cette affaire avec
autant de zèle que M. le Vicaire général. Celui-ci écrivait le
17 novembre 1807 à son collègue, à Auch, M. de Lagrange :

« Monsieur, vous recevrez, par M. Aygobère, ancien chanoine
» de Lombez, mon travail sur les nouvelles circonscriptions
» que j'ai fait avec le plus grand soin. J'avais convenu
» avec M. Aygobère qu'il était utile que la paroisse de Saint-
» Orens prît de Saint-Georges quelques maisons isolées.
» M. Cassassoles ne trouve pas à propos de perdre un pouce
» de terrain de son arrondissement pour le céder à celui de

7

» Lectoure. Je lui avais fait part de mes vues sur les paroisses
» de ces quatre cantons; il m'a envoyé des notes dont j'ai
» profité. Ce Monsieur est très religieux et très bon observa-
» teur. Il ne nous donne qu'une succursale à supprimer dans
» Lombez et pas une dans Samatan, ce qui ne fait pas notre
» compte. Si vous vous trouviez dans l'embarras, vous pourriez
» porter votre coup sur Giscaro que nous diviserions entre
» Garbic, Maurens et Frégouville. M. le Curé de l'Isle-Jour-
» dain m'a envoyé un plan singulier. J'ai pris de meilleures
» informations. M. de Luscan ne tardera pas à vous envoyer
» son plan pour le canton de Mauvezin; M. Aygobère doit
» l'aider dans ce travail. »

A la date du 1ᵉʳ octobre 1804, M. Chabanon écrivait à M. de
Lagrange :

« Dans la nuit de samedi à dimanche, une trentaine de
» gendarmes étaient devant la maison de M. Ufferte, ex-curé
» de Quintignaux. Ce Monsieur se permettait chez lui des
» rassemblements de nuit et de jour, où il clabaudait contre le
» Pape et contre le gouvernement. Je n'espère pas qu'il change
» de conduite; mais il sera plus réservé. Quoique très inconsé-
» quent, il est assez ami de sa tranquillité pour savoir se
» modérer. Il avait administré une mourante, son ancienne
» paroissienne, qui avait refusé d'écouter son véritable pasteur,
» M. le Curé de Cadours. Elle mourut ; le curé se refuse à
» l'inhumation, plainte fut portée à Toulouse devant M. le
» Préfet qui ne l'a pas écoutée, et le curé, M. Dast, qui est
» mon cousin, a eu la victoire, et c'était justice. »

Deux ans après, les anciens paroissiens de ce prêtre insoumis
adressaient en sa faveur, à Mgr l'Evêque d'Agen, la requête
suivante :

« Monseigneur,

» Tous les habitants de la ci-devant paroisse de Quintignaux
» en votre diocèse ont l'honneur de vous représenter que dans
» la crainte qu'ils ont que leur église ne vienne à être vendue
» ou démolie et les ossements de leurs pères foulés aux pieds,
» ils supplient instamment Votre Grandeur de leur conserver

» cette église, du moins comme oratoire, vu l'impossibilité où
» se trouvent les vieillards et les enfants de se rendre aux
» églises voisines pour assister aux offices et aux instructions.
» Plaise à Votre Grandeur de se concerter avec qui de droit
» afin d'obtenir aux dits habitants l'effet de leur supplique! »

(Suivent 10 à 12 signatures).

Cette supplique est renvoyée à M. Chabanon pour en obtenir
les renseignements nécessaires sur l'exposé de la présente avec
son avis. Il y répond à la date du 21 juillet :

« Le soussigné, curé de Cologne et vicaire général, atteste :
» 1° Que les raisons exposées dans la présente supplique
» méritent toute considération ;
» 2° Il fait observer que la ci-devant paroisse de Quintignaux
» est divisée en trois parties : l'une est dans Cadours, diocèse
» de Toulouse, l'autre dans Caubiac, même diocèse, et la troi-
» sième qui comprend l'église et le cimetière dans Encausse,
» diocese d'Agen. MM. les Curés de Cadours, de Caubiac et
» d'Encausse consentent également à ce que l'église de Quin-
» tignaux soit conservée et se départiront volontiers de la
» juridiction qu'ils ont sur la portion qui leur est assignée de
» cette ancienne poroisse pour la laisser au prêtre qui desser-
» virait cette église si elle était rouverte comme oratoire ;
» 3° Cette conservation de l'église de Quintignaux opérerait
» deux grands biens. Elle servirait à utiliser le zéle et les
» vertus de M. Bonaventure Ufferte [1], ci-devant curé de cette
» paroisse, qui se tient dans le secret et qui s'est engagé, par
» un écrit que je puis montrer, à donner publiquement son
» secours à son ancien peuple, si son ancienne église lui est
» ouverte. Cet acte de bonté, de la part de l'autorité diocésaine,
» contribuerait puissamment à ramener à la soumission due à
» l'Eglise ce peuple égaré qui ne paraît jamais dans nos saints
» temples et qui a recours clandestinement à un ministère
» frappé de nullité. »

---

[1] Malgré cet acte d'extrême condescendance à son égard et malgré
l'engagement écrit qu'il avait pris, M. Ufferte refusa de se soumettre et
persévéra dans sa révolte.

Il résulte de la réponse de Mgr Jacoupy que la demande des habitants de Quintignaux fut favorablement accueillie. Mais Monseigneur tient à ne pas poser de précédent et à respecter les principes :

« Les églises supprimées, dit-il, ne sont pas à notre disposi-
» tion, et c'est disposer du bien d'autrui que d'y autoriser le
» service. Cependant, puisque vous avez le consentement
» tacite des autorités, je n'y vois pas de grands inconvénients,
» et j'y consens. Voilà le premier motif qui, dans le principe
» surtout, m'a empêché d'ouvrir aucune église fermée. Le
» second est qu'il faut habituer le peuple tout à coup et non
» pas peu à peu à se passer de son église ordinaire. En l'en
» sevrant aujourd'hui, ce n'est pas nous, c'est le gouvernement
» qui supprime les églises, et il faudra bien qu'on cède à la loi.
» Lorsque nous y aurons manqué les premiers, ce ne sera plus
» la loi, ce ne sera que notre propre volonté que nous aurons à
» opposer aux regrets et à la résistance des paroissiens. La
» chose, d'ailleurs, ne peut se faire peu à peu pour chaque
» paroisse; il faut qu'au même instant le service cesse. Quel
» motif aurons-nous dans six mois de fermer une église?
» L'interdit tombera-t-il sur toutes? Ce sera le même inconvé-
» nient qu'aujourd'hui. Ferez-vous des distinctions? La partia-
» lité révoltera davantage. Nous demanderons la conservation
» des églises supprimées nécessaires pour être des annexes, et
» le milieu sera ici difficile à trouver. On aimerait à conserver
» toutes les églises, mais ce serait un malheur pour les prêtres
» et pour les peuples. Les prêtres chargés de deux services
» seront accablés et beaucoup de vieillards n'y tiendront pas.
» Les peuples, de leur côté, seront mal servis, les paroissiens
» de l'annexe s'y cantonneront et ne retiendront du christia-
» nisme que la messe, ils ne verront leur pasteur que comme
» un éclair. Les paroissiens de la matrice y perdront; leur curé
» ne peut aller dire une deuxième messe ailleurs qu'en prenant
» un temps précieux sur les instructions et l'administration des
» sacrements. Quand il y aura à entretenir deux églises et deux
» sacristies, les minces libéralités des fidèles n'y suffiront pas.
» La rivalité va faire naître des disputes continuelles. Peu de
» monde attiédit la ferveur; une prédication fait plus d'effet

» quand l'église est remplie; on méprise naturellement la
» parole sainte quand elle n'est pas suivie, etc., etc. Tous
» ces motifs doivent nous rendre sobres sur les annexes. Il faut
» en faire la liste et distinguer soigneusement celles qui parais-
» sent nécessaires, celles qui paraissent utiles, celles dont on
» peut se passer. La mutinerie du peuple ne doit entrer pour
» rien dans cet examen. Celui qui ne veut se sauver que dans
» son église, s'y perdra.

» M. Roux [1] et M. Guillon, sensibles à votre souvenir, vous
» saluent respectueusement.

» † JEAN,
» *Evêque d'Agen.* »

On voit dans cette lettre sur les églises supprimées la sagesse
et le profond bon sens de l'Evêque d'Agen. Ces qualités n'écla-
tent pas moins dans la lettre suivante qu'il adressait aussi à
M. Chabanon, le 18 avril 1804, au sujet des fêtes supprimées
dont la Petite-Eglise n'admettait pas la suppression. Il est
regrettable que la conduite qu'il y recommande n'ait pas été
gardée.

« Agen, 18 avril 1804.

» Monsieur,

» J'apprends avec peine que dans quelques endroits les fêtes
» supprimées sont observées et qu'on méprise l'article de mon
» Ordonnance y relatif. Je vous prie de travailler avec soin
» dans l'arrondissement qui vous est confié à extirper ce désor-
» dre. La chose est nécessaire et pressante.

» 1° C'est une désobéissance formelle, non seulement à mes
» ordonnances qui, à cause de ma place, ne doivent pourtant
» pas être données en vain, mais encore au Saint-Siège qui n'a

---

[1] Nous avons déjà fait connaître M. Guillon.

M. Roux était d'Auch. Il fut un des deux premiers vicaires généraux
de Mgr Jacoupy; l'autre fut M. de Rangouse de Beauregard. M. Roux,
ancien curé de Roquelaure, avait prêté le serment constitutionnel et
c'est à ce titre, dit-on, que le gouvernement l'imposa à l'évêque; mais il
paraît que sa rétractation et son repentir furent sincères, et il sut en peu
de temps dissiper toutes les craintes et gagner l'estime et la confiance
de l'évêque et du clergé.

» pas supprimé des fêtes pour qu'on se conduise de la même
» manière que s'il les eût conservées. Lorsqu'il en a ôté l'obli-
» gation, quels ont été son intention et son but ? Sans doute de
» répondre au désir du gouvernement qui voulait retenir le
» peuple au travail. Mais quand les prêtres l'en détournent,
» l'appellent aux offices et se prêtent non à sa piété mais à ses
» fantaisies, ne contrarient-ils pas ouvertement et la lettre de
» la loi et l'esprit du législateur ?

» 2° Les Autorités se sont déjà plaintes de ces infractions, et
» le prêtre qui les commettra sera infailliblement puni à la
» première dénonciation. J'ai voulu, par un avis précis, public
» et général, les soustraire à ce danger; et c'est dans leur
» intérêt que je serai sévère.

» Cette bigarrure nuit aux prêtres fidèles et soumis et excite
» contre eux les murmures de leurs paroissiens; elle nuit au
» bien de la religion qui a besoin d'une marche assurée et
» uniforme.

» 4° On a supprimé des fêtes autrefois, et ces suppressions
» ont trouvé, il est vrai, de la résistance dans le peuple, mais
» jamais chez les prêtres. Aujourd'hui, malgré mes Ordon-
» nances, ils font sonner les cloches à la volée, appellent le
» peuple aux offices et chantent messe et vêpres comme
» autrefois.

» Qu'on ne me parle pas de Toulouse. On y fait ce qu'on
» veut, et cela ne nous regarde pas.

» Je vous en prie, Monsieur, arrêtez promptement ces écarts.
» Prévenez ces prêtres du danger qu'ils courent. En vain cher-
» chera-t-on à argumenter contre la loi. Le Souverain Pontife
» recommande les mêmes rits dans ces fêtes supprimées, c'est-
» à-dire qu'elles seront de la même classe pour l'office, et
» même, si vous le voulez, qu'on célèbrera cet office avec la
» même solennité, avec autant de chapes et de cierges dans les
» églises où tout l'office se célèbre, dans les chapitres si les
» heures canonicales y sont rétablies, et dans les couvents si
» les religieux nous reviennent jamais. Mais dans les paroisses
» où l'office ne se fait que pour le peuple et aux jours auxquels
» le peuple y est appelé, il ne doit plus y avoir ni d'office, ni
» de solennité, ni d'appel d'aucune sorte les jours de fêtes

» supprimées. Insistez là-dessus pour prévenir des plaintes qui
» me désolent, parce qu'elles nuisent à la religion et à ses
» ministres.

» J'ai l'honneur d'être, etc. ¹.

» † JEAN,
» *Evêque d'Agen.* »

---

¹ Dans un *post-scriptum* de cette même lettre, Mgr Jacoupy transmet
à M. Chabanon les amitiés de M. Darguil. M. Darguil, mort chanoine
d'Agen en 1818, à l'âge de 83 ans, était d'Auch où il avait été archiprêtre et supérieur du Grand Séminaire. C'était un homme d'une
grande érudition. Ce n'est pas à M. Darguil, comme on l'a écrit à tort,
c'est à M. Despiau, son successeur à Sainte-Marie, que doit être rapporté
le fait que M. Lamazouade cite d'après Feller, dit-il, dans son livre de
la Persécution du Clergé du Gers sous la Révolution. On était en 1791.
L'Assemblée nationale exigeait de tous les prêtres en fonction le serment
à la Constitution civile du clergé. Le curé de la Cathédrale avait promis
de s'y soumettre, et au jour fixé, en présence d'une foule immense, il se
présente au pied de l'autel, revêtu de ses habits sacerdotaux pour prêter
solennellement le serment qu'on attendait. Averti de ce qui allait se
passer, Mgr de La Tour-du-Pin apparaît tout à coup avec les insignes
de sa dignité épiscopale; il s'avance gravement, gravit les degrés de
l'autel et somme le curé de renouveler à l'instant dans ses mains les
vœux qu'il avait faits autrefois au jour de son Ordination. Comme s'il
eût été frappé de la foudre, le curé s'arrête et garde le silence. Alors
l'Archevêque l'interdit publiquement de toutes ses fonctions et lance
sur lui les anathèmes de l'Eglise. Le curé éperdu, saisi de douleur, se
jette à ses genoux tout en larmes, en lui demandant pardon. Aussitôt
après l'avoir obtenu, il monte en chaire et adresse au peuple la plus
pathétique des exhortations, jurant de souffrir mille fois la mort plutôt
que de se rendre apostat. Les révolutionnaires frémissent de rage, tandis
que le peuple fidèle se pressait autour de son archevêque et le recon-
duisait en triomphe dans son palais.
C'est ainsi que le scandale affreux dont on était menacé fit place à la
plus édifiante des manifestations.

CHAPITRE VIII

Les Illuminés de Gimont. — La Chapelle de Notre-Dame de Cahuzac. — Chute de l'Empire. — La Restauration. — Nouveau Concordat. — Espérances des Illuminés.

Si les affaires administratives de son arrondissement donnè-rent quelques embarras au représentant de l'autorité diocé-saine, les plus grands soucis lui vinrent du côté des partisans de la Petite-Eglise qu'on ne désignait plus que sous le nom d'Illuminés. Il y en avait 7 ou 8 dans la seule ville de Gimont, qui fut comme leur boulevard dans la contrée. Cette population si attachée à ses prêtres et à ses maisons religieuses, qui aimait tant les offices et les cérémonies de l'Eglise, cette population où la vie chrétienne coulait à pleins bords comment n'avait-elle pas vu, avec une extrême répugnance, ce régime nouveau qui ratifiait en quelque sorte les ruines faites par la Révolution. la privait de tout ce qui était cher à sa foi, de ses fêtes, de ses chapelles, de ses évêques de Lombez qui l'aimèrent d'un amour de prédilection comme la meilleure et la plus importante paroisse de leur diocèse? Ils y avaient une maison épiscopale où ils se plaisaient à séjourner, et où Mgr Richier de Cérisy, en particulier, décédé à Montpellier en 1771, semblait avoir fixé définitivement sa demeure [1], outre sa belle église paroissiale

---

[1] Par une délibération du Conseil de l'Œuvre de l'Eglise de Gimont, à la date du 1er septembre 1771, nous apprenons que le corps de Mgr de Cérisy, rapporté de Montpellier, fut, avant d'être déposé dans sa cathédrale de Lombez pour y être inhumé, exposé pendant quatre jours dans le chœur de l'église de Gimont, *ce qui aurait occasionné des dépen-ses, soit en cire, soit pour tapisser en noir le chœur d'icelle, différents corps religieux et plusieurs confréries y ayant fait des services solennels.* MM. les ouvriers se proposent de présenter le compte aux héritiers de l'évêque défunt: mais s'il y a quelque difficulté pour le remboursement. ils permettent aux marguilliers de leur porter l'état des dépenses, et l'Œuvre les supportera pour donner à la mémoire dudit feu Mgr de Cérisy une *légère marque du respectueux attachement des Gimontois pour un prélat qui les a tant aimés.* — Mgr Jacques Richier de Cerisy était normand, du diocèse de Coutances; il était, avant d'être évêque, vicaire general de Rouen.

desservie par un curé, plusieurs vicaires et une communauté de prêtres appelés *consorce* [1], la ville de Gimont possédait dans chacun de ses quartiers des chapelles de confréries ayant des offices particuliers et où à certains jours de la semaine les fidèles se rendaient en foule à la suite de leurs pasteurs : saint Eloi, saint Justin. saint Barthélemi, saint Jérôme, sainte

---

[1] Les *consorcistes* étaient appelés aussi *prêtres obituaires* parce qu'ils étaient chargés d'acquitter les obits et fondations qui, dans ces temps de foi, étaient encore en si grand nombre.

Nous avons trouvé dans les archives de l'église de Gimont des détails sur cette *consorce* chaudement recommandée à Mgr de Fénelon dès la nouvelle de sa nomination à Lombez.

L'an 1771 et le 1er septembre, dans la sacristie de l'église de Gimont la paroisse dûment convoquée dans les formes ordinaires par devant M᷄ Raymond Daguzan, docteur en théologie de la maison et société de Sorbonne, curé de Gimont, a été représenté par MM. les ouvriers en charge que, considérant les bontés particulières dont Mgr de Cérisy. évêque et seigneur de Lombez, nous a honorés jusqu'à sa mort, et combien il est glorieux pour nous d'avoir été ainsi distingués des autres villes de son diocèse, en choisissant Gimont pour sa résidence ordinaire, le roi ayant nommé à sa place M. l'abbé de Fénelon, il conviendrait de lui écrire en corps de paroisse pour lui témoigner combien nous sommes heureux de l'avoir pour premier pasteur. Sa naissance et son mérite personnel nous engagent à ambitionner sa bienveillance pour cette paroisse qui, étant la plus considérable de son diocèse, se fait gloire aussi de se distinguer par son respect et son attachement à ses évêques.

De plus, représentent que comme il s'est répandu un bruit au sujet des religieux Bernardins de l'abbaye de Gimont, qu'on assure devoir être sécularisés, vu l'avantage spirituel et temporel qui résulterait de ce projet, il paraît convenable d'en instruire M. l'abbé de Fénelon pour le prier, en sa qualité d'évêque de Lombez, de se prêter et même de seconder l'arrangement qui pourrait être pris en faveur de la paroisse de Gimont. Cette ville, quoique la plus grande de son diocèse, ne reprendra son ancien lustre que par l'établissement d'une collégiale. Nous avions autrefois une *consorce* composée de 20 prêtres. Le malheur des temps engagea Mgr de Maupou à la réduire à 12. Le dépérissement des fonds et la cherté des denrées ont fait que Mgr de Cérisy l'a réduite à 7, y compris M. le Curé et les Vicaires pour avoir part aux émoluments, mais sans titre inamovible. Les revenus de l'abbaye, jointe à ceux dont la *consorce* jouit déjà, pourraient permettre d'ériger une collégiale richement dotée. Le diocèse de Lombez n'a pas d'autres chapitres que celui de la Cathédrale. Si la sécularisation a lieu, il est juste que Gimont soit préféré à tout autre endroit, puisque l'abbaye forme, pour ainsi dire, le faubourg de la dite ville, et son domaine, avec plusieurs autres du diocèse de Lombez, en compose presque en entier le revenu qui se porte à environ 20,000 livres de rentes. (Extrait des registres de l'Œuvre de Gimont.) L'abbaye fut sécularisée, mais la collégiale de Gimont était encore en projet lorsque la Révolution éclata.

Quitterie. L'ancien coutumier de Gimont, dont nous avons retrouvé un exemplaire remontant vers le milieu du xviiie siècle, est un monument remarquable de l'esprit religieux de cette population. Il y avait à Gimont un séminaire [1], un collège florissant, dirigé par les Pères de la Doctrine chrétienne où professèrent l'abbé Sicard et le trop fameux Lakanal; un hôpital richement doté en 1761 par Etienne Du Bourg, abbé de Gimont et vicaire général de Paris; un couvent de Capucins, la troisième maison de la province de Guienne fondée en 1604 [2], sous l'épiscopat de Pierre de Lancrau; un pensionnat de jeunes

---

[1] Voir l'ouvrage de M. l'abbé Cazauran sur les anciens séminaires de la province.

[2] Il y avait à peine vingt-trois ans que ce couvent était fondé quand un Capucin, enfant de cette ville, se distingua par des actes de courage bien faits pour l'immortaliser. On ne connaît plus à Gimont le P. David, la postérité a même oublié son nom. Il est cependant un des hommes les plus illustres sortis de cette ville. Qu'on nous permette donc de le faire connaître en passant, en citant les faits suivants que nous tirons d'une brochure sur le rétablissement des Capucins à Toulouse, par M. Rodière, professeur à la Faculté de droit, publiée en 1857 :

« On sait que les protestants avaient rallumé la guerre civile sous Louis XIII. En 1627, l'année qui précéda la prise de La Rochelle, la peste avait éclaté à Figeac. Les Capucins s'étaient disputé l'honneur de soigner les pestiférés et un grand nombre de religieux étaient déjà morts dans l'exercice de leur charité. Le P. David, de Gimont, avait seul résisté parce que Dieu lui réservait un rôle à peu près unique dans l'histoire. Laissons parler la chronique. Comme le mal augmentait dans la ville, les consuls et quantité d'habitants trouvaient bon de l'abandonner. Mais à peine la ville fut-elle à peu près dépourvue d'habitants que les huguenots s'avancèrent pour l'envahir. Les magistrats, avertis, lèvent des soldats pour faire la garde dans la ville; à leur tête, ils placent un bourgeois dévoué; il meurt après cinq jours; son successeur meurt aussi de la peste quatre jours après. Personne ne voulait prendre un emploi si dangereux; les magistrats et le peuple supplièrent alors le P. David de prendre le commandement des troupes. Le P. David s'excusa d'abord; mais vaincu par les prières des magistrats et les larmes du peuple, il prend le gouvernement de la ville. Avant la nuit. il donnait les ordres aux soldats et faisait faire des rondes. Dès le matin, il sortait pour aller aux huttes des pestiférés et pour confesser les malades. Il passait ainsi les nuits sur les remparts au milieu des soldats et le jour au chevet des mourants. Et pendant ce temps, les ennemis étaient aux portes de la ville. Ils la tinrent assiégée pendant cinq mois, et pendant cinq mois, le P. David la défendit avec un zèle infatigable, ayant soin des choses temporelles et spirituelles, administrant les sacrements et distribuant les vivres, et conservant ainsi aux habitants de Figeac la vie de l'âme et celle du corps.

» Le dernier gardien des capucins de Gimont fut le P. Bonaventure Domingon. »

filles tenu par des Ursulines, et, en dehors des murs, la célèbre abbaye cistercienne, fille de Berdoues, fondée en 1142 [1], et le sanctuaire de Notre-Dame de Cahuzac dont l'origine remonte à 1513. Il ne faut pas s'étonner qu'en voyant disparaître la plupart de ces institutions qui faisaient sa gloire, Gimont n'ait pas compris d'abord la sagesse de l'Eglise et la nécessité des sacrifices que, pour éviter de plus grands maux, elle était obligée de faire. Et puis, comme nous l'avons dit, la question religieuse s'était compliquée d'une question politique. On était royaliste à Gimont, et il y avait beaucoup de noblesse. On y comptait en 1789, nous a-t-on dit, plus de vingt chevaliers de Saint-Louis qui tous étaient des nobles, et les nobles n'étaient pas tous chevaliers de Saint-Louis. Deux d'entre eux avaient péri victimes de la Révolution, nobles d'Arcagnac et de Platéa, guillotinés à Auch en 1794 [2]. Quelles préventions cette Noblesse, toujours fidèle à son roi, ne devait-elle pas avoir contre tout ce qui venait de Bonaparte qui n'était, a ses yeux, qu'un usurpateur ! On comprend, dès lors, que la Petite-Eglise eût dans Gimont de nombreux partisans et que les prêtres Illuminés y trouvassent un asile assuré.

---

[1] Un vieillard que nous rencontrâmes, il y a près d'un demi-siècle, sur les ruines de l'abbaye de Gimont, nous disait, sur le témoignage des anciens, que l'église abbatiale était plus belle et plus grande que celle de la paroisse. Nous lisons, au reste, dans Brugèles : « L'église de l'abbaye de Gimont est très belle et d'une structure gothique. On y remarque le dais ou surciel du maître-autel en cuivre doré, représentant, par un grand nombre de figures fouillées à jour diverses histoires de la Bible. Elle fut consacrée le 25 novembre 1385, par l'archevêque de Métélin, de l'ordre des Carmes. Une des dernières fêtes qui y eurent lieu fut l'abjuration de la fille d'un ministre d'Angleterre, cérémonie qui y attira une foule immense. On rencontrait souvent, dans les premières années du XIXᵉ siècle, un vieux moine pleurant sur ses ruines; c'était le P. Delbès, un des derniers religieux, mort à Gimont, dans la maison Cabanis.

[2] Michel Daran, seigneur d'Arcagnac, Chevalier de Saint-Louis, âgé de 72 ans, infirme, habitant de Gimont, condamné sur une dénonciation d'incivisme portée contre lui par la municipalité de Gimont et pour avoir donné asile aux parents des émigrés.
Bertrand de Platéa, officier dans les grenadiers de France, âgé de cinquante-huit ans, habitant de Gimont, *condamné pour avoir regardé les patriotes d'un œil de mépris.*
(Comité révolutionnaire d'Auch, séance du 27 germinal, an III — 17 avril 1794).

Un autre motif bien puissant les attira dans cette ville. Par un concours de circonstances extraordinaires, la chapelle de N.-D. de Cahuzac était tombée en leur pouvoir. Vendue comme bien national pendant les mauvais jours, elle fut achetée le 5 messidor an IV (23 juin 1796), par une certaine Jeanne Labédan, qui n'avait eu d'autre but que de la soustraire à la démolition et qui s'était hâtée de la remettre à la disposition de l'abbé Verdier, l'un des anciens chapelains [1]. Lors du Concordat, celui-ci étant passé au schisme, il entraina à sa suite presque tous les fidèles qui fréquentaient la chapelle, et de ce nombre était Jeanne Labédan qui lui resta attachée jusqu'à la mort, — et, par suite, la chapelle demeura au pouvoir de la secte et ne fut plus qu'une église schismatique où il n'était pas permis aux catholiques de venir prier. Ce fut pour eux un sujet de gémissements et de larmes, et pour les anticoncordataires un vrai triomphe qui les combla de joie, et dans leur aveuglement ils voulaient y voir une marque de la protection divine qui semblait approuver et bénir leur conduite en leur confiant la garde du sanctuaire de Marie. Néanmoins, ils n'en jouirent pas en paix. Rejetés du sein de la véritable Eglise à cause de leur désobéissance, traqués par le pouvoir civil comme des séditieux, ils ne formaient en quelque sorte qu'une société secrète et leur culte rappelait celui des catacombes. Jamais puissance séculière n'avait prêté son bras à l'autorité ecclésiastique pour l'exécution de ses arrêts, avec autant de zèle que la police impériale à l'égard des Illuminés. On vit alors les gendarmes prendre au collet ces pauvres prêtres rebelles et en pleine rue leur déchirer sur le corps la soutane qu'ils n'avaient plus le droit de porter ; d'autres fois faire irruption, comme aux mauvais jours de la Terreur, dans les lieux où ils étaient assemblés et leur saisir les ornements sacrés. L'abbé Verdier fut toute sa vie l'un des principaux coryphées de la secte. Il devint le propriétaire légal de la sainte chapelle que Jeanne Labédan lui vendit par acte sous-seing privé, enregistré à Gimont, le 2 août 1815.

---

[1] Au moment de la Révolution, les trois chapelains de Cahuzac étaient MM. Darris, de Préchac; M. Lassalle, de Castelnau - Barbarens, et M. Verdier, de Générés, diocèse de Comminges.

A cette époque, la secte releva la tête. On était au lendemain de Waterloo. Une catastrophe épouvantable avait mis fin au règne du tyran et sa terrible mission venait de s'achever par un coup d'adversité égal aux prospérités de sa vie. Ainsi Dieu se joue de la gloire et de la puissance et brise les instruments dont il s'est servi dès qu'ils cessent de concourir à ses desseins providentiels. La chute de leur plus mortel ennemi et le retour des Bourbons réveillèrent les espérances des anticoncordataires. De nouveaux arrangements ne devenaient-ils pas indispensables pour les nouveaux rapports créés par de si heureux évènements? Louis XVIII pouvait-il conserver un Concordat qui portait atteinte à ses droits? Il était naturel de penser que le roi s'intéresserait au sort des évêques que leur attachement à sa cause avait retenus sur le sol étranger. De fait, les anticordataires crurent que le retour du roi allait être leur triomphe, car le gouvernement eut l'air un instant d'entendre leurs plaintes. Une commission fut nommée pour s'occuper des affaires de l'Eglise. Elle était composée de prélats et de simples prêtres pris parmi les anticoncordataires, les démissionnaires et ceux qui avaient été nommés après le Concordat. On faisait le premier essai de cette politique de fusion si chère à Louis XVIII et qui fut si funeste à sa famille et au bonheur de la France. Tout ce que l'on sait de cette commission, c'est qu'elle présenta au roi plusieurs mémoires dont on n'entendit plus parler. On vit se former une deuxième commission présidée comme la première par Mgr de Talleyrand-Périgord, ancien archevêque de Reims et non-démissionnaire, créé grand aumônier de la Cour. (C'était l'oncle de l'apostat du même nom qui avait été évêque d'Autun.) On y appela trois prélats de chacune des classes entre lesquelles ils se partageaient. C'était, pour la classe des non-démissionnaires, Mgr de Coux, évêque d'Aire; Mgr de La Fare, évêque de Nancy, et Mgr de Couey, évêque de La Rochelle. Dans la classe des démissionnaires, NN. SS. de Girac, évêque de Rennes; de Bausset, évêque de Clermont; Mgr du Bourg, évêque de Limoges, notre ancien vicaire général de Lombez et Mgr de Solles, un Auscitain, évêque de Chambéry. Mais cette commission ne fut pas plus écoutée que la première et elle fut bientôt dissoute. Au reste, le Pape avait fait savoir qu'il voulait avant tout la soumission des prélats rebelles et qu'il n'accepterait pas comme partie contractante un choix d'évêques qui avaient résisté à des ordres les plus précis et les plus nécessaires.

Il restait encore en novembre 1815 *treize* évêques qui ne s'étaient pas soumis au Concordat. C'étaient NN. SS. de Bonnac, évêque d'Agen ; de Flamarens, évêque de Périgueux ; Amelot, évêque de Vannes ; de Thémines, évêque de Blois ; de Béthisy, évêque d'Uzès ; de Caux, évêque d'Aire ; Du Chilleau, évêque de Châlons-sur-Saône ; de La Laurencie, évêque de Nantes ; de Villedieu, évêque de Digne ; de Varcilles, évêque de Gap ; de La Fare, évêque de Nancy ; de Vintimille, évêque de Carcassonne, et de Coucy, évêque de La Rochelle. Le roi leur écrivit pour leur demander leur démission afin de ne pas mettre obstacle à ses négociations avec le Saint Siège. Plus dociles à la voix du roi qu'à celle du Pape, ceux de ces prélats qui se trouvaient à Paris se rendirent immédiatement aux desirs du roi. Ceux qui étaient en Angleterre, convinrent d'une formule qui portait en substance que : *Désirant entrer autant que possible dans les vues du roi, ils remettaient comme dépôt entre ses mains des actes portant le titre de démissions, mais qui ne pourraient en avoir réellement l'effet que quand ils jugeraient les principes en sûreté.* Ils adressèrent en même temps au roi une lettre commune où ils disaient *que leurs démissions données par déférence pour le roi seraient certainement dédaignées à Rome.* En effet, elles ne furent pas admises, et la forme peu respectueuse dans laquelle elles étaient rédigées pouvait le faire prévoir. Rome n'avait que faire de ces démissions posthumes ; c'était une rétractation qu'il fallait faire.

Enfin, après bien des hésitations et des lenteurs, ces mêmes prélats écrivirent au Pape une lettre telle que Saint-Père la désirait ! Elle a été publiée à la suite du Concordat de 1817, et on peut dire que, dès lors, le schisme anticoncordataire n'eut plus de tête dans l'épiscopat. Un seul évêque persévéra dans sa désobéissance, Mgr de Lauzières de Thémines, ancien évêque de Blois, qui ne consentit à se rétracter qu'au moment de sa mort arrivée à Bruxelles, le 3 novembre 1829.

Le Concordat de 1817 ne fut pas exécuté. Quand Bonaparte fit son Concordat en 1801, il sut imposer silence aux mécontents et tout le monde dut se plier ; c'est qu'avec des passions

indomptées, Bonaparte était un caractère. Le Concordat de
1817 ayant déplu aux Voltairiens des Chambres, c'en fut assez
pour décider le vieux déiste assis sur le trône de France à
méconnaître les engagements déjà contractés avec l'Eglise.
La Petite-Eglise suivait d'un œil inquiet tous ces événements.
Sans donner raison aux opposants de 1801 et sans excuser leur
désobéissance, le Concordat de 1817 semblait leur donner quelque satisfaction ; mais leur joie fut bien incomplète et de courte
durée.

Lors de la démission des évêques qui furent les chefs de leur
parti, un grand nombre de prêtres et de fidèles, qui les avaient
suivis dans le schisme, se soumirent enfin à l'autorité du Saint-
Siège. Il ne paraît pas que les anciennes ouailles de Mgr de
Chauvigny de Blot aient su profiter de cet exemple. Nous
retrouvons sous la Restauration nos Illuminés encore nombreux et toujours aussi opiniâtres.

L'archevêque de Toulouse, Primat, l'ancien constitutionnel,
venait de mourir. Le roi nomma pour le remplacer en 1817
Mgr François de Bovet, ancien évêque de Sisteron. Ce choix
ne dut pas être très désagréable à la Petite-Eglise ; Mgr de
Bovet avait été l'un des évêques non-démissionnaires et ne
s'était soumis qu'en 1812. Un long mémoire, daté de Gimont,
écrit à cette époque sous forme d'apologie par un adepte de la
Petite-Eglise qui pourrait bien être l'abbé Sales, dut être
adressé à ce prélat ou paraît du moins lui avoir été destiné.
Nous en citerons une partie parce qu'on y trouve des détails
qui ne sont pas sans intérêts. Et puis, n'est-il pas curieux de
voir de quelle manière ces pauvres révoltés expliquent leur
conduite et à quels arguments ils ont recours pour les justifier :

« Sans autre titre que celui de prêtre catholique, je viens,
» Monseigneur, dit-il en commençant, tant en mon nom qu'au
» nom de mes confrères du diocèse de Lombez, restés imper-
» turbablement fidèles aux principes éternels consacrés dans
» les réclamations de nos trente-huit Athanases, soumettre à
» Votre Grandeur notre conduite durant ces temps de débor-
». dements de toutes les erreurs et de tous les crimes.

» Sujets dociles et soumis de Mgr de Chauvigny de Blot qui
» nous appelait tous ses enfants, les prêtres de Lombez se sont

» distingués dès l'origine des malheurs de l'Eglise et de l'Etat
» par une entière obéissance à leur évêque qui, par sa sagesse
» et ses conseils paternels, nous a admirablement conduits au
» milieu de tous les dangers.

» L'homme ennemi, en semant depuis la zizanie dans le
» champ du père de famille, a provoqué une douloureuse
» discordance parmi ses enfants, depuis surtout que nous
» avons eu le malheur de perdre ce bon et tendre père. A la
» vue de l'étrange convention de 1801, Mgr de Chauvigny,
» persuadé, comme tous ses immortels collègues, que les ordres
» du Saint-Père concernant ses constitutionnels avaient été,
» scrupuleusement écoutés, nous adressa une circulaire portant
» que, si nous ne pouvons pas faire autrement, il consentait à
» ce que nous recourions aux pouvoirs des nouveaux venus
» comme à des délégués du Saint-Siège, *pourvu qu'il n'y eût*
» *aucun acte préalable à remplir contraire à la morale, à la*
» *discipline et aux droits de qui que ce soit, se réservant*
» *expressément sa juridiction pleine et entière sur son cher*
» *troupeau.* Plusieurs de nos co-diocésains, soit par irréflexion,
» soit par ardeur de zèle, prenant ou feignant de prendre pour
» un ordre précis cet acte d'indulgence de notre trop charitable
» prélat, s'empressèrent d'adhérer au nouveau Concordat, les
» uns devant M. Primat, les autres devant M. Jacoupy. Ani-
» més d'un zèle moins vif et plus instruits de l'obstination des
» constitutionnels en général et de celle de M. Primat en
» particulier, nous attendîmes de nouveaux ordres de notre
» commun maître et nous n'eûmes pas à nous repentir. Notre
» saint évêqne, instruit de son côté de l'obstination avérée de
» M. Primat, après l'avoir, de concert avec Mgr Uzès, dénoncé
» au Saint-Père et déclaré qu'il avait repris le plein exercice de
» sa juridiction, nous défendit, sous peine de suspense *ipso*
» *facto,* d'avoir rien de commun *in divinis* avec cet hérétique.
» Un exemplaire de la dénonce de Mgr de Chauvigny et de
» Mgr d'Uzès fut envoyée à M. Primat lui-même. Il le reçut,
» puisqu'il s'en plaignit confidentiellement à ses commensaux ;
» mais il s'en mit pas plus en peine que des Brefs de Pie VI,
» quoique cette dénonce fût vendue publiquement et sans
» obstacle dans les rues de Toulouse. Un silence si scandaleux
» fut pour nous une preuve claire et évidente que Monseigneur

» de Lombez et Mgr d'Uzès n'avaient pas été trompés par les
» vaines illusions d'une conscience trop délicate. M. Primat,
» qui avait croupi de longues années dans l'intrusion, le
» schisme, l'hérésie, l'apostasie, était d'autant.plus obligé de
» se disculper que, depuis les *Bulles d'institution* à lui accor-
» dées par le légat, il avait fait l'éloge de Sermet, hérétique
» notoire, qu'il appelle son prédécesseur sur le siège de Tou-
» louse dans une lettre au presbytère constitutionnel, laquelle
» lettre fut lue au prône de toutes les églises hétérodoxes de
» la ville ; avec *le certifié conforme à l'original,* signé Hubert,
» chef du presbytère et plus tard vicaire général de Primat.
» Loin d'avoir désavoué cette lettre si scandaleuse, M. Primat
» eut l'audace de la justifier chez le tribun Gary, à Paris, qui
» l'a écrit à une dame de Toulouse. Mgr de Chauvigny ne fit
» donc que son devoir en rejetant M. Primat de sa communion
» et ne fit qu'user de son droit. Notre obéissance aux ordres de
» notre évêque a donc été une obéissance canonique comme
» notre désobéissance eût été criminelle et contraire aux
» canons.
» Mais comme il n'y a eu que peu ou point de nos confrères
» des églises de Lombez réunis à Agen qui n'aient eu des
» rapports religieux avec M. Primat au mépris de la défense de
» Mgr de Chauvigny, nous crûmes et nous dûmes croire que
» ce qui nous était interdit vis-à-vis de M. Primat ne pouvait
» pas nous être permis vis-à-vis de Mgr Jacoupy, attendu que
» ce dernier, en arrivant à Agen, était entré en communion
» avec M. Primat, l'avait pris pour son métropolitain et avait
» accepté d'être mis par lui en possession de son siège. Notre
» Evêque bien-aimé, en nous envoyant ses *Réclamations cano-*
» *niques* et en expliquant la différence de conduite qu'il avait
» mise prudemment entre M. Primat et M. Jacoupy, finissait
» ainsi sa lettre : *Le temps n'est pas venu de les attaquer tous*
» *également. Ils sont tous, qui plus qui moins, généralement*
» *coupables. Notre voix se perdrait peut-être dans le désert. Les*
» *hommes de bonne volonté me comprendront.*
» Cependant, tout étant de rigueur en matière semblable et
» ne voulant rien précipiter contre M. Jacoupy, deux de nos
» confrères obtinrent une audience confidentielle à Gimont, à
» l'effet de savoir de M. Jacoupy lui-même en quelle qualité il

» entendait qu'on le reconnût, ou comme évêque titulaire, ou
» comme délégué du Saint-Siège ? Sur sa réponse positive,
» qu'étant évêque titulaire, il entendait qu'on le reconnût
» comme tel, nos deux confrères se retirèrent après l'avoir
» forcé à dire qu'il ne nous blâmait pas et que, personnelle-
» ment, il ne nous inquiéterait pas. Nous ne pouvons pas dire
» qu'il a tenu parole, car son agent dans la partie de Lombez,
» réunie à Agen, un nommé Chabanon, qui, après s'être démis
» de sa cure de Cologne dans les mains de Mgr de Chauvigny
» en 1801, a repris le gouvernement de cette même cure à la
» faveur d'un nouveau titre accordé à Mgr Jacoupy, indigné de
» nous voir toujours soumis à Mgr de Chauvigny et condam-
» ner, par notre conduite, sa conduite toute nouvelle, écrivit à
» l'un de nous, à la date du 15 mars 1804, une lettre conçue en
» ces termes :

« *Monsieur, envoyez-moi votre adhésion à toutes les disposi-*
» *tions du Concordat, au serment, aux nouveaux évêques. Décla-*
» *rez que vous ne reconnaissez de pouvoirs valides que ceux qui*
» *émanent des prélats institués par Pie VII. Promettez fidélité au*
» *gouvernement actuel avec l'assurance que vous n'en troublerez*
» *pas la paix et que vous découvrirez les trames que vous connai-*
» *trez être faites contre lui.* Ce même Chabanon disait à M. de
» Sambucy, maire de Giscaro, *de surveiller son curé* et de lui
» dire s'il était vrai que *ce prêtre condamnât les acquisitions des*
» *biens nationaux et qu'il fît refaire les confessions faites aux*
» *constitutionnels ; qu'ils devaient aller d'un pas égal à l'effet de*
» *s'opposer l'un et l'autre à ce que ce prêtre ne troublât pas*
» *l'ordre public et la paix des consciences.* »

» Avec de pareilles données, nous comprîmes que nous ne
» pouvions plus nous faire illusion, et qu'au mépris des règles
» les plus saintes, rappelées dans les *Réclamations* de nos
» trente-huit Athanases, nous ne pouvions pas plus nous
» ranger sous la houlette de M. Jacoupy que sous celle de
» M. Primat, sous peine de rompre avec les Pères de notre
» Eglise gallicane en général et avec celui de notre chère église
» de Lombez en particulier. Nous comprîmes aussi, par les
» prétentions exorbitantes de l'agent de M. Jacoupy, qu'on
» voulait cimenter du sang de Jésus-Christ tous les attentats

» révolutionnaires et surtout l'usurpation de l'autorité souve-
» raine, en faisant des ministres du Dieu vivant autant de vils
» et lâches délateurs des fidèles sujets du roi et du roi lui-
» même ; et cette seule idée eût suffi pour nous faire reculer
» d'horreur.

» Ne pouvant donc nous rallier ni à M. Primat ni à
» M. Jacoupy, nous nous sommes étroitement serrés contre
» nos évêques *réclamants* auxquels a constamment resté uni
» celui que le Ciel, dans sa miséricorde, avait placé à notre
» tête et dont nous avons été privés en punition de nos fautes.
» Investis des pouvoirs attachés au titre de curés que notre
» sage prélat nous avait donné en 1795, nous avons continué
» d'exercer nos fonctions avec la prudente réserve des mission-
» naires en pays fidèle.

» Quand, par la mort de notre bien-aimé Père, nous sommes
» devenus orphelins, on ne manqua pas de se prévaloir contre
» nous de cette affreuse catastrophe dont la nouvelle ne nous a
» été notifiée que longtemps après. On ne manqua pas de nous
» accabler de nouveaux outrages. Nous avons été signalés
» comme ne faisant que des actes nuls et sacrilèges, ne pou-
» vant plus, comme auparavant, disait-on, alléguer l'existence
» et les ordres de notre évêque. Nous avons dévoré en silence
» toutes ces humiliations ; et, condamnés par les circonstances
» à ne pouvoir dire sans imprudence et sans danger le nom du
» prélat qui suppléait celui que nous avons eu le malheur de
» perdre, nous nous sommes contentés de dire aux fidèles qui
» ne nous ont jamais abandonnés que, d'après les dispositions
» prises au Concile de Trente, renouvelées par le Saint-Père
» Pie VI dans son Bref du 26 septembre 1791, les diocèses
» privés de leurs évêques légitimes ne se trouvaient néanmoins
» jamais sans pasteurs, évêques ou administrateurs publics ou
» secrets, tout étant réglé par les lois ecclésiastiques.

» Les plus simples nous ont compris, et nous avons continué
» d'entretenir, dans les cœurs d'autant plus français qu'ils sont
» bons catholiques, le feu sacré de l'amour le plus ardent pour
» Jésus-Christ, pour l'Eglise, pour le roi, car l'amour du roi
» notre maître, ainsi que le dit Bossuet, doit être toujours dans
» notre bouche avec celui de Jésus-Christ et de l'Eglise comme
» choses inséparables, Dieu étant dans ces trois noms, Nous

» devons ajouter que celui de l'usurpateur n'a jamais souillé
» nos lèvres dans nos pieux exercices, parce que nous faisons
» hautement profession de croire qu'il n'a pas eu le moindre
» droit comme souverain.

» Tel est, Monseigneur, le tableau fidèle de notre vie reli-
» gieuse depuis le Concordat. Nous le porterons avec confiance
» au tribunal de Jésus-Christ comme nous le soumettons sans
» crainte ni remords au jugement de nos maîtres dans la foi
» les évêques légitimes de l'Eglise gallicane. »

Dans cette apologie que les Illuminés prétendent faire de
leur conduite, on voit surtout une ardente profession de foi
politique. Mais toutes ces doléances et ces flatteries ne devaient
pas plus leur profiter auprès du roi qu'auprès du nouvel archevêque de Toulouse qui se démit de son siège en 1820 [1].

---

[1] Mgr François de Bovet mourut à Paris chanoine de Saint-Denis, en
1838, à l'âge de 93 ans.

CHAPITRE IX

L'un des prêtres Illuminés qui paraissent avoir eu le plus
d'influence, M. Sales aîné, de Gimont, avait été autrefois l'ami
de M. Chabanon; la grande question du Concordat les avait
divisés, et, depuis lors, il y avait un abîme entre eux. Mais
l'excellent curé de Cologne ne négligeait aucune occasion pour
tâcher de ramener ce pauvre égaré. En 1820, Mgr de Coucy,
ancien évêque de La Rochelle, un des anticoncordataires les
plus acharnés, venait de se démettre et d'accepter l'archevêché
de Reims. M. Chabanon saisit cette occasion pour écrire à
M. Sales :

« Cologne, 6 février 1820.

» Mon cher abbé Sales,

» J'ai été vivement frappé des deux lettres de Mgr de Coucy
» qui vient d'être nommé à l'archevêché de Reims. J'ai vu avec
» une grande joie l'heureux effet qu'elles ont produit sur plu-
» sieurs prêtres dissidents. Persuadé qu'un extrait de ces lettres
» ferait aussi une bonne impression sur vous, je me permets de
» vous l'envoyer. Pardonnez-moi cette liberté. Je vous présente
» la route sûre qui conduit à la connaissance de la vérité,
» l'obéissance au chef de l'Eglise. Le Pape et le corps épis-
» copal doivent régler notre conduite. Pesez bien ce que dit le
» prélat dont je vous offre les sages réflexions. Puissions-nous
» bientôt être unis de cœur et de sentiment dans une même
» société à l'Eglise !

M. Sales lui répond à la date du 12 février :

« Quelle est cette Eglise à laquelle nous devons obéir? Est-ce
» l'Eglise concordataire? Vous dites oui, et moi je dis non, et
» je le prouve. Une Eglise qui consiste dans l'amalgame ou,
» selon l'expression de Portalis, dans la fusion des deux partis
» catholique et constitutionnel hérétique, cette Eglise ne sau-
» rait être l'Eglise de Jésus-Christ, c'est évident. Or, telle est
» l'Eglise concordataire, c'est évident encore. Donc... Et ne
» m'objectez pas que les constitutionnels ont fait leur rétracta-
» tion. Ne connaît-on donc pas les lettres de Lacombe, de
» Raymond, de Lecoz [1] consignées dans les *Annales de la*
» *Religion* [2] et la circulaire du ministre de la police aux préfets
» pour défendre toute espèce de rétractation? Mais, avec vous,
» il n'est pas nécessaire de remonter si haut, bornons-nous à
» ce qui s'est passé sous vos yeux. Vous savez que, lorsque
» l'abbé Guilhamède alla, la croix levée, mener en procession
» la paroisse, jusque-là catholique, de Touget à l'église consti-
» tutionnelle de Carde, celui-ci n'avait fait aucune espèce de
» rétractation ; et sans ce préalable, il y fut néanmoins décidé
» que les deux pasteurs réunis prendraient alternativement
» l'étole les dimanches et fêtes. Et moi je sais aussi, comme
» tous les Gimontois, que lorsque le curé Lacoste alla se réunir
» au constitutionnel Barciet, celui-ci ne s'était pas rétracté.
» Ces faits sont certains, les conclusions en sont claires, et les
» deux lettres que vous m'envoyez de Mgr de La Rochelle ne
» les démentent pas. Je les connaissais ces lettres avant votre
» envoi, je ne vous en remercie pas moins de me les avoir
» envoyées. Elles vous ont vivement frappé, dites-vous; et moi,
» je suis étonné que les *réclamations et protestations canoniques*
» *de l'Eglise gallicane*, signées par Mgr de La Rochelle, n'aient
» pas fait sur vous une plus vive impression. Ces réclamations
» renferment la doctrine de l'Evaugile, de la tradition, de toute

[1] Tous les trois sont d'anciens évêques constitutionnels qui désavoué-
rent leur rétractation et qui furent néanmoins, après le Concordat,
nommés à Angoulême, à Dijon et à Besançon.
[2] Cette publication était l'organe de l'Eglise constitutionnelle.

» l'Eglise. Mgr de La Rochelle l'a hautement prêchée cette
» doctrine par sa signature, il l'a publiquement enseignée et
» soutenue dans tous ses écrits. Aujourd'hui que, sans rien
» rétracter de sa doctrine, il tient une conduite opposée, il fait
» comme un prédicateur qui, après avoir tonné contre le
» désordre des passions, se livrerait lui-même à ces mêmes
» désordres. Quelle est, dans ce cas, vous demanderai-je, celle
» des deux morales de ce prédicateur que je dois suivre, sa
» morale de la chaire ou la morale de sa conduite? Mgr de
» Coucy m'a enseigné, dans sa lettre à Pie VII du 1er septembre
» 1812, que le constitutionnel et le concordataire sont deux
» cadavres qui se sont unis pour se dissoudre ensuite. Fidèle à
» cette doctrine, je ne dois ni ne veux être un troisième cada-
» vre, qui viendrait s'incorporer aux deux autres. Pour m'y
» engager, vous m'appelez à l'autorité du Pape et du corps
» épiscopal français. Quant à la dernière, elle n'est pas, ce me
» semble, bien imposante. Ce corps épiscopal français de quoi
» est-il formé? *un amalgame du tiers au quart des catholiques et*
» *des hérétiques.* Vous entendez que je cède au jugement de cet
» amalgame prononçant lui-même en sa faveur? Oh! certes, je
» ne me rendrai pas à cette décision. Je raisonnerai autrement
» au sujet de l'autorité du Saint-Pontife. Celle-ci est des plus
» respectables. Il est le chef de l'Eglise, le vicaire de Jésus-
» Christ et son représentant sur la terre. En cette qualité, je
» lui dois et je lui rends respect et obéissance, mais une obéis-
» sance telle que je la dois, c'est-à-dire une obéissance filiale et
» canonique. S'il est vrai que le Pape ait donné l'institution à
» des constitutionnels non rétractés, dois-je lui obéir en com-
» muniquant *in divinis* avec les hérétiques? Saint Athanase
» d'Alexandrie, saint Hilaire de Poitiers, saint Eusèbe de
» Verceil ne se séparèrent-ils pas de la communion du Pape
» Libère tant que ce Pape demeura uni à celle des Ariens?

> » SALES,
> » *Prêtre catholique.* »

Le 26 mai 1820, M. Chabanon écrit à M. Sales :

« J'ai appris avec étonnement que vous et MM. Ufferte et
» Bégué, prêtres, répandiez dans le public que puisque j'avais

» laissé sans réponse votre lettre, j'étais complètement battu.
» Je crois vous devoir, comme ami, compte de mon silence.
» Vous savez que je le gardais depuis longtemps; je ne l'aurais
» point rompu si un personnage distingué, instruit que j'étais
» uni avec vous, ne m'avait engagé à vous écrire, il me mandait
» qu'il avait le doux espoir que vous et MM. les prêtres vos
» adhérents dans Gimont imiteraient le bel exemple qu'ont
» donné les prêtres de La Rochelle en écoutant la voix de
» Mgr de Coucy, leur ancien évêque. Pardonnez-moi si j'ai
» suivi cette impulsion et si j'ai favorablement présumé de
» vous. Je me suis tu quand votre lettre m'a montré votre obsti-
» nation persistante; vous aimez la dispute tandis que toutes
» les règles vous prescrivent l'obéissance au Pape et à votre
» évêque. De grâce, ne vous applaudissez pas, si je ne vous
» suis pas dans tous vos écarts. D'abord, je suis un faible
» athlète, je reconnais votre supériorité sur moi en érudition,
» et, s'il est permis de le dire, en vaines subtilités. Mais, dites-
» moi, quand bien même je serais sans défense avec vous, votre
» cause serait-elle meilleure ? La vérité éternelle ne subsiste-
» rait-elle point toujours ? Vous auriez à combattre un· fils
» incrédule, un partisan de Calvin, un disciple de Jansénius,
» vous promettriez-vous d'avoir toujours la victoire sur eux ?
» Et parce qu'ils vous entraîneront dans de profondes discus-
» sions, seront-ils autorisés à croire qu'ils suivent la ·bonne
» voie ? Vous gémirez sur leur indocilité et vous les abandon-
» nerez à leur aveuglement. Et lors même qu'ils se persuade-
» ront qu'ils vous ont terrassé, vous ne vous départirez pas de
» vos bons principes... Telle a été ma conduite envers vous,
» mon cher ami. Je la suivrai tant que je ne croirai pas pouvoir
» vous être utile pour votre salut. Le flambeau est fixé sur la
» montagne sainte; lorsque des prêtres veulent fermer les
» yeux à la lumière, le soleil luit-il moins sur la terre ?...

» Je suis dans la route que Dieu m'a tracée, je tiens à l'Eglise
» qu'il a établie, et, pour être dans son sein, je suis en commu-
» nion avec mon évêque et par lui avec le pasteur des pasteurs,
» avec Pie VII. Qu'Ufferte, qui nous traite sans cesse de schis-
» matique, nous dise comment nous méritons cette dénomina-
» tion. Ce grand docteur ne sera pas embarrassé pour prouver
» ce qu'il avance. Il voudra bien aussi nous montrer à décou-

» vert la légitimité des pouvoirs de juridiction qu'il exerce.
» Le mystère que vous gardez tous à cet égard déprécie votre
» secret. J'ai gardé quatre de vos lettres. Vous me dites dans
» l'une d'elles que vous renoncez aux pouvoirs spirituels que
» vous avez reçus de Mgr de Chauvigny et que, ne voulant pas
» vous soumettre à Mgr Jacoupy, vous vous condamnez à
» l'inaction, parce que vous ne voulez pas user d'une juridic-
» tion douteuse. Voilà ce que vous pensiez alors d'après vos
» bons principes. Mais vous n'avez plus de scrupules, et vous
» avez eu la témérité de vous ingérer dans le saint ministère.
» Où est votre mission ? Prouvez que vous la tenez d'une
» source pure et incontestable. Je suis vivement affecté de
» l'état déplorable où vous vous trouvez, tout en demeurant
» votre affectueux ami.

» CHABANON,
» *Vicaire général, Curé.* »

M. Sales répond à M. Chabanon le 30 mai 1820 :

« Je ne sais si les Messieurs que vous accusez avec moi ont à
» se reprocher les bruits qu'on vous a dit que nous répandions
» sur votre compte. mais je sais que pour ce qui me regarde,
» ce qu'on vous a rapporté est faux. Voici le seul rapport que
» j'ai eu avec ces Messieurs sur ce sujet. Ils apprirent de quel-
» qu'un qui le tenait de vous que vous m'aviez écrit, et ce quel-
» qu'un le leur dit sur l'air d'un triomphe. Pour s'assurer du
» fait, ils s'adressèrent à moi ; je leur fis passer une copie de
» votre lettre et de la réponse que j'y avais faite, en ajoutant,
» sans doute, que cette réponse n'était pas encore réfutée.
» Jusques-là, tout était vrai, puisque je suis toujours à en
» attendre la réfutation. Je comptais la trouver dans votre
» lettre dn 26 courant. A la place de cette réfutation tant
» désirée, puisque je ne cherche qu'à m'éclairer si je suis dans
» l'erreur, je ne trouve que des qualificatifs que je crois peu
» mérités : d'entêté, d'obstiné, etc. On est entêté quand on
» refuse opiniâtrement de se rendre à la raison. Je vous en ai
» donné de solides que vous n'avez pas réfutées, et vous ne
» m'en donnez aucune. Vous me renvoyez toujours à l'obéis-
» sance au Pape. C'est là votre seul argument, c'est celui de

» votre Eglise, auquel pourtant certains ajoutent *le gouverne-*
» *ment* et *les pensions.* Je vous le répète, je rends au Pape
» *l'obéissance la plus soumise,* mais telle que je la dois, c'est-à-
» dire *filiale et canonique.* Lorsque vous avez été en Espagne,
» préférant l'exil à la communication avec les constitutionnels
» que le Pape et les évêques vous défendaient, d'après les prin-
» cipes et les règles de l'Eglise, si à cette époque le Pape et les
» évêques eussent, au contraire communiqué eux-mêmes avec
» les constitutionnels, que Pie VI les eût institués évêques
» sans rétractation aucune de leur serment hérétique, dans
» cette supposition que l'expérience de différents temps montre
» n'être pas impossible, auriez-vous jugé que vous devez en ce
» point obéissance au Pape et qu'une Eglise ainsi formée était
» l'Eglise de Jésus-Christ ? Vous auriez sûrement tenu aux
» principes, à la règle. Voilà votre réponse, n'est-ce pas ? C'est
» là aussi mon dire ; et sans doute vous ne le traiterez pas de
» *vaines subtilités.* Si quelque prêtre de cette nouvelle Eglise
» vous eût dit comme vous me dites : « Je suis en communion
» avec mon évêque et par lui avec le pasteur des Pasteurs ; je
» suis donc dans la route que Dieu m'a tracée, vous auriez aisé-
» ment détruit ce raisonnement peu concluant parce qu'il pèche
» dans le principe, par l'application que vous en aurez faite
» à un prêtre ou à un évêque Arien ou adhérent et fauteur des
» Ariens, qui eût dit autant du temps du Pape Libère ? Vous
» me faites la même objection, je vous fais la même réponse.
» D'après les mêmes principes et l'enseignement constant de
» l'Eglise, un évêque vivant, non démis, non jugé ne peut être
» canoniquement remplacé, et celui qui serait mis à sa place
» serait un intrus, un schismatique, fût-il même institué par
» l'autorité légitime, car il y a, vous le savez, trois sortes d'in-
» trusions : 1° quand on s'ingère soi-même ; 2° quand on est
» établi par une autorité illégitime ; 3° quand on est établi par
» une autorité légitime contre les règles. Voilà le schisme, et
» ne vous étonnez pas qu'on donne à une Eglise formée de
» ces intrus la dénonciation d'Eglise schismatique. *Le grand*
» *docteur que vous défiez ne serait donc pas en peine en acceptant*
» *votre défi,* de vous montrer la justesse de cette dénomination.
» Vous l'embarrasseriez bien plus sûrement si vous le chargiez
» d'accorder la fidélité que vous devez aux vrais principes avec

» la nullité que vous lui supposez de ses pouvoirs de juridic-
» tion. En fait de juridiction, les principes sont visibles pour
» tous ceux qui ne ferment pas les yeux à la lumière ; ils sont
» sans mystère et sans secret. Il est clair et évident que la juri-
» diction ne doit pas se trouver dans l Eglise constitutionnelle,
» formée dans le schisme et l'hérésie, mais dans cette Eglise,
» pure, vierge, intacte, qui a demeuré toujours fidèle. Mais par
» qui, me direz-vous peut-être, cette juridiction a-t-elle été
» transmise au simple prêtre? Pas par les constitutionnels,
» pour une bonne raison, *nemo dat quod non habet,* mais par
» les évêques légitimes qui, en étant seuls les dépositaires,
» peuvent seuls la transmettre. Ce raisonnement vous fait lever
» les épaules, vous le prenez en compassion. Tout cela est aisé,
» mais ce n'est pas le détruire. ce qui ne serait pas si facile.
» Pourquoi ne l'essayeriez-vous pas dans l'intérêt d'un ami?
» que vous abandonniez à un malheureux sort un fier incrédule,
» un partisan de Calvin, un disciple de Jansénius que vous
» avez combattu sans succès, a la bonne heure Mais ici c'est
» autre chose. L'ami auquel vous avez à faire tient aux prin-
» cipes. C'est lui qui se plaint que vous vous en éloignez et que
» vous ne lui en présentez jamais d'autres que le Pape. Mais
» la papauté a eu ses Libère, ses Honorius, ses Pascal II et
» autres qui ont failli dans la foi ou dans la discipline. Quelque
» respectable que soit cette autorité du Pape, il faut donc plus
» qu'elle seule pour fixer la conduite du vrai fidèle. Le Saint-
» Siège ou la Chaire de Pierre est pour lui une boussole
» assurée pour arriver au port, mais il a appris de saint Léon
» Pape qu'il faut distinguer cette Chaire de la personne qui
» l'occupe.

  » Puisque vous conservez les quatre lettres que je vous ai
» écrites dans le temps, comme si elles en valaient la peine,
» joignez à la liasse celle-ci et la précédente. Peut-être une fois
» ou autre elles pourront faire sur vous une impression salu-
» taire.

» SALES,
» *Prêtre catholique.* »

Supplément à la lettre précédente en réponse à la lettre du
26 mai :

« Mon cher,

» Un ami, à qui j'ai donné à lire votre lettre du 26 mai, m'a
» demandé compte de cet article des quatre lettres que je vous
» ai écrites dans le temps, où je vous mandais, dites-vous, que
» je renonçais aux pouvoirs spirituels que j'avais reçus de
» Mgr de Chauvigny et que, ne voulant pas me soumettre à
» celui qui se dit son représentant, je me condamnais à l'inac-
» tion, parce que je ne voulais pas user d'une juridiction dou-
» teuse. Je ne me rappelle pas ce détail de ces lettres dont je
» n'ai pas gardé copie. Peut-être y trouverais-je quelque anté-
» cédent ou quelque conséquent qui en expliquant mon dire,
» lèverait tout scandale d'une conduite opposée. Ecoutez-moi
» et raisonnons principes. Ils me disent d'abord que de son
» vivant Mgr de Chauvigny était l'évêque seul vrai, seul cano-
» nique du diocèse de Lombez, et qu'après sa mort, n'ayant
» pas été canoniquement remplacé, son église est demeurée
» veuve. Voilà ce que vous auriez défendu vous-même avec
» force avant la Révolution et ce qu'aujourd'hui vous ne voulez
» plus admettre; mais que vous l'admettiez ou non, ce sont les
» principes qui nous ont été enseignés et à vous et à moi.
» D'après ces principes, cette Eglise de Lombez n'a donc pas
» d'évêque propre et particulier pour elle; elle n'a donc plus
» de chapitre et de métropolitain en ce qui réside la source de
» la juridiction après la mort de l'évêque diocésain. A leur
» défaut, où sera-t-elle cette source de juridiction ? Dans les cas
» extraordinaires, comme par exemple en temps de persécu-
» tion, cette source vient de plus loin. L'épiscopat entier est
» alors solidaire. C'est à lui que Jésus-Christ a dit : *Ite*
» *docete omnes gentes...* Mon cher, vous avez beau faire et
» beau dire, ce sont là les vrais principes. Vous les trouverez
» consignés dans les *Conférences d'Angers, Traité de la hiérar-*
» *chie, tome I.* La juridiction de l'Eglise appartient à l'Eglise,
» et il n'est pas de temps où l'Eglise puisse en manquer et ne
» pas la communiquer dans toute son étendue par ses évêques.
» Il est dans les bons principes, qui sont les miens, qu'on ne
» peut pas user d'une juridiction douteuse; mais il est aussi

» dans les bons principes que la source que je viens de vous
» indiquer est, dans l'état actuel de l'Eglise de France, une
» source pure et incontestable d'une mission légitime. Je vous
» l'avais déjà indirectement marqué dans ma dernière lettre.
» Mieux réfléchi, j'ai cru que je vous devais une explication
» plus claire. Je vous prie de la faire entrer dans la liasse des
» autres, et si vous les donnez à lire à quelqu'un, j'attends de
» votre droiture que vous leur présentiez aussi le présent
» correctif ou explicatif. Vous devez cette attention aux senti-
» ments avec lesquels je suis et serai toujours votre ami tout
» affectionné.

» SALES,

« *Prêtre catholique.* »

M. Chabanon écrit à M. Sales, à la date du 6 juin 1820 :

« Mon cher ami,

· » J'ai reçu votre lettre en date du 30 mai. Vous l'avez écrite
» à Touget, lieu cher à mon cœur, parce que fut là qu'eut lieu
» notre première entrevue, où nous nous liâmes d'amitié.
» Hélas ! que sont devenus ces beaux jours où nous étions
» si parfaitement unis par les mêmes sentiments et les mêmes
» principes?...
   » Vous attendez de moi une réfutation détaillée de ce que
» vous avancez dans le parti que vous avez pris. Vous trou-
» verez aisément les preuves qui servent à me conduire; elles
» vous ont été connues lors de votre éducation ecclésiastique.
» Oserais-je vous les représenter? C'est par la voie de l'autorité
» et non par celle de l'examen et de la discussion que nous
» devons, nous, montrer notre fidélité à Dieu et à l'Eglise.
» Mais vous me reprochez que je vous fatigue sans cesse en
» vous rappelant à l'obéissance que nous devons au chef
» suprême de l'Eglise. Il me semble pourtant que l'on ne peut
» méconnaître cette règle de la soumission; elle nous est mani-
» festement révélée par les Ecritures, toute la tradition des
» Pères, tous nos conciles. Nos prélats français, dans toutes
» les circonstances, ont témoigné la plus expresse déférence au
» Saint-Pontife. Il est de foi qu'au Pape appartient la plénitude
» d'autorité juridictionnelle, que c'est lui qui, dans le gouver-

» nement de l'Eglise, tient sans exception, sous son empire
» religieux, les ouailles et les pasteurs, les prêtres et les évê-
» ques. Ecoutez Bossuet qui, dans la *Défense de la déclaration,*
» s'exprime ainsi, et sa doctrine ne peut être suspecte à des
» français : *Credimus in jure ecclesiastico papam nihil non posse*
» *cum necessitas id postularit.* Je me borne à cette citation et je
» vous demande s'il est convenable que vous attaquiez le Saint-
» Père en l'assimilant aux papes Libère, Honorius, etc. Tous
» nos auteurs catholiques prouvent que le premier de ces papes
» n'a point signé une formule évidemment hérétique, qu'il fut
» trompé comme Honorius par l'espérance d'un bien, qu'ils
» n'ont ni l'un ni l'autre rien adressé à l'Eglise et qu'ils se sont
» constamment dévoués au dogme catholique. Prouvez que
» Pie VII a erré dans la foi ; vous ne le pouvez pas, et par
» conséquent ce que vous alléguez ne va point au but. Pouvez-
» vous vous séparer de lui et vous glorifier d'être dans sa
» communion ? Qu'entendez-vous par votre obéissance filiale et
» canonique ? Votre conduite prouve que vous n'avez ni le
» respect, ni l'amour, ni la soumission que vous devez au Père
» commun des fidèles. Je ne comprends pas davantage quelle
» est cette obéissance canonique, puisqu'elle est en contradic-
» tion avec les règlements de tous les conciles

» Je vous avais prié de me donner une notion claire et
» précise du schisme et vous ne me parlez que de l'intrusion.
» J'avais compris jusqu'à ce jour que le schisme consistait dans
» la séparation avec le Saint-Père, en ne communiquant pas
» avec lui ni avec les évêques qu'il établit pour nous gouverner.
» Ici vous êtes dans un cruel embarras. Désignez-nous quels
» sont les évêques que vous reconnaissez et qui sont unis avec
» le Pape ? Tous ceux que vous prétendez avoir pour votre
» cause se rendent dans les églises, ils exercent les fonc-
» tions du saint ministère. Je sais que vous les condamnez
» parce que vous tous prétendez avoir et plus de lumières
» et plus de vertus. Dans votre dernière lettre, vous me
» parlez de deux églises. La mienne, selon vous, n'est pas
» la vôtre. Je vous passe cette proposition qui est évidente.
» Je suis de l'Eglise catholique qui est visible, apostolique et
» romaine. La vôtre est invisible ; et dès lors, sans aller plus
» loin, je dois conclure qu'elle n'est pas la vraie Eglise. Vous

» pouvez avancer avec l'Abbé de Saint-Cyran qu'il n'y a plus
» d'Eglise. *Il y a 5 ou 600 ans* disait ce fameux frénétique à
» saint Vincent de Paul, *l'Eglise était comme un grand fleuve*
» *qui avait ses eaux claires, mais maintenant l'Eglise n'est plus*
» *que de la bourbe...* Et, en effet, vous n'avez plus ni pape ni
» évêque que vous puissiez citer en votre faveur ; vous n'avez
» aucun moyen pour perpétuer votre prétendue Eglise. C'est
» donc un fantôme et un corps acéphale que votre imagination
» entretient. Je vous ai demandé d'où vous et vos partisans
» tirez la juridiction pour administrer validement les sacre-
» ments. Vous me répondez d'une manière bien obscure. Votre
» première proposition est incontestable. *Il est certain,* en effet,
» comme vous le dites, *que la juridiction de l'Eglise ne peut être*
» *que dans l'Eglise.* Mais votre conclusion : *Donc, une Eglise*
» *formée dans l'hérésie constitutionnelle et le schisme n'étant pas*
» *la vraie Eglise, ne peut avoir chez elle la juridiction de l'Eglise,*
» ne saurait s'appliquer à l'Eglise de France. 1° Est-elle héré-
» tique? démontrez quels sont les articles de foi qu'elle rejette.
» Vous sied-il bien à vous de faire le procès à tout l'épiscopat
» français, à tout ce que notre clergé a de plus respectable par
» ses lumières et ses vertus? Etes-vous plus clairvoyant, plus
» ami de la vérité, plus zélé dans la gloire de Dieu et dans le
» salut des âmes que nos maîtres dans la foi? Quelle étrange
» présomption! — Revenons à votre raisonnement sur la juri-
» diction. *Elle est,* dites-vous, *dans cette Eglise non entachée de*
» *schisme et d'hérésie qui, pure, vierge, intacte, a demeuré tou*
» *jours fidèle, attachée, unie à la vraie Eglise et ne fait qu'une*
» *seule et même Eglise avec elle.* Voilà du beau, mon cher Sales.
» Qui ne conviendra avec vous que la vraie Eglise a demeure
» toujours fidèle, attachée, unie à la vraie Eglise et ne fait
» qu'une avec elle?... Mais avez-vous montré par là que nous
» étions entachés de schisme et d'hérésie et que nous n'avons
» point cette Eglise pure et vierge? Avez-vous montré quels
» étaient les premiers pasteurs qui vous avaient accordé cette
» prétendue juridiction que vous exercez dans différents diocè-
» ses? Qui a dû donner mission à M. Ufferte, à M. Bégué qui
» vont confesser dans les diocèses de Toulouse et d'Agen?
» Mgr de Fontange avait donné sa démission d'archevêque de
» Toulouse; Mgr de La Tour du Pin l'avait donnée de l'arche-

» vêché d'Auch. Disputerez-vous au Pape le droit d'accepter
» cette démission et celui d'établir de nouveaux évêques à leur
» place?

» Ils ont des successeurs légitimement institués. Vos prêtres,
» si zélés dans l'observance des saints canons, ont-ils eu
» égard à l'autorité spirituelle de ces nouveaux prélats? Les
» vains systèmes qu'ils ont forgé peuvent-ils les faire paraître
» innocents devant Dieu? Ne sont-ils pas coupables de la
» perte des âmes et de l'horrible profanation des sacrements?
» Vous eûtes vous-même cette juste crainte *d'exercer sans*
» *pouvoirs le saint ministère,* lorsque le pape nous eut donné
» Mgr l'Evêque d'Agen pour premier pasteur. Dans le doute,
» me disiez-vous, de la véritable juridiction, vous étiez déter-
» miné à vous réduire à l'inaction. Sans doute que les principes
» ont changé depuis cette époque.

» Pourquoi avez-vous de l'humeur contre moi, parce que j'ai
» conservé ces précieuses lettres dans lesquelles vous vous
» exprimez en prêtre éclairé et soucieux du salut de votre
» âme.

» J'ai aussi une lettre de M. Ufferte dans laquelle il me disait
» que s'il pouvait obtenir son église de Quintignaux ou comme
» chapelle ou comme oratoire, il s'engageait à la desservir
» d'après les règles. Voilà aussi un homme qui a bien varié
» dans ses principes. Je n'en suis pas surpris. Il avait signé a
» Toulouse l'acte d'adhésion à M. Primat le reconnaissant
» comme archevêque. Il niera le fait comme d'autres nient
» d'avoir été dans nos églises lorsqu'ils croient n'avoir pas été
» connus.

» Je ne fais que seconder vos vues en vous écrivant ainsi;
» puisque vous m'avez prié de vous parler en ami et de ne vous
» rien cacher. Je désire ardemment votre retour à l'unité. Vous
» croyez m'avoir terrassé et vous ajoutez qu'il n'est pas facile
» de renverser vos arguments qui me causent, dites-vous, un
» soulèvement d'épaules et me portent à rire. Non, mon cher
» Sales, je ne rirai jamais de vos égarements, je suis bien
» plutôt tenté d'en pleurer, car je vous porte dans mon cœur et
» je ne cesse de prier pour moi. Mais je vous déclare que je ne
» vous écrirai désormais que lorsque j'aurai quelque doux

» espoir d'un changement dans vos sentiments et dans votre
» conduite.

» Je suis votre très affectionné ami.

» Chabanon,
» Vicaire général, Curé.

» <i>P.-S.</i> — Vous me dites que, d'après saint Léon, vous
» distinguez le siège de Rome de celui qui l'occupe. Où le saint
» docteur établit-il cette distinction? Donnez le texte, je vous
» prie. Vous jurez <i>in verba magistri.</i> Je prends les ouvrages de
» saint Léon et je vois tout l'opposé. Je vous invite à lire toute
» la lettre qu'écrit ce saint Pape aux évêques de la province de
» Vienne.

» Agréez, cher ami...

» Ch., v. g., c. »

D'une autre lettre de M. Chabanon à M. Sales, datée du
8 juin 1828, nous extrayons :

« Une société dont les membres s'indignent de ce que l'on
» cite l'autorité du Pape, une société cachée qui n'a point
» d'évêques dont elle tienne publiquement la mission, une
» société qui se dit composée des seuls élus peut-elle être
» l'Eglise que le Dieu-Sauveur nous ordonne d'écouter? Peut-
» elle être cette Epouse chérie qu'il a choisi pour servir de
» flambeau aux savants et aux ignorants? Vous voulez que vos
» adhérents vous écoutent, mais comment leur prouvez-vous,
» étant vous-mêmes en état de rébellion contre les pasteurs de
» l'Eglise, que vous avez le droit et la mission de leur ensei-
» gner la pure doctrine? Il leur suffit de savoir le catéchisme
» pour vous répondre et vous combattre. Auraient-ils oublié
» que vous leur avez vous-mêmes enseigné que l'évêque a
» autorité dans son diocèse et le Pape dans toute l'Eglise? Ne
» vous diraient-ils pas, s'ils étaient instruits, que lors de <i>la</i>
» <i>promesse de fidélité,</i> matière qui n'était point décidée, vous
» exigiez une obéissance entière, une aveugle soumission à
» notre évêque de Lombez, ou plutôt aux ordres de M. Favier?
» Et vous croyez qu'il est permis de vous élever contre le Pape
» et contre tout le corps épiscopal? Mgr de Chauvigny n'était
» pas infaillible quoiqu'il parlât en maître pour une opinion

» qui lui était particulière avec quelques autres prélats français.
» Et vous prétendiez avec chaleur que j'étais coupable d'un
» crime énorme lorsque j'adhérai à ce qui nous était permis par
» notre premier supérieur. Les principes ne varient point.
» Pourquoi les perdez-vous si aisément de vue ?... Permettez
» à un ami de vous conseiller la lecture des immortels ouvrages
» de Bossuet, *l'avertissement aux protestants, sa conférence avec*
» *le ministre Claude, son sermon sur l'unité de l'Eglise* sont des
» chefs-d'œuvre. Je vous les offre ; vous aimez à chercher la
» vérité dans des sources aussi pures. Lisez aussi les *Varia-*
» *tions,* du même auteur. Je remarque que vous tous dissidents
» n'êtes point fixés aux mêmes règles, à la même conduite, à la
» doctrine. J'ai la certitude qu'un de vos illustres docteurs a
» décidé que nous pouvions nous sauver dans le parti que nous
» avons pris d'obéir. Les protestants n'ont-ils pas fait aussi
» cet aveu en notre faveur ? Vous-même, mon cher Sales, si je
» voulais y acquiescer, n'est-il pas vrai que vous diriez l'office
» avec moi ? et le feriez-vous si vous étiez convaincu que j'étais
» membre d'une Eglise hérétique et schismatique ? Etes-vous
» en grande sollicitude sur le salut des vôtres qui se rendent
» dans nos églises ? Avouez, mon cher, qu'il en coûte à l'amour-
» propre d'avouer que l'on s'est étrangement trompé. Le
» schisme est un des enfants de l'orgueil. Je souhaite ardem-
» ment que vous reconnaissiez la profondeur de l'abîme où
» vous êtes tombé. Je réclame de nouveau votre indulgence.
» Je suis assuré que vous pardonnerez tout à ma vive charité
» pour votre salut.
» Je suis votre très affectionné,

» CHABANON,
» *Vicaire général, Curé.* »

Troisième réponse de M. Sales à M. Chabanon, du 7 juin
1820 :

« Si ce n'était le plaisir de m'entretenir avec vous, je vous
» assure que notre correspondance sur la matière que nous
» traitons finirait là ; car enfin votre lettre, mise à l'alambic,
» que dit-elle de plus que les précédentes ? C'est toujours le
» même argument tant de fois réfuté, le Pape et toujours le
» Pape, et jamais principes. Je vais vous suivre encore dans les

» différentes manières dont vous tournez votre même argu-
» ment, mais pour la dernière fois si vous n'en avez pas d'autre
» à me porter. C'est, dites-vous, *par la voie de l'Autorité et non*
» *de celle de l'examen particulier et de la discussion que nous*
» *devons montrer notre fidélité à Dieu et à l'Eglise.* Je distingue.
» Une soumission raisonnable à l'Autorité seule infaillible de
» l'Eglise... je l'accorde; à une Autorité quelconque sujette a
» errer, je le nie. Les Libère et autres qui ont erré avaient, par
» leur qualité de chefs suprêmes de l'Eglise, la primauté d'hon-
» neur et de juridiction ; à eux appartenait cette autorité sur les
» agneaux et les mères que Bossuet exaltait avec tant de raison
» dans le Pontife romain, et que les évêques signataires des
» *réclamations canoniques* reconnaissent en lui dans cet ouvrage
» immortel. Mais tous ces privilèges attachés à la Chaire de
» Pierre empêchèrent-ils le grand Athanase et les autres
» prêtres de Rome de demeurer séparés de celui qui occupait
» cette Chaire; tant que celui-ci demeura uni à la communion
» des Ariens. Ecoutez là-dessus Bossuet (déf. de la décl.). *En*
» *se séparant du Pape Libère, les prêtres de Rome n'en étaient*
» *pas moins dans le sein de l'Eglise catholique et du Saint-Siège.*
» Notez bien ces paroles qui vous montrent cette distinction
» dont vous ne voulez pas, entre le Saint-Siège et la personne
» qui l'occupe. *Aliud sedes, aliud præsidentes,* dit saint Léon,
» vous redis-je encore, quoique vous me l'ayez nié.

» Mais convient-il, continuez-vous, d'assimiler Pie VII aux
» Libère, aux Honorius ?... Voici les faits de part et d'autre. et
» jugez vous-même. Que la formule de Sirmium signée par
» Libère soit évidemment hérétique ou non, ce n'est pas la
» question. Le fait certain est que d'un côté Libère fut long-
» temps en communion avec Ursace, Valens, Germanicus et
» autres Ariens ; qu'Honorius vécut et mourut dans la commu-
» nion de Sergius, Cyrus, Paul et Théodore, partisans des
» Monothélites, et qu'après sa mort il fut anathématisé par le
» troisième concile général de Constantinople, comme fauteur
» de l'hérésie. D'autre part, il est certain que Pie VII est en
» communion avec les Lacombe, les Lecoz, les Primat, les
» Raymond, les Delmas et consorts, infectés de l'hérésie consti-
» tutionnelle. Qu'il les a même institués évêques sans aucune
» rétractation préalable de leur serment hérétique, que cette

» rétractation que le légat du Pape leur avait demandée a été par
» eux constamment refusée. Vous connaissez tous ces faits, ils
» sont certains, et il est impossible de les nier. Comparez
» maintenant et jugez.

» Passons à cette dénomination de schismatique sur laquelle
» vous revenez et qui vous offusque. Elle n'est pas, j'en con-
» viens, bien flatteuse pour celui qui se prétend catholique;
» mais il ne suffit pas de s'en offusquer, il faut ne pas la mériter·
» Et voici comment vous prouvez que vous ne la méritez pas.
» *J'avais compris jusqu'à ce jour*, dites-vous, *que le schisme consis-*
» *tait dans la séparation du Souverain Pontife, en ne communi-*
» *quant pas avec lui.* Je suis fâché pour vous, mon cher, que
» vous eussiez jusqu'ici si mal compris. Saint Athanase, saint
» Hilaire étaient séparés du Souverain Pontife et ne communi-
» quaient pas avec lui; ils n'en étaient pas moins, dit Bossuet,
» dans le sein de l'Eglise et du Saint-Siège; ils n'étaient donc
» pas schismatiques. C'était le Pape lui-même qui était tombé
» dans le schisme et l'hérésie.

» Vous me demandez de vous donner *une notion claire et*
» *précise du schisme.* La voici telle que vous l'avez apprise
» comme moi dans la théologie. Le schisme est la séparation
» de l'unité de l'Eglise. On devient schismatique quand on sort
» de l'unité. Voilà ce que vous faites par votre communion avec
» les constitutionnels. Pour tant que vous répétiez que vous
» admettez tous les dogmes de foi, je vous répéterai moi aussi
» que par cette seule communication *in divinis* avec les héréti-
» ques, on sort de l'unité de l'Eglise. Voilà le schisme. Les
» évêques intrus comme les prêtres et tous ceux qui sont sous
» leur houlette, voilà les schismatiques. Vous m'avez supposé
» dans un embarras cruel (ce sont vos paroles) pour justifier la
» justesse de cette dénomination de schisme donnée avec
» raison à votre Eglise, et vous voyez que d'après les théolo-
» giens cette justification n'est pas très embarrassante.

» J'ai répondu, je crois, à tous les articles de votre lettre, et
» il me semble qu'ils sont assez complètement réfutés. Il me
» reste à vous renouveler les sentiments, etc...

» SALES,

» *Prêtre catholique.* »

Quatrième réponse de M. Sales à M. Chabanon, 10 juin 1820.

« Mon cher C...,

» Ma lettre était écrite lorsque je reçus hier au soir la note
» du 8 du courant. Comme elle ne me donne rien de nouveau,
» ma réponse ne sera pas bien longue.

» J'approuve et j'admire avec vous tout ce que vous me dites
» de vrai et de beau en faveur de la véritable Eglise. Seulement
» il vous reste à prouver que l'Eglise, dans laquelle entrent les
» constitutionnels hérétiques et les intrus, est cette véritable'
» Eglise de Jésus-Christ. C'est néanmoins le nœud de la
» question.

» Vous me dispenserez de revenir sur le zèle que vous avez
» montré dans le temps en faveur de *la promesse de fidélité*, et
» sur votre désobéissance à Mgr de Chauvigny, votre évêque
» légitime, lorsque vous l'avez faite cette promesse et que vous
» avez engagé tant d'autres à la faire. Tout ce qu'il y aurait à
» dire là-dessus est étranger à ce qui fait l'objet de la discussion
» présente. Je connais les ouvrages de Bossuet ; j'ai lu l'histoire
» des *Variations*, sa *Conférence avec le ministre Claude*, etc., et
» je n'y ai rien trouvé en faveur de votre Eglise de 1801.

» Je suis surpris que vous me citiez son sermon sur l'unité,
» vous à qui j'ai prouvé que par votre communion avec les
» constitutionnels vous êtes sorti de cette unité et vous n'avez
» pas réfuté ma preuve.

» Oui, vous avez raison, le schisme est un enfant de l'orgueil
» et il en coûte à l'amour-propre de revenir sur ses torts. C'est
» au bon Dieu à faire l'application de ces vérités, je la lui
» laisse. Il jugera le peuple qui se rend dans vos églises comme
» le prêtre qui les y appelle, et ce n'est pas à moi à les juger.
» Sans juger ni l'un ni l'autre, je crois bien fermement que si
» la foi du charbonnier peut excuser le simple fidèle, elle ne
» suffit pas pour justifier le prêtre qui connaît ou doit connaî-
» tre les principes et les règles d'après lesquels il doit se
» conduire.

» Je suis votre,

» SALES,
» *Prêtre catholique.* »

Cinquième lettre de M. Chabanon à M. Sales, 13 juin 1820 :

« Mon cher S..,

» Je suis convaincu que vous avez lu les ouvrages de Bossuet
» dont je vous avais parlé. Vous le dites, je ne puis en douter.
» A votre occasion, je suis revenu a cette lecture intéres-
» sante.

» Par quelles armes le grand homme combattait les protes-
» tants? Par l'autorité de l'Eglise. Il dépeint cette Eglise
» différemment que vous. Elle a des pasteurs visibles, assistés
» de l'Esprit-Saint; elle a un chef, le Pape, pour lequel il
» témoigne un peu plus de vénération que vous n'en avez pour
» Pie VII. Il n'a point vos systèmes. Ecoutez ce qu'il dit ou
» combattez sa doctrine par des preuves plus solides.

» Il n'est permis dans aucun instant, dit-il, de se séparer de
» la soumission apostolique, puisque ce serait se séparer de
» Jésus-Christ qui nous assure qu'Il est toujours avec elle. Et
» si notre Eglise, qui a avec elle le Pape et les évêques. n'est la
» vraie, comment la vôtre pourrait-elle l'être? Où sont chez
» vous les caractères de l'Eglise de Jésus-Christ? Votre
» Eglise est-elle une, sainte, catholique, apostolique et
» romaine?...

» Que l'on ne s'étonne pas, dit Bossuet, de voir sortir du sein
» de l'Eglise des *esprits contentieux, qui sauront lui faire un*
» *procès de rien*, ou des *curieux qui pour paraître plus sages*
» *qu'il ne convient à des hommes, voudront tout entendre, tout*
» *mesurer à leur sens,...* Pardonnez-moi, mon cher Sales, si je
» vous reconnais parfaitement dans ce tableau.

» Bossuet dit encore : Pierre portera partout avec lui la foi
» de toute l'Eglise. L'Eglise romaine enseignée par Pierre et
» ses successeurs ne connaîtra point d'hérésie, et sera pure de
» toute erreur. C'est Jésus-Christ qui l'a dit, le ciel et la terre
» passeront plutôt que sa parole... Que dites-vous, mon cher
» Sales, le disputerez-vous en science et en vertu avec l'immortel
» auteur dont je vous cite l'autorité? Direz-vous que c'est votre
» Eglise qui est pure et vierge, n'est-elle pas plutôt la chaire de
» pestilence, qui ne peut subsister ni avoir de succession
» auprès de la Chaire de Vérité?... La charité pour votre salut
» fait que je vous fatigue. Si elle vous déplaît, j'espère que Dieu

» me récompensera des efforts que je fais pour vos intérêts les
» plus précieux.

» Je suis votre tout affectionné ami,

» CHABANON,

» *Vicaire général, Curé.* »

Réponse de M. Sales à la cinquième lettre de M. Chabanon
du 13 juin 1820 :

« Mon cher Chabanon,

» Vous m'avez mal compris, si vous avez cru que je désirais
» de mettre fin à notre correspondance. Je ne l'ai ni dit ni
» pensé. Seulement, je vous ai dit dans ma lettre du 6 du
» courant que si vous n'aviez d'autres arguments à me porter
» en faveur de votre cause que le même argument toujours
» répété, autant de fois répondu et, j'ose le dire, victorieuse-
» ment réfuté ; que, dans ce cas, notre correspondance sur cet
» objet devait finir là, quelque plaisir que j'aie d'ailleurs à
» m'entretenir avec vous. Les raisons que je vous ai données
» en ma faveur sont prises dans les vrais principes. Suivez-les
» donc ces raisons, réfutez-les s'il y a lieu. Si mes principes ne
» sont pas ceux que vous avez appris vous-même, ceux que
» l'Eglise a constamment enseignés, montrez-moi mon erreur,
» alors je continuerai avec autant de plaisir que d'intérêt votre
» correspondance qui, en m'éclairant, me deviendra utile.
» Mais jamais, dans aucune de vos lettres, vous n'avez pris
» cette manière de répondre. Dans la dernière du 13 du
» courant, je trouve l'éloquence sentimentale qui, sans doute,
» me fait admirer vos talents, mais qui ne m'instruit ni me
» convainc. Vos passages de Bossuet sont du beau, mais vous
» en faites une fausse application. La preuve que vous vous
» êtes trompé quand vous avez cru me reconnaître dans le
» tableau tracé par le grand homme, c'est ce qu'il dit des
» prêtres de Rome qui, en se séparant du Pape Libère, n'en
» étaient pas moins dans le sein de l'Eglise et du Saint-Siège.
» Lisez dans l'original le passage que je vous ai cité dans une
» de mes dernières lettres. Expliquant ainsi Bossuet par
» Bossuet, vous serez plus juste dans votre application pour la
» donner à qui de droit.

» Réfutez-moi donc, et ne vous contentez pas *de comparai-*
» *sons blessantes, d'ironies moqueuses* auxquelles je me dispense
» de répondre comme n'étant pas des raisons, et ces grands
» mots, épouvantables pour l'ignorance populaire, *de société*
» *acéphale,* d'*Eglise invisible*... L'Eglise qui a fait des saints
» comme saint Athanase, saint Hilaire, etc., n'est ,pas une
» société acéphale.

» Séparés de la communion du Pape Libère, ces grands
» docteurs le reconnaissaient néanmoins pour le Chef de
» l'Eglise. Je reconnais aussi dans Pie VII le Souverain Pon-
» tife, le successeur légitime de Pierre, chef du Corps apostoli-
» que, et lui rends en cette qualité l'honneur, le respect, la sou-
» mission que les canons et les saintes règles exigent de tout
» enfant fidèle. Votre qualification de *société acéphale* n'est donc
» pas bien trouvée. Celle d'*Eglise invisible* n'est pas mieux
» réussie, à moins de vous être formé une idée fausse de la
» visibilité de l'Eglise, comme vous l'avez fait du schisme. Vous
» saviez qu'elle ne consiste pas précisément dans son culte
» extérieur. Dans les premiers siècles, l'Eglise était visible, et
» c'était dans les caves et les catacombes qu'elle accomplissait
» les cérémonies de son culte. J'en dirai autant des fidèles qui
» sont demeurés fermes dans la foi en Suède, en Danemark,
» dans les différentes contrées d'Allemagne, lorsque le protes-
» tantisme vint y prendre la place de la religion de Jésus-
» Christ. et même de toute l'Asie, le berceau de la religion
» lorsqu'elle y fut renversée par les armes de Mahomet. En
» quoi consiste donc cette note de la véritable Eglise ? Elle
» consiste en ce que l'unité de la foi, la participation aux sacre-
» ments, la succession canonique de ses pasteurs sont telle-
» ment visibles, que par là elle peut être aisément connue et
» distinguée de toutes les sectes, non seulement par les enfants
» de la maison, mais par les étrangers.

» Or, je prétends vous démontrer que cette note appartient à
» notre société, et qu'elle ne peut convenir à la vôtre. Celle-ci
» est nouvelle. Vous n'êtes que de hier, peut-on vous dire avec
» autant de raison que Bossuet le disait aux protestants; votre
» origine date du Concordat, et de là vous est venu le nom
» d'Eglise concordataire. La nôtre, au contraire, est toujours
» aussi ancienne; elle n'a pas changé de nom, c'est toujours

» l'Eglise catholique. Avant le Concordat, nous étions réunis.
» Votre Eglise et la nôtre n'en faisaient qu'une. L'une des deux
» s'est séparée; qu'elle est-elle ? N'est-il pas visible que vous
» vous êtes réunis aux constitutionnels, et que nous n'en avons
» pas voulu ? N'est-il pas visible que vous vous êtes mis sous la
» houlette des intrus et que nous avons suivi celle de nos
» anciens et légitimes pasteurs ? N'est-il donc pas visible que
» nous sommes restés dans l'unité, et que vous n'y êtes plus ?...
» Je vous défie de détruire ces deux points. En acceptant ce
» défi, vous travailleriez plus a me convaincre que par vos
» lamentations sur ma triste position et sur mon entêtement
» dans ce que vous appelez la mauvaise voie. Vous me montre-
» riez mieux aussi le désir que je crois que vous avez de mon
» salut, que par ces expressions tendres auxquelles je suis sans
» doute bien sensible, mais qui seules ne doivent opérer aucun
» changement de conduite. Par là je connaîtrai que vous avez
» pour moi les sentiments d'amitié que je vous porte moi-même.

» Je suis votre, etc.,

» SALES,
» *Prêtre catholique.* »

Sixième lettre de M. Chabanon à M. Sales, 23 juin 1820.

» Mon cher Sales,

» Vous me dites dans votre lettre d'hier que votre dessein
» n'a pas été de me dire que notre correspondance vous était·à
» charge. Quoiqu'il en soit, je crois devoir cesser une contro-
» verse qui devient inutile pour vous et qui me dérobe un
» temps que je dois consacrer à une occupation pressante
» ajoutée à mille autres auxquelles je suis assujetti par ma
» charge de pasteur et de surveillant des autres églises.

» Vous tirerez tout le parti que vous voudrez du silence que
» je vais garder envers vous; vous vous en glorifierez, peu
» m'importe; vous publierez sur les toits que je n'ai pas su
» répondre à vos arguments; vous demeurerez attaché à votre
» rébellion contre l'Autorité sainte que Jésus-Christ vous
» ordonne d'écouter; vous interprèterez mieux que tout l'épis-
» copat et le clergé français les canons de l'Eglise et les droits
» du Souverain-Pontife; vous aurez à vous seul la clef de la

» science et la perfection de la vertu ; vous vous attacherez à
» une prétendue Eglise visible, sans pape et sans évêque, et
» par là vous unirez à la trop célèbre église d'Utrech ; vous
» nous considérerez comme des hérétiques et des schisma-
» tiques et vous seuls aurez le droit de vous qualifier du titre
» glorieux d'enfants de la véritable Eglise. Votre jugement et
» vos anathèmes ne nous humilient pas ; vos excès, vos propos
» et votre conduite nous rendront plus fidèles à la foi que nous
» professons. Permettez à un ami de vous donner quelques
» avis en finissant. Pourquoi récitez-vous l'office avec des
» prêtres qui, comme moi, sont entachés de schisme et d'hé-
» résie ? Pourquoi ne vous opposez-vous pas à ce que vos
» parents et vos amis se rendent dans nos églises ? Pourquoi
» ne dites-vous pas à vos consorts qu'aujourd'hui il ne faut pas
» écouter l'Eglise ? Que n'êtes-vous dans un état qui me
» permette de réclamer le secours de vos prières ? Dans l'espoir
» de votre prompt retour à la vérité,

   » Je suis et serai toujours, mon cher ami, votre tout
» affectionné,

                              » CHABANON,
                          » Vicaire général, Curé. »

Réponse de M. Sales à la lettre précédente de M. Chabanon,
23 juin 1820 :

   » Mon cher Chabanon,

   » Je regrette pour vous le temps que vous a dérobé cette
» controverse. Si elle a été inutile pour moi, je vous ferai
» observer que cela ne vient pas de ma faute, mais de la vôtre.
» Pourquoi n'avez-vous pas accepté le défi que je vous ai donné
» et réitéré plusieurs fois ? Je vous ai dit que vous étiez réunis
» aux constitutionnels, que les constitutionnels n'avaient pas
» fait de rétractation de leur serment lorsque vous vous êtes
» réunis à eux. M'avez-vous prouvé le contraire ? Je vous ai dit
» que vous étiez sous la houlette de pasteurs qui avaient pris
» la place d'évêques vivants, non démis, non jugés et que,
» d'après les canons, des remplaçants de cette nature ne sont
» pas les seconds évêques, mais qu'ils sont nuls. Dans aucun
» de ces points qui entachent tant votre société, pouvez-vous
» m'accuser de faux ? Vous n'avez pas même essayé une réponse

» là-dessus. Votre non-réclamation devenant dans la circons-
» tance un consentement implicite, suivant l'axiome *qui tacet*
» *consentire videtur*, ce silence lui-même m'absout et vous
» condamne. Mais, du reste, je ne vous glorifierai pas ni de
» mon triomphe ni de votre défaite, vous n'avez pas à le
» craindre. C'est véritablement la seule gloire de Dieu et notre
» salut que je désire, et dès lors je le remercierai de m'avoir
» soutenu dans la bonne voie et vous plaindrai de ne pas y être
» et c'est tout. Si cependant quelqu'un me demandait pour son
» instruction de leur faire part de notre correspondance, l'ayant
» en entier sous la main dans vos lettres et la copie de mes
» réponses, je n'hésiterais pas de la lui donner à lire, et sans
» doute vous n'en seriez pas fâché, comme je ne le serais pas
» non plus si de votre côté vous en faisiez autant. En voyant
» par lui-même les raisons de part et d'autre, le lecteur connaî-
» trait mieux la parti de la vérité et la suivrait. Le gain d'une
» âme à l'Eglise n'est pas chose indifférente.

» Les *ironies moqueuses* sont l'apanage de l'erreur; la vérité
» ne prend pas ces moyens de défense. Votre lettre en est
» pleine, et pourquoi ? C'est bien à pure perte. Je vous l'ai dit,
» ce ne sont pas des raisons, et je n'y répondrai pas. Si vous
» m'aviez parlé le langage de la raison et de la charité, vous
» m'auriez trouvé disposé à vous écouter et à me rendre.

» Je suivrai les avis que vous me donnez en finissant votre
» lettre, parce qu'ils sont justes et conséquents, sauf pourtant
» celui de *dire à mes consorts que l'Eglise ne doit plus être*
» *écoutée aujourd'hui*. Je pense que ce n'est pas pour tout de
» bon que vous me donnez ce dernier avis, et qu'il est une suite
» de vos plaisanteries et de votre humeur railleuse.

» Sérieusement parlant, je crois qu'il faut plutôt *leur dire à*
» *mes consorts*, qu'en pensez-vous ? « *L'Eglise de Jésus-Christ*
» *n'est pas comme les sectes, variant dans sa doctrine. Ce qu'elle*
» *a enseigné et pratiqué, elle l'enseigne aujourd'hui, elle l'ensei-*
» *gnera jusqu'à la fin des temps. Jusqu'ici vous l'avez écoutée et*
» *suivie cette doctrine sainte; ne déviez jamais de ses saintes*
» *règles, demeurez-y fidèles jusqu'à la mort.* » Voilà les avis que
» je leur donnerais au besoin. Je me les donne à moi-même.
» Je prends la liberté de vous les adresser aussi parce qu'en les
» suivant également, nous serions l'un et l'autre dans un état à

» pouvoir réclamer avec confiance le secours mutuel de nos
» prières.

» Je suis toujours et serai quand même votre ami très
» dévoué.

26 juin.   » SALES,

» *Prêtre catholique* [1] ».

---

[1] Il n'est pas inutile de faire savoir au lecteur que ces lettres de
M. Chabanon et de M. Sales ne sont que des copies trouvées à Saint-
Criq, dans une ancienne maison d'Illuminés et qui paraissent avoir été
classées avec soin par l'un d'eux. Mais ont-elles été reproduites avec
une fidélité scrupuleuse? N'y a-t-il eu aucune altération dans le texte?
Imbu de l'esprit de secte, le copiste a-t-il été d'une impartialité irréprochable? N'a-t-il pas cherché plutôt à affaiblir les arguments renfermés
dans les lettres de M. Chabanon et à fortifier de toutes manières les
sophismes de son adversaire pour lui donner le beau rôle? C'est un
soupçon que le ton triomphant de la dernière lettre de M. Sales ne
saurait détruire.

Cette correspondance, qui paraîtra longue et ennuyeuse à plus d'un
lecteur, n'est pourtant que le résumé de plusieurs énormes cahiers
d'une écriture bien serrée donnant la matière d'un gros volume. Nous
avons supprimé d'interminables extraits des Pères et des Conciles,
dans lesquels le prêtre rebelle cherchait en vain la justification de sa
conduite. Nous avons retranché aussi des lettres de M. Chabanon, des
longueurs et quelques redites. Mais si cette correspondance n'est pas
reproduite intégralement, ce que nous en faisons connaître est cité
textuellement, sans la moindre altération dans le sens ni même dans
l'expression, voulant que le lecteur puisse, autant que possible, se
donner une idée exacte de chacun des deux adversaires, de leur caractère, de la portée et de la tournure de leur esprit, de la force de leur
logique.

CHAPITRE X

Depuis la mort de Mgr de Chauvgny, les prêtres illuminés
continuaient de prendre les ordres de M. Lucrès. Mais celui-ci
de qui tenait-il ses pouvoirs ? et au nom de qui prétendait-il
administrer le diocèse ? Les lettres que nous avons citées se
taisent absolument sur ce point. Le *mémoire des prêtres de
Gimont*, daté de 1818, n'en parle que d'une manière mysté-
rieuse, affirmant qu'*ils reçoivent leurs pouvoirs d'une source
sûre, mais que les circonstances empêchent de faire connaître*. Les
lettres que nous allons reproduire vont nous éclairer sur cette
question.

Le 28 février 1806, un an après la mort de Mgr de Chauvigny,
Mgr de Béthisy. évêque d'Uzès [1], écrivait de Londres à un
grand vicaire de Lombez (M. Lucrès). Nous empruntons cette
lettre ainsi que les suivantes à l'ouvrage du P. Drochon :

» J'ai reçu votre lettre du 24 décembre. et j'y trouve cet esprit
» de zèle, d'ordre et de justesse qui caractérise le vrai pasteur;
» elle m'a édifié et consolé. J'espère que la Miséricorde divine
» n'a pas abandonné notre infortunée patrie, quand je vois
» qu'elle nous conserve de tels coopérateurs, et qu'elle entre-
» tient de son feu divin cette ardeur apostolique qui vous
» anime. Je me suis empressé de faire partager à mes collègues

---

[1] Henri de Béthisy, né à Amiens en 1744, était évêque d'Uzès depuis
1780. Réfugié en Angleterre, il ne revint en France qu'en 1814, et lorsque ses collègues donnèrent leur démission, M. de Béthisy rédigea la
sienne en termes si ambigus qu'elle ne fut pas acceptée. Il retourna
à Londres où il mourut subitement le 18 août 1817. Il avait remplacé
Mgr de La Marche, évêque de Léon, mort en 1807, dans la distribution
des secours aux émigrés.

» cette consolation. Ils ont senti comme moi que nous devions
» faire tout ce qui dépendrait de nous pour aider un zèle si pur,
» si actif et si utile que le vôtre. Je pense avec eux que *vous*
» *pouvez et devez exercer par continuité jusqu'à ce que vous ayez*
» *été légitimement remplacé.* J'adopte tout ce que vous me dites
» pour appuyer l'opinion contraire; mais je n'en adopte pas
» l'application. Ces règles et ces décisions sont pour les temps
» ordinaires; mais dans des temps comme celui-ci, le principe
» qu'il faut que l'Eglise de Dieu soit gouvernée toujours et sans
» interruption, le motif de la loi de la charité qui, comme vous
» le dites si bien, remplace la loi canonique, quand l'exécution
» de celle-ci est impossible, tout cela réuni nous fait persister à
» *croire que, par exception, vu les circonstances, les pouvoirs*
» *continuent jusqu'à ce que d'autres pouvoirs légitimes viennent*
» *les remplacer.* Tout ce que vous me dites de saint Eusèbe de
» Samosate, le passage si fort de saint Cyprien, trouvent là
» leur application.

» † HENRY-BENOIT,
» Evêque d'Uzès. »

A la date du 4 mars 1806, c'est Mgr Seignelai de Colbert [1], évêque de Rodez, qui écrit de Londres à M. Lucrès :

« Votre lettre du 24 décembre a Mgr d'Uzès a été vue et
» considérée dans l'assemblée des évêques de l'Eglise gallicane
» actuellement à Londres, et je viens vous communiquer la
» détermination qui a été prise à cette occasion.

» Attendu la difficulté ou plutôt l'impossibilité absolue où
» nous sommes d'exercer par nous-mêmes le ministère sacré
» dans tous les pays qui se trouvent sous notre juridiction, il

---

[1] Mgr Seignelai de Colbert, d'origine écossaise, né à Gast-le-Mill, en 1734, d'une famille chassée par la persécution et qui s'était réfugiée en France. D'abord vicaire général de Toulouse, il fut nommé évêque de Rodez en 1781. Elu député à l'Assemblée nationale, il se rangea du côté du Tiers-Etat. De concessions en concessions, il allait adhérer à la Constitution civile du clergé, quand un de ses prêtres, M. Malrieu, l'arrêta sur la pente du schisme. Il ne l'évita que pour tomber dans un autre. Ses lettres comme sa conduite prouvait bien que c'était un homme sans principes et sans aucune connaissance théologique. Il partit pour l'Angleterre d'où il ne revint plus. Il mourut en 1811.
Nous empruntons cette lettre ainsi que les suivantes au P. Droehon.

» est devenu nécessaire d'y établir des hommes capables et
» éprouvés pour tenir notre place et exercer nos pouvoirs.

» Et à qui pourrions-nous nous adresser, Monsieur, qu'à vous
» qui avez déjà donné à l'Eglise de Dieu et à votre patrie tant de
» preuves de votre zèle, de votre prudence et de la conduite la
» plus exemplaire? En nous joignant au tribut d'estime
» d'éloges et de confiance que vous méritez et que vous a si
» bien exprimé notre respectable collègue M. d'Uzès, nous
» nous réunissons pour vous offrir et vous prier d'accepter
» *tous nos pouvoirs ordinaires et extraordinaires.*

» † Seignelai.

» *Evêque de Rozès.* »

Le 30 juillet suivant, le même évêque écrivait d'Edimbourg à
M. Lucrès :

» Vous me demandez ce que j'entends par les *pouvoirs*
» *extraordinaires* que je vous ai accordés par ma lettre du
» 4 mars. J'ai entendu ajouter à ceux qu'il a dépendu de moi de
» vous conférer, soit comme évêque de Rodez, soit comme
» évêque appelé par la nécessité des circonstances au soin et
» au gouvernement de la province que vous habitez, d'ajouter,
» dis-je, tous les *pouvoirs extraordinaires, en quoi qu'ils puissent*
» *consister, que nous avait conférés Pie VI,* de glorieuse
» mémoire, *avec faculté de les communiquer à votre tour et d'en*
» *déléguer d'autres.*

» Si tous les *prêtres catholiques se trouvaient déportés dans*
» *quelqu'une des îles françaises où il n'y a ni évêques, ni vicaire*
» *général, ni ministres fidèles, ils pourraient (et moi à cause de*
» *la nécessité des circonstances je leur en accorde le pouvoir)*
» *exercer toute juridiction spirituelle.* Je les invite à cet acte de
» charité, et au *nom de l'Eglise gallicane je les y autorise,* et
» unis mes vœux aux leurs pour que la vérité prospère par
» leurs efforts, soutenus par la grâce d'En-Haut, et que ceux
» qui ont eu le malheur de s'écarter des vrais principes, y
» retournent promptement et rendent gloire à Dieu de ce chan-
» gement.

» † Seignelai,

» *Evêque de Rodez.* »

Dans une autre lettre de ce même évêque à M. F..., à Pamiers, nous trouvons :

« M. Lucrès a bien mérité de l'Eglise de Dieu en travaillant
» d'abord sous les ordres et d'après les avis de Mgr de Chau-
» vigny de Blot, évêque de Lombez, ensuite sous l'autorité de
» Mgr Dillon, archevêque de Narbonne, qui le remplaça.
» Aujourd'hui c'est moi, évêque de Rodez, qui, d'après le désir
» de mes collègues, suis chargé de vous donner les mêmes
» soins que vous avez reçus jadis de mes deux illustres et
» vénérés prédécesseurs. Faites part à M. Lucrès des disposi-
» tions que contient à votre égard et à l'égard du Chapitre de
» Pamiers ma présente lettre, que je vous prie de lui faire lire
» d'un bout à l'autre, en vous unissant à lui pour le plus grand
» bien du troupeau de Jésus-Christ. S'il survient des points sur
» lesquels vous ayez besoin d'être éclairés, mettez ces points
» par écrit dans un exposé clair et succinct, et communiquez le
» tout aux évêques résidents à Londres. Ces prélats vous
» répondront, et il faudra vous en tenir simplement a leur
» décision, que vous devez régarder comme celle de toute
» l'Eglise gallicane. Mais gardez-vous de confondre cette Eglise
» sainte avec l'assemblée impie des évêques et des prêtres que
» l'on décorait dernièrement du nom de l'Eglise de France et
» qui n'en a ni les caractères, ni les droits, ni aucun des
» principes. Cette prétendue Eglise a pour auteur le pape
» Bonaparte et son grand vicaire Portalis, et les ministres
» ignorants ou pusillanimes du pauvre Pape Pie VII.

» † Seignelai,
» *Evêque de Rodez.* »

A cette même date de janvier 1810, Monseigeur de Rodez écrivait à M. Lucrez :

« N'ayez aucune communication spirituelle avec les héréti-
» ques et schismatiques notoires, ni avec ceux qui les favori-
» sent. Cela ne vous oblige pas à rompre la paix extérieure
» avec eux, retenez pour eux les sentiments et le langage de la
» bienveillance et de la charité que Dieu nous recommande
» envers tous les hommes, même nos ennemis. Donnez une
» attention plus particulière à ceux qui témoigneraient un
» désir de conversion. Gardez-vous de reconnaître comme vrais

» pasteurs ces prêtres ou évêques qui sont répandus dans le
» royaume et que l'on a voulu décorer du nom d'Eglise, soit
» consulaire, soit concordataire, soit qu'on la désigne de toute
» autre façon. Ce sont les productions de l'esprit des ténèbres
» enfantées par la Révolution française, nées de l'impiété,
» fomentées par l'orgueil, l'ambition, l'avarice, la cupidité, par
» toutes les passions combinées d'un autre côté avec l'igno-
» rance, la mauvaise foi, l'oubli des règles, le mépris des prin-
» cipes et tout ce qui produit et entretient le désordre. Une
» main profane a tout envahi; la cité sainte est la proie des
» incirconcis; ses défenseurs ont été obligés de prendre la
» fuite, et son chef lui-même n'a pas tenu contre la crainte et
» la séduction les ruses et la perfidie de l'homme injuste et
» puissant. Nous sommes des soldats épars qui combattons
» encore pour la défense du camp d'Israel; et que pouvons-
» nous contre tant et de si formidables adversaires qui se sont
» soulevés contre le Christ et son Eglise et ont sacrifié à un
» vil intérêt leur honneur, leur conscience, leur roi et leur
» Dieu? C'est avec de pareils hommes que nous vous inter-
» disons toute communication dans les choses spirituelles,
» c'est de tels pâturages qu'il faut détourner le troupeau de
» Jésus-Christ.

» Adieu, Monsieur, rendez justice aux sentiments de con-
» fiance, d'estime et d'attachement avec lesquels j'ai l'honneur
» d'être votre très humble et très obéissant serviteur.

> » † Seignelai,
> » *Evêque de Rodez.* »

Ces lettres nous font connaître les hommes qui, après la
mort de Mgr de Chauvigny, s'arrogèrent la juridiction dans
l'ancien diocèse de Lombez, et de qui M. Lucrès prétendait tenir
les ordres. Les évêques français résidant à Londres, d'où ils prétendaient gouverner toute l'Eglise, se regardant comme la seule
autorité légitime, désignèrent, sans doute par respect pour son
âge, le vénérable archevêque de Narbonne, Mgr Dillon. Celui-ci
n'ayant survécu que peu de temps à Mgr de Chauvigny, c'est
Mgr de Seignelai de Colbert qui fut délégué pour le remplacer,
et nous venons de voir dans les instructions données à son
vicaire général avec quelle désinvolture il ne craignait pas

de lui donner des pouvoirs contraires à toutes les lois de l'Eglise.

Dans une autre lettre datée de Londres, sans date et sans signature, mais évidemment de cette époque, nous lisons :

« Il est de notoriété publique, tant en France qu'à la cour de
» Rome, que nos évêques non-démis n'eurent pas plutôt appris
» que le légat courtisan, traître à son maître comme à son Dieu,
» avait donné l'institution à *14 constitutionnels* notoirement
» contumaces, s'empressèrent d'en instruire Pie VII et de
» lui déclarer qu'ils avaient repris le plein exercice de leur
» juridiction qui n'avait pu leur être ravie. Ils firent plus ces
» vénérables exilés, à l'exemple de tant de saints prélats parti-
» culièrement de saint Athanase, à la vue du mal qui allait
» croissant, forts de leurs droits et de leurs devoirs, ils prirent,
» conformément aux saints canons, le gouvernement des
» diocèses vacants ou occupés par des constitutionnels contu-
» maces. C'est ainsi qu'après en avoir conféré avec ses collè-
» gues d'Angleterre, Mgr de Chauvigny, en sa qualité de
» suffragant de Toulouse, prit le gouvernement de cette Métro-
» pole dont il chargea M. Lucrès, son vicaire général à Lombez,
» qui reçut une semblable commission de Mgr Richard Dillon
» pour la Métropole de Narbonne, et, le cas échéant, pour
» toute la Gaule Narbonnaise.

» Après la mort de Mgr de Chauvigny, Mgr Dillon, à qui,
» disait-on, d'après les lois canoniques et la pratique de
» l'Eglise, était dévolu le gouvernement de la Métropole de
» Toulouse, *voulut à cause de son âge se décharger, par acte*
» *public passé à Londres, sur Mgr Seignelai de Colbert, évêque*
» *de Rodez,* qui continua à M. Lucrès tous les *pouvoirs ordi-*
» *naires et extraordinaires* dont Mgr de Chauvigny l'avait
» investi, avec la faculté de *se substituer un sujet* digne de la
» confiance des évêques, ce que M. Lucrès a fait dans la
» personne du pieux et savant abbé de La Roche-Aymon,
» ancien vicaire général de La Rochelle, qui a refusé l'arche-
» vêché de Reims et deux autres sièges, ainsi qu'une pension
» de 15,000 livres. »

Nous avons vu une circulaire adressée aux fidèles de *l'ancien diocèse et métropole de Toulouse (les sièges vacants)* par M. l'abbé

de La Roche-Aymon, *qui signe administrateur spirituel de toute*
la province et qui se donne comme le successeur de feu M. l'abbé
Lucrès qui, lui-même, tenait ses pouvoirs de nos anciens et
légitimes évêques restés fermes, inébranlables sur leurs sièges,
dans la succession non interrompue des apôtres jusqu'à ce temps
présent des plus épouvantables nouveautés.

Quel charabia ! Le style vaut la doctrine. Cette curieuse
pièce est imprimée sans date, mais elle est postérieure à 1822,
puisque M. Lucrès n'était plus.

Depuis le mois d'avril 1820, le siège de Toulouse était occupé
par Mgr de Clermond-Tonnerre, ancien évêque de Châlons-sur-
Marne. Ce prélat qui avait pour devise *Etiamsi omnes, ego non,*
tout en blâmant la conduite des Illuminés, semblait admirer
leur courage, et dans l'espoir, sans doute, de ramener au
bercail ces pauvres égarés, il en parlait en ces termes dans une
de ces premières lettres pastorales :

« Tandis que la très grande majorité du clergé de France et
» le Souverain Pontife lui-même cédaient à la terreur imprimée
» par le tyran persécuteur de l'Eglise, ce petit nombre de
» prêtres et de fidèles s'est montré inaccessible à l'épouvante
» commune qu'il a traitée de faiblesse et de prévarication. Le
» tyran a commandé le mépris des saints canons et de la disci-
» pline générale et essentielle de l'Eglise, même des décisions
» dogmatiques ; il a voulu l'amalgame avec les hérétiques que
» l'Eglise a toujours condamné, la révocation de la plus géné-
» reuse et de la plus essentielle confession de foi, la censure de
» nos innombrables martyrs et l'approbation de tous les anciens
» et nouveaux bouleversements. Il a été obéi par tous, excepté
» par cette poignée d'hommes invincibles. Ils avaient d'abord à
» leur tête un corps de près de quarante évêques. Mais, lorsque
» de ces évêques les uns sont morts et les autres les ont aban-
» donnés, ces prêtres n'ont pas encore cédé. Voyant toujours
» dans nos rangs les hérétiques, quoique seuls sur la brèche
» pour défendre ce qu'ils croyaient être la foi de l'Eglise, ils
» sont demeurés inébranlables. »

On avait fait courir dans la Petite-Eglise le bruit que l'Archevêque de Toulouse avait formé le projet de mettre sous les yeux
du Pape et du roi le triste tableau de l'Eglise de France et les

plaies que lui avaient faites les entreprises de Bonaparte, et de demander une réparation pour les victimes de sa tyrannie.

Mais quand Mgr de Clermond-Tonnerre eut publié son mandement du 12 décembre 1821, où il déclarait que, dans le *diocèse de Toulouse, tous les pouvoirs ecclésiastiques émanaient de lui, et que ceux qui n'émanaient pas de lui étaient nuls*, les Illuminés virent qu'ils s'étaient fait illusion, et ils en conçurent une très grande irritation contre celui qu'ils avaient cru leur protecteur. Cette irritation éclata dans une longue lettre du 5 janvier 1822 :

« Avant d'attaquer les pouvoirs des autres, Monseigneur, lui
» est-il dit, vous devriez commencer par établir votre propre
» juridiction. A vos singulières prétentions nous opposons,
» nous, les deux vérités suivantes :
» 1° Aucun pouvoir ecclésiastique n'émane ni ne peut émaner
» de vous dans l'état où vous êtes;
» 2° Les prêtres catholiques ont, indépendamment de vous,
» des pouvoirs valides et légitimes qu'il n'est pas en votre
» pouvoir ni de suspendre, ni de restreindre. »

Et les voilà partis pour prouver à l'Archevêque de Toulouse, par des arguments qu'ils devaient croire écrasants et qui sont aussi faux que grossiers, *qu'il est schismatique lui-même, sans pouvoir aucun, et par conséquent incapable d'en donner aux autres*. Et pour démontrer qu'eux seuls possèdent des pouvoirs valides et légitimes :

« Voyez, disent-ils, ce qui se passe dans tous les pays lors du
» changement de religion, ce qui s'est passé en Angleterre, en
» Suède, en Danemark et dans plusieurs Etats d'Allemagne, ne
» resta-t-il pas des pouvoirs aux prêtres fidèles indépendam-
» ment des prélats tombés? Les nouveaux sectaires luthériens
» ou calvinistes, en sortant de l'Eglise n'en avaient pas sans
» doute emporté avec eux les pouvoirs et fait par leur apostasie
» que les prêtres fidèles n'en eussent plus. Le bras de Dieu
» n'est pas raccourci; la grâce ne dépend pas plus aujourd'hui
» qu'autrefois d'une volonté injuste. Vous ne pouvez pas plus,
» Monseigneur, que les anciens sectaires, mettre les pouvoirs
» de l'Eglise au prix de votre honneur, nous juger privés de ce

» trésor parce que vous l'avez perdu, et dignes d'être punis
» parce que vous êtes coupable. Non, la persécution n'arrête
» pas le cours des miséricordes divines envers ceux qui demeu-
» rent fidèles; restant ce qu'ils étaient, ils conservent aussi ce
» qu'ils possédaient, les pouvoirs de l'Eglise leur mère à
» laquelle ils ont tout sacrifié. Et dans quelle source les ont-ils
» puisés? Depuis la mort de nos généreux confesseurs et la
» chute déplorable des autres évêques, les prêtres catholiques
» de France tiennent leurs pouvoirs *du supplément que leur fait*
» *l'Eglise et de leur propre ordination.* L'Eglise suppléa par sa
» fécondité à tous ses enfants les pouvoirs qui manquaient aux
» papes infâmes du x° siècle, comme nous l'apprend Bossuet,
» il n'est pas douteux qu'elle ne supplée aujourd'hui les
» pouvoirs que ne peut posséder un pape uni aux hérétiques.
» Et puis n'avons-nous pas reçu dans l'ordination le pouvoir de
» remettre les péchés, de lier et de délier? Ce pouvoir réel et
» véritable est enchaîné par une sage loi de discipline néces-
» saire au bon ordre dans les temps paisibles; mais dans les
» temps de persécution, lorsque les lois disciplinaires ne peu-
» vent plus être observées, il a toute son activité naturelle; on
» voit alors que ce n'est pas en vain qu'il a été conféré par
» l'Esprit-Saint.

» A quel titre vous présentez-vous, Monseigneur, pour
» contester leurs pouvoirs aux enfants toujours fidèles de la
» Sainte Eglise? Comme le successeur d'un apostat qui l'a
» trahie et dont vous n'avez pas condamné la mémoire, comme
» le pasteur de ceux qui ont reconnu l'apostat pour leur évêque
» et qui lui ont obéi en cette qualité. Dès lors, vous êtes sem-
» blable à eux et coupable comme eux; de sorte que c'est un
» étranger qui vient disputer aux enfants de la maison les
» droits qui n'appartiennent qu'à eux. Et dans quel temps
» venez-vous tenter cette injustice? Dans un temps où d'autres
» évêques, spécialement dans le royaume de Naples[1], se

---

[1] A quoi fait-on allusion? En parlant des Réclamations canoniques
des évêques anticoncordataires dans une lettre sans date et sans
signature, mais qui paraît écrite de Londres, nous trouvons : *Nos écrits*
ont réuni les suffrages d'un grand nombre d'évêques des diverses régions
de l'Europe et des autres parties du monde. Nous ne citerons que le mot

» donnent des mouvements pour porter remede aux maux dont
» nous souffrons, dans un temps où la mort prochaine du
» Pape[1] permet quelque espoir de réparation, et quand les
» autres évêques concordataires. retenus par la conviction
·» intime de la vérité, n'ont pas osé toucher cette corde déli-
» cate ! »

Nous abrégeons ce long réquisitoire qu'il serait superflu de
chercher à réfuter; il montre a quel degré d'aveuglement et
d'audace étaient tombés les Illuminés de nos contrées.

Dans un but de charité, Mgr de Clermond-Tonnerre leur avait
fait mille avances, il était allé à eux le premier dans la pensée
de les ramener. Mais ses intentions n'ayant eu d'autre résultat
que de les rendre plus insolents, il fit paraître, à la date du
28 janvier 1822, une lettre pastorale où, touchant à la grande
question du Concordat, il faisait connaître à son diocèse les
condamnations déjà portées contre ceux qui, dans cette circonstance, avaient refusé de reconnaître l'autorité de l'Eglise. Les
Illuminés répliquèrent à la date du 13 mars. Cette réponse fut
faite par leur chef lui-même, M. Lucrès, et comme c'est le
dernier écrit que nous ayons retrouvé de lui, nous le reproduisons presque en entier, parce qu'il contient certains détails que
nous ne connaîtrions pas autrement.

« Monseigneur, lorsqu'on vit paraître votre écrit du 28 jan-
» vier 1822 auquel vous avez donné le titre de « Lettre pasto-
» rale », il était impossible de prévoir que toutes vos promesses
» dussent se terminer d'une manière si extraordinaire. Ce
» résultat est une preuve nouvelle qu'ici-bas on ne peut
» compter sur rien.
» Il y a, Monseigneur, de grandes inexactitudes dans votre

---

de Son Em. le *Cardinal Ruffo*, archevêque de Naples, également recommandable par sa piété et par sa science. Après nous avoir lus, il s'est
écrié : C'est la foi des confesseurs et des martyrs, c'est la doctrine catholique fidèlement présentée. Voilà sans doute sur quoi se fondaient les
espérances des Illuminés de Toulouse.
[1] Le Saint-Pontife Pie VII. dont les anticoncordataires supputaient les
jours, mourut le 20 août 1823. Mais la Petite-Eglise se trompait gros-
sièrement en comptant que son erreur trouverait plus de crédit auprès
de ses successeurs et qu'il lui serait donné une réparation.

» écrit qu'il ne nous est pas permis de passer sous silence.
» Il n'a été question, entre nous. que des entreprises illégi-
» times de Bonaparte et de ses singulières ordonnances pour
» l'établissement de sa nouvelle Réforme, auxquelles le Pape
» n'a eu aucune part et qui n'en vaudraient pas mieux s'il les
» avait approuvées puisqu'elles sont contraires à la foi catho-
» lique.

» 1° Nous n'avons pas demandé de *condamner* ni même
» d'accuser le Pontife romain;

» 2° Nous n'avons pas demandé la *condamnation du premier*
» *Concordat de Pie VII*, puisqu'il ne renferme rien qui ait pu
» autoriser les attentats de Bonaparte;

» 3° Nous n'avons pas demandé que le *clergé romain fût*
» *accusé, condamné*, enveloppé dans une condamnation quel-
» conque;

» 4° On ne vous a pas demandé de *braver sans pudeur la*
» *vénération dont l'univers chrétien environne Pie VII*.

» Enfin, Monseigneur, vous le savez aussi bien que nous, et
» Votre Grandeur en a la preuve en main, il ne s'agissait entre
» vous et nous que du mélange des constitutionnels avec les
» catholiques, il ne s'agissait plus ni du Concordat ni du Pape,
» ni de rien qui pût inquiéter une conscience timorée. Vous
» conviendrez du reste, Monseigneur, que sans braver la véné-
» ration dont l'univers l'entoure, il est permis de dire que le
» Pape aurait pu se dispenser de venir faire ce que vous appelez
» la cérémonie du sacre. Vous conviendrez aussi que, s'il n'eût
» pas fait le Concordat de Fontainebleau, il n'en serait pas
» moins digne du tribut d'admiration que vous lui décernez, ni
» du jugement que vous assurez devoir lui être rendu par
» l'impartiale histoire qui le placera au rang des plus grands et
» des plus saints Pontifes. *Obstupescite cœli !*

» Et votre écrit, Monseigneur, qui contient des faits si
» inexacts, a été lu dans les églises de vos paroisses, au milieu
» du Saint Sacrifice de la messe, du haut de la chaire de
» vérité!... Malgré l'exposition de nos sentiments exprimés
» sans équivoque, vous nous en attribuez de tout contraires, et
» non seulement cela, vous encouragez encore par vos paroles
» et vos exemples nos calomniateurs, vous applaudissez aux
» injures dont ils nous accablent. En ce moment même on

» répand clandestinement des ouvrages qui renferment des
» prétentions que nous n'avons pas, afin de nous les attribuer.
» Vous favorisez les excès de parole et de plume où se sont
» portés et où se portent tous les jours contre nous tous, parti-
» culièrement contre moi, vos correspondants et vos conseillers.

» Il y a entre vous et nous, Monseigneur, cette différence,
» c'est que nous marchons à découvert. Nous avons déclaré et
» nous déclarons hautement que nous n'avons pas voulu nous
» réunir aux constitutionnels pour former avec eux et tout le
» clergé consulaire une nouvelle communion, et Votre Gran-
» deur sait que nous ne lui avons jamais donné le moindre
» espoir de renoncer à ces sentiments.

» D'autres réflexions sur votre écrit que j'ai lu rapidement et
» que je vais relire trouveront ailleurs leur place. Il était de
» notre devoir d'écarter sans retard des reproches que nous ne
» méritons pas, et j'ai le regret d'avoir été réduit pour nous
» défendre à la malheureuse nécessité de vous contredire.

» Quant à la visite que vous me fîtes, je l'appréciai selon sa
» juste valeur, et j'y répondis comme la bienséance l'exigeait,
» mais non pas comme vous le dites. Votre aumônier en fut le
» seul témoin. Ni vous, ni lui, ni moi ne répandîmes de larmes,
» et nos yeux bien secs n'eurent pas besoin d'être essuyés.
» Vous attachez à cette visite un plus grand prix que moi.
» Aussi avez-vous voulu vous payer de vos propres mains, et
» vous l'avez fait avec usure. Par le récit que vous faites de
» cette visite, on voit que vous avez voulu vous appliquer avec
» une adresse admirable l'éloge donné selon le bruit public à
» M. Primat, de qui on disait en votre présence *qu'il traversait*
» *les rues escorté de ses vertus, sans chercher d'autres courtisans*
» *que les pauvres et les malheureux.* Vous pensez bien, Monsei-
» gneur, qu'ici nous ne serons pas d'accord et que je ne parta-
» gerai jamais l'estime que vous témoignez à l'apostat qui fut
» votre prédécesseur.

» Malgré les coups que vous nous avez portés, vous voulez,
» nous dit-on, reprendre votre projet de conciliation et y donner
» des suites. Ce serait l'unique moyen de réparer en partie une
» grande erreur. Vous le pouvez sans notre concours. Si Dieu
» vous accorde la persévérance, vous nous trouverez toujours à
» notre place sans qu'il soit besoin de nous chercher. Le

» point à éclaircir n'est pas bien compliqué. Votre premier
» plan était le meilleur : *exposer le venin dont fut infecté dans le*
» *principe l'ouvrage de Bonaparte et y porter le remède dont il*
» *est susceptible.* Mais les puissances de la terre reconnaîtront-
» elles qu'elles le peuvent et qu'elles le doivent? Daigne le Ciel
» bénir votre entreprise et vous mettre à l'abri des conseils
» perfides qui vous environnent !

    » J'ai l'honneur d'être avec un profond respect, Monseigneur,

» Lucrès,

» *Vicaire général.* »

M. Sébastien Lucrès mourut le 6 janvier 1823 à Toulouse,
18, rue Boulbonne, à l'âge de 88 ans, quelques mois seulement
après avoir écrit cette lettre [1]. Malgré les impertinences qu'elle
contient à l'adresse du Pape et d'un prince de l'Eglise, malgré
ce langage enfiellé qui s'y montre encore dans certains passages, ne semble-t-il pas qu'un travail s'est fait dans cette âme et
qu'elle s'est rapprochée de la vérité. Peut-être M. Lucrès
comprenait-il alors qu'il avait fait fausse route et la grâce
commençait-elle à agir sur son cœur? Le vieux lutteur ne se
plaint plus que des constitutionnels; et il déclare que c'est le
seul obstacle qui le sépare de l'Eglise romaine. C'était le fruit
des efforts de Mgr de Clermont-Tonnerre pour ramener la
Petite-Eglise [2].

---

[1] Ses dispositions testamentaires, que nous avons déjà fait connaître
page 52, peuvent paraître singulières. Par testament olographe, daté de
1812, il lègue tous ses biens à une marchande de modes de Toulouse,
sans doute un de ses plus chauds partisans et une colonne de son
église.

[2] A la date du 7 septembre 1822, M. Chabanon écrit à M. Fenasse :
« Lundi et mardi, j'eus l'honneur de dîner avec Mgr l'Archevêque de
» Toulouse venu dans nos contrées pour administrer la Confirmation.
» Ce respectable prélat fait des choses étranges. Il a établi 24 prêtres et
» 12 diacres pour 12 paroisses de divers cantons. Deux de ces mission-
» naires dînaient avec nous. Ils n'avaient pas trouvé d'asile dans la paroisse
» où ils étaient envoyés, et le peuple, occupé aux travaux pressants de la
» campagne, ne paraissait pas disposé à se rendre aux instructions ni
» au sacré tribunal. J'ai lié une étroite conversation avec M. Savy,
» vicaire général (plus tard évêque d'Aire) qui m'a avoué que cette
» œuvre, très bonne en elle-même, suscitait beaucoup d'ennuis à
» Monseigneur.
» Je dirai à vous seul que M. Ducassé, dit Boutan, a capté la confiance

Il ressort de cette lettre que les négociations n'étaient pas entièrement rompues et que Mgr l'Archevêque de Toulouse voulait faire de nouvelles tentatives pour opérer cette réunion tant désirée, et M. Lucrès en finissant *sa lettre appelle les bénédictions du Ciel sur cette entreprise.* Que le Dieu des Miséricordes lui ait tenu compte au moment de la mort de ce vœu qui paraît sincère! C'est en vain que nous avons cherché à découvrir d'autres traces de sa soumission.

» du prélat. Il lui avait inspiré le dessein d'obliger tous *les prêtres*
» *soumis au Concordat* à une forme particulière de déclaration, moyen
» que l'on supposait propre à ramener les prêtres dissidents. Heureu-
» sement M. Larroque a plaidé avec succès contre ce triste expédient
» qui aurait été un triomphe pour MM. les puristes. Monseigneur étant
» à Cadours en avait un et à proximité. La proposition que je fis de
» l'appeler auprès de son supérieur fut rejetée. »
Il s'agit ici de M. Ufferte, ancien curé de Quintignaux.

CHAPITRE XI

Le Schisme perd du terrain. — Cahuzac est rendu aux Catholiques.

Les conversions des Illuminés étaient rares. On vit cependant un certain nombre de simples fidèles reconnaître leur erreur et rentrer heureux dans le giron de l'Eglise; mais, c'est une chose lamentable, qu'on n'ait pas entendu parler d'un seul de ces prêtres rebelles qui se soit rétracté pour rentrer dans les voies de l'obéissance. Gimont en vit disparaître successivement une foule, tous morts dans le schisme : l'abbé Laforgue, le 27 avril 1823; l'abbé Antoine Laporte, le 25 janvier 1825; l'abbé Pierre Laporte, le 24 mars 1831. Rien ne pouvait leur ouvrir les yeux et triompher de leur opiniâtreté. La sainte chapelle de Cahuzac, qu'ils étaient si fiers de posséder, était retombée providentiellement aux mains des catholiques. On avait beaucoup prié, tous les serviteurs de Marie avaient fait au Ciel une sainte violence pour recouvrer ce sanctuaire si cher à la piété chrétienne. Grâce à ces ferventes prières sans doute, plus encore qu'aux négociations que des personnes de Gimont avaient entamées à ce sujet avec M. Verdier, celui ci avait fini par se montrer accommodant au-delà de toute espérance, et on avait obtenu de lui une renonciation en règle à tous les droits qu'il pouvait prétendre sur la chapelle et ses dépendances, moyennant certaines conditions qu'on se hâta d'accepter. Cet acte de renonciation est du 26 août 1821. M. Verdier y déclare que, *puisque M. Jacques Pendaries, de Saint-Arailles, par son testament du 12 décembre 1816, a légué à la chapelle de Cahuzac une somme de 4,700 francs avec cette clause expresse que si la chapelle n'était pas rendue à la commune dans cinq ans à dater de son décès, ce legs de 4,700 francs profiterait au Séminaire d'Auch, pour ne pas priver de ce bienfait la chapelle de Cahuzac pour laquelle il s'est toujours dévoué et qu'il a conservé au péril de ses jours, en essuyant toutes sortes d'outrages et d'humiliations; il abandonne en faveur de la commune de Gimont tous les droits que lui donne sur la chapelle l'acte sous-seing privé du 24 mai 1815, se réservant néanmoins la jouissance de la maison, grange, jardin, écurie et pâtus.*

La commune de Gimont avait alors à sa tête M. le comte de Montlezun, ancien officier de cavalerie, chevalier de Saint-Louis. Par les soins de cet excellent magistrat, le Conseil municipal accepta définitivement cette donation le 23 septembre, et la commune entrait aussitôt en possession de l'édifice.

Avant de permettre qu'il fût rendu au culte catholique, l'Autorité ecclésiastique, par l'organe de M. Fénasse, pro-vicaire général de Mgr Jacoupy dans l'ancien diocèse d'Auch, exigea qu'on supprimât d'abord toute communication entre la maison et la chapelle. On dit que cette mesure déplut à M. Verdier, qui ne s'y attendait pas; mais comme elle n'avait pas été prévue et réservée par lui et qu'elle était conforme au droit, il ne put l'empêcher, et toutes les portes de communication furent murées. On fit ensuite à la chapelle les réparations les plus urgentes, et le 16 novembre 1821 eut lieu une fête splendide.

Le peuple chrétien faisait entendre de tous côtés des cantiques d'actions de grâces. Trente ans s'étaient écoulés depuis la fermeture de la sainte chapelle, et la Sainte Eglise en reprenait possession au milieu d'un concours immense de fidèles venus de tous les pays d'alentour. On s'y rendit en procession de l'église paroissiale. Deux cents jeunes filles, vêtues de blanc et un cierge à la main, suivaient pieusement l'image de la Sainte-Vierge, revenant comme une reine dans ces lieux qu'elle s'était choisis depuis trois cents ans. L'enthousiasme était indescriptible. Le vénérable M. Lacoste, curé de Gimont, entouré de son clergé et des autorités civiles, présidait la cérémonie, et eut le bonheur d'offrir le premier le Saint Sacrifice de la messe dans le sanctuaire après l'avoir de nouveau bénit et purifié, assisté de ses deux vicaires, M. Silliès, mort vers 1850 curé-doyen de Saint-Clar, et de M. Dousset[1] qui, en sa qualité de secrétaire d'office, choisi par M. le curé, rédigea l'intéressant procès-verbal, consigné dans les registres paroissiaux.

M. Verdier put entendre du fond de sa demeure les chants de joie et de triomphe qui firent retentir de nouveau les voûtes de la sainte chapelle. Il put entendre aussi les prières qui furent demandées pour sa conversion à Celle que l'Eglise appelle le refuge des pécheurs. Son endurcissement mit malheureusement obstacle aux desseins miséricordieux de Marie. La loyauté dont il fit preuve dans la vente de la chapelle avait fait espérer un retour. Mais, malgré les vœux et les efforts de ses confrères catholiques, particulièrement du saint abbé de Cahuzac[2], il persévéra, dans le schisme, et profitant jusqu'à la fin des

---

[1] M. Fabien Dousset, né à La Sauvetat en 1794, venu à Gimont comme vicaire en 1819, y est resté jusqu'à sa mort arrivée le 18 fevrier 1866, Vicaire jusqu'en 1840, il remplaça à cette époque M. Lacoste comme curé-doyen. Ses 47 ans de ministère dans cette paroisse, le bien qu'il y a fait, les œuvres qu'il y a fondées y feront à jamais bénir son nom.

Il est un autre nom qu'on ne peut pas séparer du sien. Quand en 1859 M. Dousset, par délicatesse de conscience, voulut déposer la houlette pastorale, il désigna lui-même pour lui succéder un enfant de Gimont formé à son image, M. l'abbé Charles-Théodore de Lavigne, qui a fourni une carrière merveilleusement féconde et que toute la paroisse en pleurs accompagnait à sa dernière demeure le 12 mars 1891,

Ces deux prêtres, modèles accomplis de toutes les vertus sacerdotales, conserveront une place à part dans le cœur et la reconnaissance de ceux qui regarderont toujours comme un bonheur et une grâce de les avoir connus.

M. Dousset aimait à parler de cette grande journée du 16 novembre 1821, qui fut une manifestation éclatante de la dévotion des Gimontois pour la Très-Sainte Vierge. *J'y étais aussi*, disait alors M. de Lavigne, *mais je ne m'en souviens pas.* Il y était, en effet, dans les bras de sa nourrice, il avait alors *un an et six semaines.*

La famille de Lavigne est une des premières et des plus anciennes de Gimont; ses armes sont : d'argent au cep de vigne, terrassé de sinople, fruité de pampre, au chef d'azur, chargé de trois étoiles d'or. Elle est dignement représentée aujourd'hui par M. le général Eugène de Lavigne, frère du regretté curé.

Sans remonter bien haut, nous trouvons deux autres généraux de Gimont : le général de Labarthe et le général de Montlezun.

[2] Armand de Cahuzac, fils unique de noble Antoine de Cahuzac et de dame Raymonde-Thérèse Prévot de Fénouillet, naquit à Gimont, le 17 octobre 1777. Il fit ses premières études à Toulouse en 1794, à l'âge de 17 ans; il fut un des premiers élèves de l'Ecole polytechnique qui venait de se fonder. Il en sortit en 1798, à l'âge de 21 ans, et suivit d'abord la carrière des armes. Il ne tarda pas à la quitter pour entrer

réserves qu'il s'était faites, il mourut le 17 février 1840 dans cette maison de Cahuzac, sans prêtre, sans sacrement, sans aucun secours spirituel, entouré de ses correligionnaires qui, après son décès, le revêtirent de ses ornements sacerdotaux et exposèrent sa dépouille. Beaucoup de curieux vinrent la voir; les petits garçons de dix à douze ans ne manquèrent pas de s'y rendre, et l'un d'eux, devenu le successeur de M. Chabanon dans la cure de Cologne, nous disait l'impression qu'il en avait ressentie et le souvenir profond qu'il en gardait après plus de 60 ans [1]. Le lendemain, encore sans prêtre et sans croix, les Illuminés accompagnaient à sa dernière demeure le corps de leur pasteur; il était porté à découvert, comme on le permettait à cette époque, assis sur un fauteuil, revêtu de ses ornements sacerdotaux. M. Dousset nous a raconté que, se trouvant fortuitement sur le chemin du cimetière, il avait été surpris par le convoi sans pouvoir l'éviter, et il avait les larmes aux yeux en nous parlant de cette rencontre qui lui avait brisé le cœur.

---

dans la diplomatie, et il fut envoyé en qualité d'attaché d'ambassade dans diverses villes d'Italie et d'Allemagne. En 1810 il rentra en France. Son père était mort, et sa mère avancée en âge le rappelait auprès d'elle. En 1815, il fut de nouveau rappelé sous les armes pour repousser l'invasion étrangère, mais à la paix il rentra dans la vie privée, et devenu libre par la mort de sa mere, il entra dans les Ordres. Ordonné prêtre à Rome en 1817, il commença de mener la vie la plus extraordinaire. Muni du titre de missionnaire apostolique, il se mit à parcourir l'Italie, la France, l'Allemagne, *toujours à pied*, menant la vie la plus pénitente, tout en se livrant partout à la prédication et en donnant libre carrière au zèle qui le dévorait. Il revint plusieurs fois à Rome pour y retremper son âme. Il s'arrêta aussi quelque temps en Allemagne pour suivre les cours de l'Université de Gœttingue dans le but de travailler plus efficacement à la conversion des Luthériens.

Au printemps de 1822, las sans doute de cette vie errante, il tourna ses regards vers la France et songea à revenir au pays natal. La chapelle de Cahuzac venait de se rouvrir. On regarda à Gimont comme providentielle l'arrivée d'un prêtre portant lui-même le nom de la chapelle et qui semblait être envoyé tout exprès pour faire le service du sanctuaire délaissé. On le pressa de s'en charger. M. de Cahuzac, convaincu lui-même de sa mission, accepta avec bonheur, et, dès ce moment, c'est à la chapelle qu'il consacra sa vie tout entière. Il est mort à Toulouse, le 25 août 1855, et son corps, inhumé d'abord dans la petite chapelle de Saint-Sauveur, repose aujourd'hui dans le sanctuaire de Marie, qu'il avait tant aimé. Si on laissait encore au peuple chrétien le soin de canoniser les saints, il y a longtemps que M. l'abbé Armand de Cahuzac serait placé sur les autels.

[1] M. l'abbé Louis Batiste, né à Gimont en 1830, curé actuel de Cologne.

Restait un autre prêtre Illuminé, l'abbé Pierre Sales, qui mourut le 23 juillet 1841. C'est le dernier de ceux qui s'étaient fixés à Gimont. M. Sales avait à sa mort 90 ans. M. Verdier en avait 88. Cette longue vie était une nouvelle grâce dont ces malheureux abusèrent comme de toutes les autres.

CHAPITRE XII

Polémique entre M. Guilhamède, curé de Thoux, et quelques prêtres Illuminés. — Quelques détails sur le schisme donnés par M. Chabanon à M. Fénasse.

Le siège archiépiscopal d'Auch avait été rétabli par le Concordat de 1817. Mais ce Concordat ayant été abandonné pendant cinq ans, ce n'est qu'en 1822, après une nouvelle entente avec le Saint-Siège, qu'il fut enfin exécuté avec quelques modifications et qu'Auch recouvra son titre d'Archevêché et de Métropole. Dès lors, la partie de l'ancien diocèse de Lombez réunie à Agen cessa d'appartenir à ce diocèse pour être annexée à celui d'Auch, et nos anticoncordataires passèrent sous la houlette de nos Archevêques à laquelle ils ne s'empressèrent pas plus d'obéir qu'à celle de Mgr Jacoupy.

En 1825, il s'engagea une polémique entre M. Guilhamède [1], curé de Thoux, et deux prêtres de la Petite-Eglise qui paraissent être M. Ufferte, ancien curé de Quintignaux, et M. Bégué, de Saint-Criq. Nous ne reproduirons pas *in extenso* leur correspondance qui ne manque pas d'intérêt, mais qui tiendrait une place trop considérable dans ce modeste volume. Les lettres de M. Guilhaméde [2] sont admirables de force et de clarté. Celles

---

[1] M. Nicolas Guilhamède était un prêtre de grande valeur; d'abord curé de Saint-Paul (paroisse supprimée du canton de Cologne), nommé à Thoux après le Concordat. Il était né à Cologne le 6 décembre 1762, d'une des premières familles de cette ville. Il y a quelques années à peine, les principales charges publiques de Cologne étaient remplies par des Guilhamède. Les deux frères, MM. Osmin et Emmanuel Guilhamède, étaient en même temps l'un maire et l'autre juge de paix, à la grande satisfaction de leurs concitoyens. Cette excellente famille a disparu comme tant d'autres, et ce qu'il y a de particulièrement triste, c'est que le dernier de ce nom était un jeune homme d'avenir qui n'avait pas 20 ans quand la mort l'a enlevé.

[2] Ces lettres, comme celles de M. Chabanon et de M. Sales, sont des copies retenues par les Illuminés, découvertes à Saint-Criq, maison Vignères.

des prêtres révoltés rééditent tous les sophismes que l'on trouve toujours sous la plume des hérétiques. Nous en extrairons seulement certains faits, certains détails historiques que cette correspondance nous fait connaître. D'après ces lettres, les chefs du parti avec lesquels Mgr de Clermond-Tonnerre engagea des conférences furent M. Lucrès, M. Font, de Pamiers, et M. Abadie. Son Eminence avoua à ces trois messieurs qu'à son arrivée à Toulouse, il avait trouvé dans le diocèse *166 constitutionnels contumaces* qui lui déclarèrent que sous M. Primat jamais personne ne leur avait demandé ni rétractation, ni abjuration, ni adhésion aux Brefs de Pie VI, mais uniquement la déclaration comme à tous les autres d'adhérer au Concordat et de reconnaître les nouveaux évêques. M. l'abbé d'Arbou, vicaire général, plus tard évêque de Bayonne, assistait à ces conférences, qui n'eurent pas le résultat qu'on en attendait.

« Pourquoi, disent les Illuminés, Mgr de Toulouse ne fit-il
» pas comme Mgr Guigou, évêque d'Angoulême, qui, honteux
» de succéder à l'hérétique Lacombe, a exigé le 28 octobre 1824
» que tous les ecclésiastiques adhèrent aux jugements rendus
» par le Saint-Siège, et qu'en outre les constitutionnels rétrac-
» tent le serment impie dont ils s'étaient souillés ? »

Dans une lettre du 16 juin 1825, adressée par un Illuminé à un de ses confrères. nous y relevons ce singulier passage :

« *M. Guilhamède le regarde sans doute comme une bonne bête*
» *de file qui n'ose pas se mesurer avec lui.* Il t'a dépeint sous ces
» belles couleurs à son confrère de Saint-Germier qui nous a
» taxés tous d'un tas d'ignorants, sans en excepter M. Sales,
» qu'il s'est vanté d'avoir forcé à convenir de ses torts. Je ne
» connais pas ce monsieur de Saint-Germier que M. Guilha-
» mède a initié aux mystères de nos démêlés, mais s'il est vrai
» qu'il ait taxé d'ignorance M. Sales, il faut que ce Monsieur
» ne soit pas aussi savant qu'il s'en fait accroire à Saint-
» Germier, car M. Sales ne peut être traité d'ignorant que par
» des ignorants entièrement aveuglés par l'esprit de parti. »

Voici un passage où le prêtre insoumis vise à l'éloquence :

« Voulez-vous que nous marchions à la suite de Primat, des
» Saurine, des Lecoz, des Raymond, des Beaulieu, des Char-

» rier de La Roche, des Montaut des Iles, des Belmas, des
» Bécherel, des Berdolet, des Lacombe, des Perrier et consorts,
» tant du premier que du second ordre, qui tous sont morts
» comme ils avaient vécu, en demeurant publiquement attachés
» à des principes condamnés par l'Eglise ? Nous ne voulons
» pas, en nous réunissant à des schismatiques et à des héréti-
» ques, renoncer à notre glorieuse confession, perdre le fruit
» de trente ans d'épreuves, abandonner la voie royale que nous
» a tracée par leur exemple Pie VI, mort dans les chaînes, les
» Dulau d'Arles, les Larrochefoucault de Saintes et de Beau-
» vais, morts avec deux cents prêtres, de la main des assassins,
» dans les prisons de Paris, et des milliers de nos frères qui
» tous, plutôt que de se réunir aux constitutionnels contu-
» maces, ont préféré mourir sous la guillotine, sous les coups
» de fusil, sur les pontons de La Rochelle, sur les sables
» brûlants de la Guyane, dans le bateaux à soupape, ou de
» faim et de misère, dans les cachots ou sur la terre étrangère. »

Dans une lettre du 27 avril 1825, M. Guilhamède lui dit :

« De qui tenez-vous vos pouvoirs ? Mgr de Chauvigny regarde
» ses pouvoirs comme tellement anéantis par la Bulle du
» Saint-Père, qu'il nous écrivit, comme vous savez, de recourir
» aux nouveaux évêques et de prendre de leur part les pouvoirs
» nécessaires pour exercer les fonctions de notre ministère, ne
» pouvant pas y avoir deux évêques dans un même diocèse.
» Les restrictions faites après n'ôtent rien de sa valeur à cette
» première recommandation, la seule dictée par la conscience.
» Il s'était déclaré déchu de son autorité et de sa juridiction.
» Pourriez-vous vous prévaloir d'une juridiction donnée anté-
» rieurement par lui ou son grand vicaire? En tous cas, elle
» aurait cessé à la mort de celui qui vous l'aurait donnée. Vos
» anciens titres sont annulés par une Bulle donnée *ex cathedra*
» et reçue sans opposition par tous les évêques catholiques
» répandus dans l'univers.

» De qui tenez-vous vos pouvoirs ? Serait-ce des autres
» évêques non-démissionnaires? Mais la plupart sont morts
» et les autres, revenus en France, sont entrés en communion
» avec le Pape et les autres évêques. Au lieu donc de vous
» donner des pouvoirs, ils vous condamnent par leur conduite.

» Vous n'en avez pas demandé, à coup sûr, à la Cour de Rome
» contre laquelle vous êtes en révolte et qui vous aurait
» enjoint de vous adresser à l'évêque diocésain, au vénérable
» Mgr de Morlhon, institué très canoniquement archevêque
» d'Auch, quoique l'avocat de la Petite Eglise *doute si ce*
» *vertueux prélat est envoyé par le Pape ou s'il est venu de*
» *lui-même, comme l'infâme Barthe, occuper le siège du Gers.*
» Pour un avocat qui paraît plus fort en matière politique
» qu'en matière théologique. il est surprenant qu'il ne sache
» pas le préalable et les formalités qu'il a fallu observer pour
» obtenir le rétablissement de l'archevêché d'Auch. Il n'y a pas
» un seul catholique séculier qui ait déshonoré l'illustre prélat
» par un parallèle semblable; il était réservé à un prêtre, mais
» à un prêtre de la Petite-Eglise, à un prêtre schismatique, de
» proférer un tel blasphème! Ah! que ne connaissez-vous
» comme nous ce digne prélat dont le doux et sage gouver-
» nement fait le bonheur du clergé et des fidèles du diocèse,
» où il jouit déjà d'une confiance universelle? Vous ne voulez
» pas, dites-vous, des pouvoirs de ce vénérable prélat, le seul
» qui puisse vous en donner. Vous avez élevé autel contre
» autel et vous affligez son cœur moins par vos injures que par
» votre révolte et votre obstination à le méconnaître. Vous ne
» tenez donc vos pouvoirs que de vous-même, c'est-à-dire que
» vous n'en avez aucun. Hélas! vous qui déclamiez avec tant
» d'amertume contre les intrus constitutionnels, vous voilà à
» votre tour de véritables intrus schismatiques, puisque par
» votre désobéissance au Chef suprême de l'Eglise et à vos
» pasteurs légitimes vous avez rompu l'unité.

» *Mais quoi! nous qui avons été toujours fidèles, qui sommes*
» *purs, et aujourd'hui encore tels qu'avant la Révolution, nous*
» *serions les coupables!*

» Vous n'êtes pas coupables pour vous être très bien com-
» portés jusqu'au nouvel état de choses, mais vous êtes coupa-
» bles pour avoir condamné la conduite du Souverain Pontife,
» suivie et approuvée par tous les évêques de la catholicité.
» Vous n'êtes pas coupables pour avoir obéi à Pie VI, mais
» pour avoir désobéi à Pie VII et à Léon XII qui ont un égal
» droit à votre obéissance, lors même que ce qu'ils comman-
» dent vous déplaît.

» *Mais comment pourrions-nous être coupables, lorsque nous*
» *nous exposons à des dangers, à des fatigues, à des courses*
» *nocturnes, au mépris général, aux persécutions de tous en vue*
» *de prendre le parti le plus sûr ?...*

» Remarquez, dit saint Augustin, l'Evangile ne dit pas ;
» Heureux ceux qui souffrent persécution, mais *heureux aussi*
» *ceux qui souffrent persécution pour la* Justice. Or, là où n'est
» pas l'unité de l'Eglise de Jésus-Christ, continue le saint
» docteur, il n'y a pas de justice, parce qu'il n'y a pas de justice
» là où n'est pas la charité, et la charité ne saurait se trouver
» là où l'on déchire le Corps de Jésus-Christ qui est l'Eglise.
» Enfants pervers, dit encore saint Augustin : Ah! que vous
» sert-il d'avoir de bonnes qualités et un simulacre de vertu?
» Vos bonnes qualités et vos bonnes œuvres sont, à la vérité,
» des pierres précieuses; mais si ces pierres précieuses ne sont
» pas attachées à la Robe de l'Eglise, elles perdent leur éclat,
» elles perdent tout leur prix. Vous voilà, Messieurs, carac-
» térisés au naturel. Quelque purs, quelque saints que vous
» prétendiez être, vous ne tenez plus à la Robe de l'Eglise de
» Jésus-Christ.

» *Vous prenez, dites-vous audacieusement, le parti le plus sûr.*

» Grand Dieu, quelle absurdité! Le parti le plus sûr n'est-il
» pas celui de l'obéissance au Vicaire de Jésus-Christ? Le parti
» le plus sûr, le seul parti à prendre n'est-il pas de demeurer
» constamment appuyé sur la pierre fondamentale de l'Eglise
» afin de ne pas être emporté çà et là par les vents des fausses
» doctrines? Le plus sûr parti, l'unique parti à prendre n'est-ce
» pas de ne pas sortir de la Barque de Pierre? Vous en êtes
» sortis. Ne craignez-vous pas que Jésus-Christ vous dise :
» Je ne vous connais pas, vous n'êtes que des ouvriers d'ini-
» quité, *nescio vos, vos estes operarii iniquitatis.*

» Est-ce parce que vous affectez de prendre le parti le plus
» austère que vous le dites le plus sûr?

» Si vous aviez raison, la plupart des hérétiques qui ont
» désolé l'Eglise auraient été les plus parfaits catholiques, car
» ils ont affecté tous une grande austérité de principes. Vous
» êtes, dites-vous, les élus les plus purs, les catholiques par
» excellence. Mais, vous répond saint Augustin : Prouvez
» d'abord que vous êtes catholiques et vous prouverez ensuite

» que vous êtes des élus et des saints. Mais, hélas! vous n'êtes
» plus même catholiques, puisque vous êtes en dehors de la
» Barque de Pierre. *Subesse romano Pontifice est de necessitate*
» *salutis,* dit saint Thomas. Or, vous désobéissez au successeur
» de Pierre en ne voulant pas reconnaître les évêques qu'il a
» établis dans les nouveaux diocèses de France, en enfreignant
» le règlement qu'il a cru devoir donner pour le bien de la
» religion. Assurément, Messieurs, nous aurions voulu que le
» nouvel état de choses eût été accompagné de moins de
» sacrifices. Quel ami de l'Eglise ne l'a désiré? Le mal a été si
» violent, la crise si épouvantable qu'il a fallu employer les
» remèdes les plus extraordinaires pour sauver la vie au
» malade. N'est-il pas juste que chacun de nous souffre un peu
» plus afin que le corps de l'Eglise souffre moins? L'intérêt
» particulier ne doit-il pas céder au bien commun? Nous ne
» sommes pas catholiques pour nous seuls, nous le sommes
» pour toute l'Eglise dont nous avons l'honneur d'être les
» membres.

» Concluez donc, Messieurs, que le défaut d'obéissance au
» chef de l'Eglise vous a rendus de parfaits schismatiques; que
» vous n'avez plus de pouvoirs, que par conséquent en exer-
» çant les fonctions sacerdotales, vous faites des sacrilèges;
» que vous faites le malheur de ceux qui suivent votre direction
» et que vous entretenez dans l'erreur, et que vous nous forcez
» par un motif de charité, pour ne pas devenir nous-mêmes
» prévaricateurs, à condamner votre obstination et à répéter à
» vos ouailles : *Attendite à falsis prophetis qui venient ad vos*
» *sub pellibus ovium, intrinsecus autem sunt lupi rapaces,* parce
» que cet oracle, sorti de la bouche du Divin Maître, doit être
» connu et expliqué aux peuples pour les prémunir contre les
» fausses doctrines.....

» Thoux, 27 août 1825. »

« Les fortes têtes de la Petite-Eglise ne savaient trop que
» répondre à cette lettre. Pour dissimuler leur embarras et
» gagner du temps, ils eurent recours à un stratagème qui
» sent la comédie. M. Bégué se faisait adresser par M. Ufferte
» à la date du 2 octobre, des reproches parce qu'il ne lui avait en-
» voyé plus tôt *cette sotte lettre de Guilhamède, ajoutant que celui-ci*

» *se glorifiera de leur silence, alors cependant qu'il est si facile*
» *de le confondre.* Après avoir rabâché les mêmes arguments
» qu'on leur avait maintes fois réfutés, les chefs de la Petite-
» Église jugèrent prudent de battre en retraite et de mettre fin
» à cette polémique. M. Ufferte finit sa lettre à M. Bégué en lui
» disant :

   « *Bonjour, mon cher ami, je l'embrasse de tout mon cœur, en*
» *le priant à deux genoux de ne plus m'envoyer aucune lettre de*
» *Guilhamède, à moins qu'elle ne renferme son sincère repentir*
» *d'avoir abandonné la véritable Église pour se rallier à une*
» *Église tombée dans l'hérésie.*
      » 2 Octobre 1825. »

   Le 9 janvier 1819, M. Chabanon écrivait à M. Fénasse,
successeur de M. de Lagrange comme pro-vicaire général
d'Agen pour l'ancien diocèse d'Auch :

   « La grande plaie de notre pays, c'est la présence de tant de
» prêtres insoumis. Le canton de Cologne en a deux. A Saint-
» Criq, M. Bégué, né dans cette paroisse, où il réunit aux jours
» de fêtes une centaine de personnes des environs; il fait sou-
» vent des excursions pour entretenir le zèle de ses partisans.
» L'autre, M. Bonaventure Ufferte, ancien curé de Quinti-
» gnaux, dont la secte fait un docteur, et qui ne fait qu'extrava-
» guer, il ne cesse de crier qu'il n'y a qu'eux de catholiques et
» que nous sommes des schismatiques. A Frégouville, deux
» germains nommés Puntis, et un autre abbé Bégué qui,
» après avoir confessé courageusement la foi sous la Terreur,
» s'est déclaré contre le Concordat. Il demeure actuellement à
» Gimont chez une dame Religieuse dont il gouverne le tem-
» porel. A Montiron, M. Dolon, qui est un homme des plus
» bornés. On trouve à Monferran M. Daroles, de mœurs
» suspectes, pétulant et ennemi acharné de la soumission au
» Pape. Les autres prêtres rebelles sont à Gimont, hors de ma
» juridiction. Celui qui a le plus de part à leur égarement,
» c'est M. Sales aîné. J'ai été son intime ami. Je n'ai pas pu le
» réduire; c'est un esprit faux et plein de présomption.
   » J'observe, en outre, qu'un grand nombre de prêtres ne
» demandent jamais d'absoudre des cas réservés et de dispenser

» dans le for intérieur. Je crains qu'ils n'instruisent mal leur
» peuple, n'étudiant pas assez eux-mêmes la religion ».

Il paraît que les messieurs de la Petite-Eglise se mettaient à
l'aise avec les principes théologiques. Nous avons trouvé dans
les papiers de M. Bégué, de Saint-Criq, cette singulière note
que lui avait adressée M. Lucrès :

« Continuez à soigner la femme, et à toutes celles qui
» s'adresseront à vous pour ces raisons. dites-leur à toutes et à
» tous indistinctement de prier chez eux les dimanches et fêtes
» quand ils ne pourront pas aller chez vous, et qu'on ne doit
» pas se joindre aux eontumaces absolument sans excuse.
» Promettez à tous les vôtres d'aller les confesser s'ils devien-
» nent malades. Je vous y autorise partout et pour tous et
» toutes. Et si on vous écrit à ce sujet, ne répondez pas, ou
» répondez que vous n'avez à rendre compte de votre conduite
» qu'à Dieu et à vos supérieurs légitimes ».

Il n'y a ni date ni signature, mais l'écriture est de M. Lucrès.

CHAPITRE XIII

Noms de quelques prêtres Illuminés. — Les Illuminés de Pébées,
de Saint-André, de Lahas, de Sirac, etc.

Dès que Mgr de Morlhon eut pris possession du siège
d'Auch en 1823, le diocèse, détaché de celui d'Agen, fut réor-
ganisé d'une manière régulière et eut son administration
propre. Les pouvoirs extraordinaires dont M. Chabanon était
investi n'avaient plus la même raison d'être, et nous ignorons
s'ils lui furent conservés par l'Archevêque d'Auch. Toujours
est-il qu'à cette date le saint curé de Cologne, s'attendant à en
déchargé, envoyait a M. Fénasse un long mémoire pour rendre
compte de son administration et fournir a l'Autorité des renseignements sur la partie du diocèse qui lui était confiée depuis
vingt ans, sur l'état spirituel et temporel des paroisses, avec
des notes sur les prêtres qui étaient soumis à son autorité.
Il donna aussi la liste des prêtres de l'ancien diocèse de
Lombez encore vivants et toujours insurgés contre le Concordat. Nous le reproduisons textuellement :

« M. Sales aîné, résidant à Gimont où il fut autrefois vicaire,
» très intelligent et très honnête dans ses manières, en appa-
» rence plein de zèle pour la religion, mais esprit faux et
» opiniâtre et trop aux affaires de sa famille.

« M. Sales cadet, ancien vicaire de Rieumes, moins intelli-
» gent que son frère et moins porté au prosélytisme.

» Les deux frères Laporte, résidant à Gimont, deux pauvres
» prêtres ignorants retenus dans le schisme par M. Sales.

» M. Vignes, ancien curé d'Ambon, natif de Tarbes, résidant
» a Gimont.

» M. Verdier, du diocèse de Comminges, ancien chapelain
» de Cahuzac, d'un entêtement effrayant.

» Les deux Puntis, nés à Frégouville, errant dans diverses

» paroisses; l'un fréquemment à Pébées et l'autre à Saint-
» André, hommes sans valeur.

» M. Dolon, à Montiron, extrêmement borné.

» M. Daroles, à Monferran, d'une fierté et d'une sottise
» incroyables.

» Ces Messieurs ont chacun leur petit troupeau, mais ils ne
» font guère plus de prosélytes. Bien peu de ceux qu'ils
» ont séduit reviennent à nous. On les a rendus savants en
» leur parlant de saint Athanase et du Pape Libère. »

Les Illuminés étaient disséminés dans tout l'ancien diocèse
de Lombez, et on en trouvait un peu partout dans les années
qui suivirent le Concordat. Mais certaines paroisses, particulièrement celles qui possédaient un de ces prêtres schismatiques, eurent le triste privilège d'en compter un plus grand
nombre.

Nous avons d'intéressantes notes sur la Petite-Eglise de
Pébées.

Pendant la Révolution, M. Esparseil, dernier curé de Pébées,
ayant émigré, un des deux abbés Puntis, de Frégouville, alla
chercher un asile au sein de cette population fidèle, et en retour
de l'hospitalité qu'il en recevait, il lui prodigua les secours de
son ministère; il mit à sa disposition toutes les ressources de
son zèle au péril même de sa vie, car il ne l'abandonna pas
pendant les plus mauvais jours de la Révolution. Faut-il
s'étonner qu'après avoir admiré le courage tout apostolique de
ce prêtre, cette population simple et foncièrement religieuse
n'ait pas su se séparer de lui au moment du Concordat: Son
influence fut telle qu'il put entraîner dans le schisme toute la
paroisse à l'exception d'une famille, et pendant une trentaine
d'années Pébées ne comptait plus parmi les paroisses catholiques. M. Puntis se constitua alors le pasteur de ce troupeau. Il
ne put se fixer dans l'ancien presbytère, devenu mairie et
maison d'école. Son culte n'ayant pas d'existence légale, il ne
put pas non plus entrer en possession de l'église. Il devint
l'hôte de la famille Baradou, dont la maison a été achetée en
1852 par la commune qui en a fait le presbytère actuel. Une des
chambres de cette maison avait été convertie en chapelle.
Quoiqu'ils ne jouissent pas de l'église, les Illuminés disposaient

pourtant de la cloche; mais on raconte que, pour arriver au clocher. le sonneur, sur la recommandation sans doute de M. Puntis, entrait dans l'église à reculons, évitant avec soin de jeter les yeux du côté de l'autel. M. Puntis disait la messe dans sa chapelle, non sans s'être assuré que pas un dissident ne s'était glissé parmi ses fidèles. Il confessait, faisait les catéchismes, bénissait les mariages, toujours avant le mariage civil qu'il ne reconnaissait pas, et il ne permettait à ses paroissiens d'aller à la mairie qu'après être passés dans sa chapelle. Les enterrements se faisaient suivant le rit de l'Eglise catholique. Quant aux baptêmes, il paraît qu'il les faisait souvent à domicile et à *l'évier*. On conserve dans les archives de Pébées le registre poroissial qu'il a assez exactement tenu jusqu'en 1832. Il résulte de ce document que son ministère s'étendait bien au-delà des limites de cette paroisse, sans jamais dépasser les limites de l'ancien diocèse de Lombez, où ce pauvre prêtre croyait peut-être avec une certaine bonne foi posséder une juridiction aussi étendue que Mgr de Chauvigny de Blot avait prétendu la donner en 1802 à tous les prêtres fidèles. Il est à remarquer qu'il n'a jamais pris le titre de curé de Pébées, et que dans tous ses actes il signe *prêtre catholique délégué*, se regardant comme un apôtre régionnaire. De plus, pour bien marquer qu'il considérait le Concordat comme non-avenu et qu'il ne tenait aucun compte du nouvel ordre de choses, dans tous ses actes, à la suite du nom des paroisses où il exerce son ministère, il a le soin d'écrire en toutes lettres *diocèse de Lombes*.

Outre les occupations de son ministère, M. Puntis tenait à Pébées une école où se rendaient avec les enfants de M. Baradon, son bienfaiteur, un grand nombre d'enfants de toute la contrée. En sus du programme scolaire, il apprenait à ses élèves le plain-chant, et jusqu'à ces derniers temps le lutrin de Pébées a eu d'excellents chantres formés par M. Puntis. L'un d'eux disait à M. Mauco, l'excellent curé actuel, que pour payer les leçons de son maître, il lui avait longtemps servi la messe et l'avait de plus bien souvent aidé à *chasser la caille à la tirasse*.

A part la famille du docteur Baradou, qui appartenait à la bourgeoisie, ce petit troupeau était composé d'agriculteurs, gens simples et fort peu instruits; mais scrupuleusement attachés à toutes les pratiques de la religion. Ils continuaient de célébrer et de chômer toutes les fêtes supprimées. Les jours de jeûne, en quelque époque de l'année que ce fût et quelque pénibles que fussent les travaux, ils ne prenaient le repas qu'après le signal donné par la cloche qui, ces jours-là, était sonnée à 11 h. 1|2. Ils formaient, sous la houlette de M. Puntis, comme une communauté religieuse.

Cependant, vers 1825, un certain Jean Fauré, que tout le monde vénérait comme un patriarche à cause de sa droiture, de sa piété, de son intelligence, conçut des doutes sur sa religion. Il chercha de bonne foi à s'éclairer, ce qui le conduisit naturellement à la connaissance de la vérité. Dès qu'il l'eut entrevue, il n'était pas homme à fermer les yeux et à reculer. Aussi, malgré la vive opposition et les efforts désespérés du docteur Baradon et de M. Puntis, Jean Fauré donna à l'abjuration de son erreur toute la publicité possible. Ce fut un coup terrible pour la Petite-Eglise de Pébées. L'exemple d'un homme si estimable entraîna une partie notable de la population. Le reste se rendit peu à peu ou s'éteignit, et lorsque, en 1832, M. Puntis rentra dans sa famille à Frégouville, son troupeau lui avait échappé presque tout entier.

Quand ils n'eurent plus de prêtre à leur disposition, on voyait tous les samedis soir ou dans la nuit du dimanche les derniers tenants du schisme partir par caravanes pour aller entendre la messe d'un prêtre de leur secte, soit à Saint-André, soit à Gimont, soit même à Toulouse. La famille Baradou, qui était des plus obstinées, faisait venir de temps en temps à Pébées, pour administrer les sacrements et renouveler la Réserve, soit M. Puntis, de Saint-André, cousin de leur ancien pasteur, soit un prêtre de Toulouse. Des trois qu'on se rappelle avoir vu venir de cette ville, il y avait un boîteux.

Cet état de choses dura jusqu'en 1850, époque à laquelle M. Baradou commença à vendre ses terres de Pébées. Sa dernière vente est celle de sa maison, devenue presbytère, qui est datée du 16 juin 1852. Cette famille se retira à Rieumes où elle ne tarda pas de se soumettre à l'autorité de l'Eglise. Mais, en quittant Pébées, elle avait laissé la Réserve dans sa chapelle où les Illuminés continuèrent de l'entourer d'un culte touchant. Ce ne fut qu'après des démarches faites par M. Gardères, curé de Pébées, et M, Palanque, curé-doyen de Samatan, qu'il fut permis au curé de la paroisse de l'enlever pour la porter à l'église. ce qui affligea profondément les quelques rares tenants du schisme et leur fit dire qu'on leur *avait volé le bon Dieu*.

Les deux derniers Illuminés, un homme et une vieille fille, se soumirent vers 1860, sous le ministère de M. Verdier, mort curé de Goudourville. Après leur retour à l'Eglise catholique, les illuminés ne pouvaient pas toujours se défaire de leurs scrupules à l'endroit des concessions faites par le Saint-Siège. Ils chômaient les fêtes supprimées, faisaient le carême primitif, observant rigoureusement le jeûne et l'abstinence. On a connu un vieillard qui jeûnait deux fois à l'occasion de la fête de saint Pierre, le 28 juin, veille de la fête, et le samedi suivant pour être sûr de ne pas manquer le véritable jour fixé pour ce jeûne. Ce brave homme est arrivé à une extrême vieillesse. Quand on lui a apporté le Saint-Viatique quelques heures avant sa mort, il a voulu à tout prix descendre de son lit pour recevoir son Dieu à genoux par terre, soutenu par son fils et sa belle fille. Cet admirable exemple de foi arrachait ce cri à l'excellent curé de Pébées : *Dieu voulut que je n'eusse dans la paroisse que d'anciens Illuminés!...*

Il y eut aussi un bon nombre d'Illuminés à Lahas [1], à Noilhan, au Bézéril, à Saint-André entretenus dans le schisme par un autre abbé Puntis, de Frégouville, cousin de celui de Pébées. Leur centre était Saint-André. Les offices s'y faisaient dans la maison Lannes, les familles les plus honorables de la contrée s'étaient laissées séduire et venaient fidèlement à ces réunions. Cependant, vers 1860, à peu près tous ces pauvres égarés

---

[1] En 1840, M. Palanque, curé de Lahas, demandait à l'Autorité diocésaine quelle doit être sa conduite à l'égard des catholiques qui laissent venir dans leurs maisons le prêtre illuminé pour administrer des malades qui n'en veulent pas d'autres. On lui répond qu'il ne doit pas tolérer une telle conduite, que ce serait favoriser le schisme en laissant administrer sacrilègement les sacrements par un prêtre sans pouvoirs sans juridiction.

En 1841, M. Palanque écrit encore : « Je suis au milieu de la secte des Illuminés. Lorsque j'ai eu connaissance de la maladie de quelqu'un de ses membres, je me suis toujours rendu auprès de lui pour lui offrir les secours de la religion. Je n'y ai jamais gagné que des injures. Que dois-je faire? »

étaient morts ou rentrés au bercail et, en 1863, Mgr Delamare ponvait envoyer un curé à Saint-André qui n'en avait pas eu depuis la Révolution. Déjà, en 1857, les habitants de Saint-André, dans une pétition à Mgr de Salinis, lui disaient : « Nous professions jusqu'ici un culte différent; mais désirant ardemment revenir de notre erreur et nous réunir à nos frères chrétiens, nous vous promettons, Monseigneur, de rentrer dans le sein de l'Eglise catholique quand nous aurons une messe à Saint-André. »

Le canton de Cologne compta un grand nombre d'adeptes de la Petite-Eglise. Il y en eut à Saint-Criq, à Touget, à Saint-Agathe, un peu dans toute cette contrée que M. Ufferte et M. Bégué avaient fanatisée, et malgré le zèle et les efforts de M. Chabanon et de M. Guilhamède, la secte leur survécut long-temps encore. Vingt ans après leur mort, nous la retrouvons à Sirac et voici à quelle accasion.

Vers 1850, Mgr de La Croix d'Azolette voulait supprimer le binage dans lequel il ne voyait qu'un abus. Sa Grandeur se trompait, comme elle voulut bien elle-même en convenir, et la seconde messe fut maintenue dans la plupart des paroisses. Mais devant cette menace, on s'était alarmé et de nombreuses protestations arrivaient à l'archevêché. Voici ce que nous lisons dans celle de la paroisse de Sirac :

« Votre Grandeur n'ignore pas, disait-on au prélat, qu'il
» existe encore dans la paroisse de Sirac un certain nombre
» d'honnêtes familles, plus ignorantes que coupables, lesquelles
» sous la désignation commune d'Illuminés, ne reconnaissent
» pas l'Autorité de l'Eglise. Le besoin d'un culte inhérent au
» cœur de l'homme, et d'autre part la difficulté qu'elles éprou-
» vent pour le leur à cause du petit nombre de leurs prêtres,
» en a fait rentrer plusieurs dans le sein de la Sainte Eglise,
» parce qu'elles peuvent assister a la messe et aux instructions.
» S'il n'y a plus de seconde messe, non-seulement cette cause
» de retour se trouvera amoindrie, mais il arrivera inévitable-
» ment que les plus obstinés parmi eux se réjouiront d'une
» suppression qui rendra plus difficile l'accomplissement du
» devoir dominical et qui leur fera dire que nos évêques veulent
» aussi supprimer l'obligation d'entendre la messe les diman-

» ches et jours fériés. Les soussignés sont bien éloignés,
» Monseigneur, de partager une si détestable pensée. Ils
» croient même, puisque Votre Grandeur le juge ainsi, que
» cette mesure doit être avantageuse à la religion dans un
» grand nombre de localités. Mais convaincus qu'à Sirac elle
» ne pourrait produire que les plus fâcheux effets, ils supplient
» Votre Grandeur de maintenir leur paroisse dans les excep-
» tions dont votre circulaire a reconnu en principe la néces-
» sité ».

Mgr de la Croix eut égard certainement aux raisons des bons
habitants de Sirac, et le binage fut maintenu dans cette paroisse.
Nous ne savons pas si les Illuminés surent beaucoup en profiter. Sirac est, croyons-nous, la patrie de l'abbé Bonaventure
Ufferte, qui ne dut pas peu contribuer à égarer cette excellente
population. Ce prêtre, sinon un des plus capables, du moins un
des plus prétentieux et des plus remuants de la Petite-Eglise,
était mort à cette époque; nous ne pouvons pas préciser la date
de son décès, mais nous avons recueilli à son sujet une anecdote
curieuse bien connue dans le pays qu'il habitait.

Il était sur son lit de mort entouré de ses correligionnaires :

« Je veux, leur dit-il, être inhume dans le cimetière de Quin-
» tignaux au milieu de mes frères, mais je n'entends pas
» qu'après quelques années on retouche à mes cendres, et je
» veux conserver la paix de la tombe. Creusez une fosse assez
» profonde, doublez pour moi les pieds de terre que vous jetez
» sur les autres morts, qu'on ne puisse pas toucher à ma
» dépouille jusqu'au jour de la résurrection, et surtout que mes
» cendres ne puissent pas être confondues avec celles des
» schismatiques concordataires ».

On dit que ses intentions furent religieusement exécutées.
Les Illuminés creusèrent pour M. Ufferte dans le cimetiere de
Quintignaux une fosse de 10 à 12 pieds, une sorte de puits, où
son corps est certainement à l'abri de toute profanation maté-
rielle et de tout contact avec les catholiques.

CHAPITRE XIV

Décadence du Schisme. — M. Mieussens. — M. V. S*** — Mort effrayante du premier. — Conversion de ce dernier.

Nous étions déjà loin du Concordat, et nous retrouvions encore ce groupe de schismatiques serrés étroitement autour de leurs prêtres, et ne se laissant entamer que par la mort, et quand la mort eut frappé le dernier de ces prêtres, quand le troupeau erra sans pasteur, il ne se rendit pas davantage; et n'en demeura pas moins inébranlable dans son opposition.

Il arriva alors une chose qui montre bien à quel degré d'aveuglement on peut tomber quand on s'éloigne des voies de l'obéissance. Jusque-là la secte avait obéi à des prêtres que leur révolte avait rendus sans doute bien coupables; mais c'étaient, au moins en apparence, des hommes pieux, austères, de mœurs irréprochables, d'anciens confesseurs de la foi, les plus courageux au temps de la persécution pour résister aux tyrans et flétrir les apostats, en un mot tout ce qu'il y a de plus propre à séduire les âmes bonnes et simples, trop ignorantes pour s'élever à la hauteur des principes et pour juger les questions de doctrine, mais toujours portées à se laisser gagner par la force des exemples. Nous allons voir quels furent les hommes qui eurent la confiance des Illuminés à partir de cette époque et que ceux-ci acceptèrent pour pasteurs.

Sous l'épiscopat de Mgr de la Croix d'Azolette, l'Autorité ecclésiastique, après une enquête des plus sérieuses, dirigée par le saint Archevêque lui-même qui se transporta au couvent de Boulaur pour entendre les dépositions des témoins, fut dans la triste nécessité d'interdire un malheureux prêtre, l'abbé Joseph Mieussens, curé de Laurac. Celui-ci au lieu d'accepter avec humilité une peine qu'il n'avait que trop méritée et de faire pénitence de ses fautes, s'insurgea contre la sentence de son évêque et courut chercher un refuge chez les Illuminés. Au lieu de repousser avec indignation ce transfuge sans vergogne et sans foi, les Illuminés l'accueillirent comme un envoyé du Ciel et se hâtèrent d'en faire leur pasteur.

Mieussens était depuis quelques années au milieu de ces pauvres gens dont il exploitait de son mieux l'étrange simplicité, quand la colère de Dieu, allumée par tous ses sacrilèges, éclata contre ce vil mercenaire d'une manière terrible. Quoique dépourvu de tout pouvoir, il avait, au mépris des saintes règles de l'Eglise, béni soi-disant dans la paroisse de Lahas, le mariage de deux de ses ouailles. Il avait assisté au dîner des noces, qui, se prolongeant dans la nuit, avait dégénéré en une véritable orgie. C'est au soir de ce jour que le malheureux prêtre prévaricateur mourut subitement d'apoplexie [1], sans aucun secours ni pour l'âme ni pour le corps, le 8 février 1855. Il était âgé de 56 ans. Ceux dont il était l'hôte l'ayant laissé seul dans la chambre qu'on lui avait réservée, ne l'y retrouvèrent que de longues heures après sa mort. Personne ne voulut toucher ce corps devenu un objet d'horreur; on le jeta dans une bière en l'état où la mort l'avait frappé, et les autorités civiles durent se charger de l'enfouir. Il fut inhumé par les soins de M. Lamothe, maire de Lahas, dans le coin du cimetière réservé aux hérétiques et aux suicidés. Hélas ! c'était un prêtre, et ses correligionnaires avaient placé un surplis sur son cercueil ! [2]

Quelle qu'ait été la cause apparente de cette mort, le peuple

---

[1] On a dit qu'il avait été asphyxié par le charbon d'un réchaud qu'on avait placé dans sa chambre pour le réchauffer.

[2] Mieussens était un homme de haute taille, d'une physionomie avenante avec des manieres gracieuses et aisees, chantre, musicien, orateur, il était pouvu de tous les dons naturels faits pour en imposer au peuple. Nous l'avons vu une fois dans notre enfance, un an environ avant sa mort. Il traversait la place de Simorre un jour de foire. On sut tout de suite qui il était : » C'est, disait-on, *le pape des Illuminés* ». Il ne paraissait pas embarrassé des regards nombreux fixés sur lui, et il semblait sourire à la foule. C'était l'année de la promulgation du dogme de l'Immaculée-Conception. Etant entré nous même dans la maison d'où il sortait, nous y apprîmes qu'il y avait été question avec lui de cette récente définition pontificale et qu'il en avait parlé dans de très bons termes, absolument comme l'aurait fait un véritable enfant de l'Eglise. Puisse la Vierge Immaculée s'en être souvenue à l'heure de sa mort!

chrétien ne manqua pas d'y voir la main de celui qu'on n'outrage jamais impunément.

L'acte de décès de Mieussens, relevé dans le registre de Lahas, ne donne aucune indication sur le lieu de sa naissance. Nous avons entendu dire qu'il était du canton d'Eauze. On trouva après sa mort, dans sa maison de Laurac, 34,000 francs en argent et en titres. Son héritière fut une jeune femme de Lannepax dont il était, dit-on, le parrain. Mieussens, après avoir commencé ses études théologiques, les avait suspendues pendant dix ans, était entré dans l'enseignement primaire et avait été instituteur dans cette commune avant de rentrer au Séminaire et de recevoir les Saints-Ordres. La jouissance de ses biens avait été laissée à sa servante Anne Marceille, de Laurac, brave et honnête fille qui ne suivit pas son maître dans ses égarements. L'abbé Mieussens avait été d'abord curé de Meillan; il occupait le poste de Laurac depuis 1838, lorsqu'en 1849 il y perdit ses pouvoirs d'une manière si triste.

. M. l'abbé Collongues, curé actuel de Laurac, qui a eu l'obligeance de nous fournir la plupart des renseignements qui précèdent, nous a encore appris un fait très important. Longtemps après la mort de l'abbé Mieussens, une femme mourait à Aubiet. Or, dans sa confession rendue publique sur sa demande, cette femme, originaire de Laurac, déclara qu'elle avait calomnié l'abbé Mieussens pour la somme de 60 francs qu'on ne lui avait pas encore payés. Cette grave déclaration ne saurait modifier notre jugement sur ce malheureux ni laver sa mémoire, puisque le fait de sa révolte et de son apostasie n'en est pas moins certain. Il n'est pas probable d'ailleurs qu'il eût été condamné sur la déposition d'un seul témoin.

. La mort effrayante de M. Mieussens ne convertit pas les Illuminés. Elle ne fut pas même capable d'arrêter un autre malheureux prêtre qui, ayant encouru les peines canoniques, brigua la succession de l'abbé Mieussens et vint à son tour offrir ses services. Celui-ci appartenait à une très honorable famille de Saramon, et il n'était peut-être pas aussi coupable qu'il le paraissait, parce qu'il n'y avait pas d'équilibre dans ses facultés. Sa sœur, religieuse Ursuline à Auch au couvent du Prieuré, s'était offerte à Dieu comme victime pour le rachat de l'âme de son frère. Ce sacrifice fut agréable au Seigneur. La

sainte Religieuse, partie pour l'Amérique en 1850 avec
Mgr Odin, évêque de Galveston, mourut sur la terre étrangère
dans la pratique de toutes les vertus; et son frère, après quelques années d'extravagances de toutes sortes, rentra en lui-
même et songea à expier ses fautes. Il avait été un jour faire ses
offres à un ministre protestant avec ses lettres de prêtrise à la
main. « *Voulez-vous que nous les brûlions ?* » lui dit le ministre.
Comme le prêtre y consentait, « *allez-vous-en,* lui dit-il alors
avec mépris, *vous êtes un mauvais prêtre, vous ne feriez qu'un
mauvais ministre.* »

Le 19 septembre 1856, M. Palanque, curé de Lahas, écrivait
à Mgr de Salinis :

« Pardon, Monseigneur, si je viens affliger Votre Grandeur
» en lui parlant d'un prêtre qui, après d'autres désordres, s'est
» jeté dans la Petite-Eglise; c'est M. V. S*** Il est dans ma
» paroisse depuis près d'un an. Il fait les offices dans la maison
» qui a été témoin de la mort effrayante de son prédécesseur,
» prêtre apostat comme lui. On dit des choses horribles sur
» son compte. Le public s'étonne qu'on lui laisse porter l'habit
» ecclésiastique et qu'on le laisse tranquille, tandis qu'on
» traquait constamment M. Mieussens qui, aux yeux des gens
» du monde, valait plus que celui-ci. Comme le présélytisme
» n'est pas à craindre de sa part, je garde le silence sur son
» compte, au moins en public. »

Averti par cette lettre, M. de Ladoue, vicaire général[1], écrivit
au procureur de Lombez au nom de l'Archevêque le 25 septembre, et par ses ordres les gendarmes allaient immédiatement à
Lahas pour faire enlever la soutane à M. S***.

Cependant son quartier-général était à Gimont. C'était de
1857 à 1863. Les vieux Illuminés avaient disparu; mais le
schisme s'était cantonné dans quelques familles et s'y perpé-
tuait avec la même ténacité. Le prêtre Illuminé avait son loge-
ment et réunissait ses ouailles dans une maison située sur la
place Saint-Eloi appartenant à une famille de Lahas, dont tous
les membres étaient acquis à la secte. Comme elle était presque
constamment fermée et qu'on n'y entendait de mouvement que

---

[1] Mort évêque de Nevers en 1877.

pendant la nuit, les voisins l'appelaient le nid des hibous. De la maison que nous habitions, nous nous souvenons d'avoir vu quelquefois par les fenêtres entrebâillées le prêtre apostat le bréviaire à la main. Il paraît qu'il ne s'en est jamais dessaisi et qu'au plus fort de ses égarements il récitait l'office. Dans le carême de 1863, malgré toutes les précautions qu'il prenait pour se cacher, on vit, tantôt dans un exercice du soir, tantôt à la première messe du matin, tantôt à la paroisse et tantôt à Cahuzac, confondu dans la foule et toujours dans le coin le plus ténébreux, un personnage inconnu qui intriguait beaucoup le public. Le personnage s'étant vu remarqué, et le bruit ayant couru que c'était l'abbé X., on ne le revit plus. Mais quelques mois plus tard, le 8 septembre suivant, au soir de la fête de la Nativité de la Sainte Vierge, la grande fête de Cahuzac, qui avait été préparée cette année-là par une excellente retraite du R. P. Marie-Antoine, et présidée par Mgr Delamare, quelques prêtres réunis encore près de la chapelle virent entrer chez Mgr l'Archevêque un monsieur d'une tenue fort correcte, en habit noir et en cravate blanche, dans lequel ils étaient loin de soupçonner un confrère. C'était pourtant l'abbé X.. le prodigue qui venait se jeter aux genoux de son Père. On se souvient de l'extrême charité de Mgr Delamare. Il releva ce pauvre prêtre avec bonté, l'encouragea, le bénit, et ne le renvoya qu'après lui avoir permis de reprendre l'habit ecclésiastique et lui avoir même assuré une pension de retraite; et le lendemain le bon Archevêque s'empressait d'annoncer au clergé de Gimont cette nouvelle qui réjouissait son cœur. Cette conversion, quelqu'édifiante qu'elle nous paraisse, ne produisit pas, il faut en convenir, un grand effet dans le pays et ne prit pas les proportions d'un grand évènement, parce que, comme nous l'avons dit, l'abbé X. passait pour avoir la tête malade, qu'il y avait toujours eu dans sa vie comme des alternatives de piété et de folie, et qu'aucun de ses actes n'était pris au sérieux. Cependant tout fait espérer que cette fois ce pauvre prêtre rentra décidément dans les voies du salut, car sa vie ne cessa plus d'être régulière, et il aura mérité par sa pénitence de revoir là-haut sa sainte sœur. Aucun pouvoir ne lui fut néanmoins jamais rendu, et il ne fut plus admis qu'à la communion laïque. Le port de la soutane est la seule concession qui lui fut faite; il ne revêtit même plus le surplis. L'abbé S*** mourut à Saramon au sein de sa respectable famille, muni des sacrements de la Sainte Eglise, le 18 novembre 1876, à l'âge de 63 ans.

Depuis que l'abbé S*** l'avait abandonnée, la secte des Illuminés, composée encore de quelques femmes et de quelques vieillards n'a plus eu de prêtres dans nos contrées. Mais le démon avait été bien habile pour assurer la perte de ces âmes. Les prêtres, et particulièrement l'abbé Verdier, les ayant convaincus qu'ils formaient, eux, la véritable Eglise et que nous n'étions que des hérétiques, leur avait fait jurer sur les saints Evangiles de ne jamais remettre les pieds dans nos temples profanés ; et la plupart des Illuminés n'ont été que trop fidèles à ce criminel serment. La secte a donc continué de vivre sans autel, sans sacrements, sans hiérarchie, et elle s'est éteinte sans consolations, loin de la source des eaux vives. On comptait au rang des Illuminés des familles patriarcales qui pratiquaient à la lettre la vie des premiers chrétiens et qui seraient des modèles de sainteté si la sainteté pouvait se trouver en dehors de l'obéissance aux dépositaires de l'Autorité légitime. Mais étaient-elles responsables de leur erreur ? et dès lors peut-on douter qu'elles ne fissent partie de l'âme de l'Eglise ?

Les deux dernières Illuminées de Gimont, pauvres femmes d'une vie exemplaire, qui passaient la journée en prière, sont mortes vers 1880. Elles répandaient sur tous leurs pas la bonne odeur des parfums évangéliques dont elles s'étaient imprégnées au temps de leur docilité au pasteur véritable; mais elles avaient horreur de nos prêtres [1], elles s'irritaient contre tout conseil, tout enseignement salutaire. Dieu a eu pitié de leurs âmes et la grâce du retour a payé leurs prières et leurs bonnes œuvres. Le saint abbé de Lavigne eut la consolation de recevoir leur rétractation; leurs amis et leurs voisins, qui avaient toujours admiré leur vertu, accompagnèrent avec joie le Dieu de l'Eucharistie, qui venait les nourrir en viatique après de longues années passées loin de la Table Sainte. Leur mort fut douce, consolante, et nous fit adorer et bénir les merveilleux secrets de la miséricorde divine.

---

[1] L'une d'elles disait au saint abbé de Lavigne : « Allez-vous-en ; en vous voyant, il me semble voir le diable en personne ».

CHAPITRE XV

Fin du schisme des Illuminés dans l'ancien diocèse de Lombez

Nous pensions qu'il n'existait plus un seul Illuminé dans l'ancien diocèse de Lombez. Nous nous trompions; il paraît qu'il y a encore une queue de la Petite-Eglise. Il y a quelques années nous touchions à cette question des Illuminés en causant avec un de nos amis, ancien membre du Conseil général du Gers. En nous entendant dire que la secte s'est éteinte faute de prêtre : « *Mais elle a mieux que ça,* nous dit-il, *elle a un évêque.* » Nous prîmes ce mot pour une plaisanterie et nous n'y répondîmes que par un sourire d'incrédulité. Notre ami se hâta d'ajouter que c'était réel, et qu'*il avait vu dernièrement encore ledit évêque sur le champ de foire de G...,* qu'*il était à la vérité en blouse et en béret de paysan...* Prenant ensuite un ton plus sérieux, il nous apprit qu'à P..., annexe de S..., il y avait encore un groupe d'Illuminés, descendant véritablement des anciens anticoncordataires, que, privés de prêtre, ils ont choisi l'un d'eux pour en faire le ministre de leur religion, qu'affublé d'un costume singulier [1], celui-ci préside leurs assemblées, fait des

---

[1] Peut-être même possède-t-il quelques ornements sacerdotaux, car il est le neveu d'un prêtre de la Petite-Eglise qui, pendant de longues années, a dit la messe dans cette maison.

Les populations de nos campagnes ont eu de tout temps le goût des cérémonies, le goût du culte extérieur, surtout quand elles étaient plus religieuses. Mais ce qui prouve que ce n'est pas toujours un amour éclairé de la religion qui le leur inspire, c'est cette singulière tendance à vouloir remplacer le prêtre lorsqu'elles en sont privées, ce qui est une usurpation ridicule et souvent sacrilège. Nous connaissons à ce propos une curieuse histoire.

Dans la petite paroisse de Mourlens, réunie à Lombez en 1822, en pleine Révolution, quand on n'eut plus de prêtres, on voulut avoir quand même un culte et des offices religieux. En conséqusnce, quatre

cérémonies, et que dans la contrée on ne l'appelle que l'évêque des Illuminés. Comme il y a dix à douze ans que ce renseignement nous avait été donné, nous avons voulu, avant de le publier, savoir ce qui en est aujourd'hui. Depuis lors, le troupeau a disparu; ces pauvres Illuminés ont ouvert les yeux maintenant à la vraie lumière dans les splendeurs de l'éternité. Mais s'il n'y a plus de troupeau, le pasteur, celui que par dérision on appelait l'évêque des Illuminés, âgé de 70 ans, vit encore, toujours aussi brave homme, mais toujours aussi entêté dans

---

des principaux habitants, simples laïques, s'étaient arrogé le droit d'officier tour-à-tour dans la modeste église et ils voulaient que leur autorité religieuse fût prise au sérieux. Un jour, on apprend à celui qui était de service qu'un laboureur du lieu s'était moqué de lui. Il le mande aussitôt, le fait comparaître devant tous les fidèles réunis pour le chant des vêpres, et, après lui avoir fait une verte réprimande, il le condamne, en punition de sa faute, à faire ce jour-là l'office de clerc. Le coupable se soumet en apparence, mais il médite une vengeance qu'il ne tarde pas à exécuter. Lorsque après l'encensement de l'autel à *Magnificat*, le célébrant, revêtu d'un grand pluvial, est revenu à sa stalle et se retourne vers le clerc pour être encensé à son tour, celui-ci, comme par mégarde, donne un grand coup d'encensoir sur le nez du célébrant. Après cet exploit, le clerc fuit à toutes jambes. Le célébrant, furieux, court à sa poursuite. On juge de l'hilarité de l'assistance qui quitte l'église en toute hâte pour voir qui va être vainqueur dans cette course à travers champs, du singulier célébrant ou du malin enfant de chœur. Il est probable que les gens sérieux de la paroisse ne prenaient aucune part à un tel culte, dont les prétendus ministres n'étaient que des farceurs et des bouffons.

Voici un autre fait plus rapproché de nous. En 1830, à l'avènement de Louis-Philippe, le chant du *Te Deum* avait été ordonné par le Cardinal d'Isoard dans toutes les églises du diocèse. Dans la paroisse de L...., M. le Maire fait savoir à M. le Curé que la garde nationale dont il était le commandant assisterait à la grand'messe à la suite de laquelle on chanterait le *Te Deum*. Par le fait d'une lubie qu'on ne saurait excuser, M. le Curé refusa et de chanter le *Te Deum* et même d'aller dire la messe, et il s'enferma dans son presbytère.

Le cas aurait été plus embarrassant pour d'autres que pour M. le Maire de L.... « *Mes amis*, dit-il à ses camarades de la garde nationale et à tous ses administrés déjà réunis dans l'église, *puisque M. le Curé ne veut pas nous dire la Messe, nous nous passerons de lui, c'est moi qui vais vous la dire*. Il n'est pas dit qu'il prit aucun des ornements sacerdotaux ni qu'il fît à l'autel aucune parodie sacrilège; mais de la stalle de M. le Curé où il se plaça, devant une assistance d'une tenue irréprochable, il lut très convenablement toutes les prières du saint sacrifice, et puis le *Te Deum* fut solennellement chanté, y compris l'Oraison.

Quelque singulière et peu louable, que fût cette conduite de M. le Maire, il faut convenir que ses responsabilités dans cette circonstance furent moins lourdes que celles de M. le Curé.

son erreur, et s'obstinant à célébrer encore dimanches et fêtes
dans sa maison avec sa servante, dont il a fait sans doute son
enfant de chœur. Pour entretenir son zèle de sectaire, il s'est
mis malheureusement en relation avec les Illuminés de Gon-
taud, diocèse d'Agen, où une de ses sœurs, illuminée comme
lui, s'est mariée.

Il ne faut pas s'étonner que le diocèse d'Agen ait eu aussi sa
Petite-Eglise. Son dernier évèque avant le Concordat, Mgr de
Bonnac fut comme Mgr de Chauvigny anticoncordataire et
prétendit garder sa juridiction. Il eut des partisans nombreux
à Marmande, à Tonneins, au Port-Sainte-Marie. Les Illuminés
possèdent encore une chapelle à Gontaut, près de Marmande.
Là, une riche dame, appartenant à la secte, a fait bâtir une
sorte de monastère où elle a réussi à grouper un certain
nombre d'Illuminées. Mais ces étranges religieuses n'avaient
pas de prêtre. Plus sévères et plus difficiles à cet égard que les
Illuminés de nos contrées qui acceptaient comme des envoyés
du Ciel tous les prêtres interdits qui se présentaient, elles
refusèrent absolument les services de tous ces mauvais prêtres
que l'Eglise catholique a été obligée de frapper. Mais s'étant
mises en rapport avec les Jansénistes de Hollande, elles envoyè-
rent à Utrecht leur jardinier nommé Muret qui, quoique marié,
père de famille, et sa femme vivant encore, en revint prêtre et,
comme tel, procura dès lors les secours spirituels aux Illuminés
de son couvent et de toute la contrée. Il fut à la fois et le jardinier et l'aumônier de la maison. Il ne portait pas habituellement
l'habit ecclésiastique. Après avoir rempli les fonctions du saint
ministère et quitté les ornements sacerdotaux, comme autrefois
les solitaires de Port-Royal, il reprenait ses habits de paysan
et ses instruments de travail. Son extérieur était bien celui d'un
sage. A travers ces dehors si simples, on voyait cependant un
fond d'orgueil qui devait laisser peu de place à la bonne foi.
Il mourut le 28 décembre 1891 comme il avait vécu, en sectaire,
sans qu'un prêtre catholique pût l'aborder. Ses deux fils sont
devenus les chefs de la secte. Tout leur troupeau se trouve au
couvent de Gontaut, où l'on compte encore, nous a-t-on dit, de
dix à douze personnes. On ne dit pas s'ils se sont faits ordonner
prêtres comme leur père.

Comme le démon s'est joué de ces pauvres gens ! C'est ainsi

que Dieu a puni l'orgueil de ceux qui avaient voulu s'ériger en
juges des actes du Chef suprême de l'Eglise. Voilà les derniers
débris de ce schisme commencé dans ces contrées, il y a un
siècle, par Mgr de Chauvigny de Blot, et qui eut pour le
défendre plus de 40 évêques, des centaines de prêtres et des
milliers de fidèles. N'est-ce pas le cas de dire avec le poète
latin : *Desinit in piscem ?*

Autre est la force de la Sainte Eglise catholique qui depuis
1900 ans toujours combattue est toujours victorieuse. C'est que,
seule dépositaire de la vérité, elle a seule les promesses de la
vie éternelle.

. Dans sa sollicitude elle n'a pas oublié ses enfants rebelles.
Tous les Souverains Pontifes qui se sont succédés depuis
Pie.VII leur ont fait entendre les plus paternelles exhortations.

Dans une lettre adressée à Mgr Juteau, évêque de Poitiers, à
la date du 19 juillet 1893, Léon XIII leur faisait le plus touchant
appel. Nous apprenions par cette lettre que cette secte des
anticoncordataires avait encore des adeptes nombreux dans le
diocèse de Poitiers et dans celui de Lyon [1], que dans ce dernier
ils avaient à leur tête comme principal interprète de leur
pensée un homme très honorable, Marius Duc, qui, tout en
refusant sous l'empire d'une déplorable erreur d'être en communion avec le pasteur légitime, n'avait cependant pas d'ani-
mosité contre l'Eglise. Le Souverain Pontife les loue d'avoir
rejeté les sollicitations des hérétiques et de professer encore
nos doctrines catholiques, d'observer nos rites, notre discipline
et notre manière de prier. Mais séparés de la communion de
l'Eglise, ajoute le Souverain Pontife, ne vous appuyez ni sur
l'honnêteté de vos mœurs, ni sur votre fidélité à la discipline,
ni sur votre zèle à garder la doctrine et la stabilité de la religion. L'apôtre ne dit-il pas que cela ne sert de rien sans la
charité qui ne saurait se trouver en dehors de la véritable
Eglise ? Et le Souverain Pontife les conjure, les presse de
reprendre au plus tôt le chemin de l'obéissance et du salut.

---

[1] La lettre de Léon XIII était destinée au Cardinal Foulon, archevêque
de Lyon. C'est la réponse à ses démarches personnelles et à celles du
chef de la dissidence de Lyon, Marius Duc. La mort du prélat, la vacance
du siège retardèrent l'envoi de cette pièce et décidèrent le Saint-Père à
l'adresser à l'évêque de Poitiers.

Cette lettre de Léon XIII ne tarda pas de porter ses fruits. Le 16 janvier 1894, le chef de la dissidence de Lyon, Marius Duc, faisait sa soumission dans la chapelle de l'Archevêché avec 9 de ses parents et amis, et signait la formule d'adhésion exigée par le Saint-Office. Le chef de la dissidence de Poitiers à la Plainelière de Courlay, M. Joseph Bertaud, suivit l'exemple de M. Duc, son ami, et le dimanche de la Passion, il apparaissait pour la première fois avec son neveu. M. Maynoton, à la grand'messe de sa paroisse, à la grande joie des catholiques, tandis que sa place demeurait vide à la chapelle schismatique de la Plainelière.

Puisse la voix du Vicaire de Jésus-Christ être entendue de tous les demeurants de la Petite-Eglise ! Puisse-t-elle ramener enfin au bercail ces brebis depuis si longtemps dispersées sans guides et sans pasteurs !

Mandement

de Monseigneur l'Evêque de Lombez pour défendre à ses prêtres
la « promesse » à la Constitution de l'an VIII

*Alexander-Henricus de Chauvigny de Blot, miseratione divina
et S. Sedis apostolicæ gratia, episcopus Lumbariensis,*

Clero, Seculari et Regulari, salutem in Domini,

Nova bella, filii carissimi et cooperatores nostri, novus inexpecta-
tusque jamjam adversùs mundi potestates, et principes et rectores
tenebrarum proponitur colluctandi modus. Hoc permisit Deus ut coro-
nentur victores, victi antem sententiam quam protulimus, et sentiant
et patientur.

Cùm vero in tam calamitoso virtutum omnium certamine incumbat
nobis, qui sumus propositi curam gregis conservandæ et vice pastoris
ovium nutriendarum agnorumque dirigendorum, zelo Domus Dei
æstuantes, ad vos quam cito properamus, ut quæcumque vera, quæcumque justa et multitudini confratrum Galliæ episcoporum consona
teneatis ac in fide sana sanos integrosque permaneatis.

De nobis autem certiores facti quod hucùsque secundùm regulam
veritatis et Christi sapientiam, per gratiam Illius, cujus robori firma-
mur in fide et veritate omnia disposueritis, magna cum lœtitia exulta-
vimus et congaudemus, gratiasque Deo optimo maximo egimus, dùm
in fratribus nostris, licet à nobis tam longè positis, tantam nobiscum
fidei veritatisque unitatem invenimus, ut lœtanter necnon absque decep-
tionis metu dicere possumus et decantare : ecce quam bonum et quam
jucundum habitare fratres in unum.

Dùm ergo unum in Christo sumus et in Ecclesia, sicut et Pater et
Filius unum sunt, sœculo fortiores et diabolo facti terribiles, nec
impiorum minis, nec terroribus commoveamur.

Exhibeamus nos dignos veri Dei ministros in multa patientia, in
tribulationibus, in angustiis, in necessitatibus, et Deus omnis gratiæ et
consolationis, qui nos in Christo Jesu vocavit, in admirabili suo lumine
et posuit, exuet nos, et nobis et Nomini suo dabit gloriam et honorem.

Si vero ad id quod iniquissimorum autoritate et temeritate quodque
contra jus et æquum proponitur, accederemus, actum foret de episco-
patûs vigore, de presbyteratûs sanctitate, deque gubernandæ Ecclesiæ
sublimi ac divina potestate : ac vix, proh dolor! christiani jàm aut esse
possimus aut dici, si ad hoc ventum est, ut perditorum minas et insidias
pertimescamus. Maneat apud nos ac sit in nobis robur invictum,
stabilis atque inconcussa veritas. Contra impiorum hominum incursus
et nequissimorum insidias, velut petræ jacentes fortitudine et mole
obsistamus. Nec interest undè episcopo sivè presbytero aut terror aut
periculum eveniant; terroribus et periculis undè quaque obnoxii, tamen
de ipsis periculis et terroribus fiunt et gloriosi et laureati.

Benedictus Deus et Pater Domini nostri, fratres carissimi, cujus gratia in tantis perturbationibus unum semper nobiscum Corpus ecclesiasticum effecistis adhùcque nunc effecistis et qui tanta cum laude vestri prœsulis exempla monitaque secuti, à recta in quà incessistis via handquaquàm deficitis nec, Deo juvante, deficietis.

Hinc apostolici muneris nostri partes esse arbitramur, non vos hortari modo sed etiam commonere ut quœcumque à Potestate civili exacta fuerint respuetis, sicut a decennis respuistis : nihil siquidem quod non sit pestimescendum ac cavendum ab ea proponitur, cùm vix nulla pars sit ab erroris suspensione libera.

Quapropter, invocato Dei omnipotentis nomine, deque consilio confratrum nostrorum Gallicæ episcoporum plurimorum nobiscum in exilio degentium, quibuscùmque sacerdotibus, sivè sœcularibus sivè regularibus intra fines nostræ diœcesis existentibus vel deinceps extituris prohibemus ne inconsultis nobis se civili protestate aut legibus juramento, promissione, aut alio quocumque modo subditos pronuntiant ant declarent. in ecclesiis ve publicè ministerium exerceant. Secùs facientes *ipso facto omnem juridictionàlem potestatem quœ titulo Beneficii ant communi juri non foret innixa, amitteret.*

Datum secessu nostro, die aprilis 14° anni 1800.

† ALEXANDER-HENRICUS,

Episcopus Lumbariensis.

Rétractation de M. Jacques Balas,

Curé schismatique de Noilhan[1].

Que vous dirai-je, ô mon Dieu, mon tendre Père? Placé aux pieds de vos autels, courbé sous le poids de mes iniquités, de mes crimes et sacrilèges profanations! Combien en ai je commis et fait commettre depuis des années de révolution! Qui pourroit en supputer le nombre! qui sauroit en étaler la noirceur et la malignité! Helas! que l'abyme dans lequel je me suis plongé est profond! Comment réparerai-je tant d'escandales, et tous les maux dont j'ai été l'auteur ou l'occasion!

Curé légitime de la paroisse de Noilhan, dans le diocèse de Lombez, mon devoir le plus sacré étoit d'instruire, d'avertir le peuple confié à mes soins, de lui faire appercevoir les dangers du régime d'impieté qu'on vouloit établir en France sous le faux et trompeur emblème de la liberté et de fraternité, germe flateur de tous les vices, fruit de l'orgueil en délire, l'expérience nous en a plus que convaincus.

Bien loin d'obéir à la voix impérieuse de mon cœur, flaté par l'espérance d'un avenir plus conforme à mes passions, malgré que je fusse bien convaincu que la religion, ses dogmes, sa morale, sa discipline se trouvoint amorcellées, détruite même et anéantie par le fait, si cela eut été possible, je gouttai la nouvelle doctrine, j'adoptai les mesures prises par l'Assemblée constituante dans son décret du 24 aout 1790, et le vingtième jour du mois de février 1791, en présence des autorités constituées et de tout un peuple assemblé *intra missarum solemnia*, je montai en chaire et sans honte, sans pudeur, je prononçai le fatal serment ordonné par le décret du 26 décembre 1790. Ô mon peuple que pourrai-je faire pour réparer un tel scandale! ô Eglise sainte par où pourrai-je guérir la playe affreuse que j'ai crusée sur votre corps innocent, par ma téméraire démarche! Je n'ay jamais ignoré que Pie VI, de sainte mémoire, avoit, par son bref du 10 mars 1791, condamné comme heretique et schismatique cette prétendue Constitution civile du clergé, je savois que par celui du 13 avril suivant il avoit ordonné à tous les ecclésiastiques qui avoint fait le serment de le rétracter et que les évêques de France avoient adhéré à cette décision dogmatique, ainsi que la très grande majorité de leur clergé fidèle; et malgré ma conviction, je persistai dans mes erreurs, je préchai le chisme, je déchirai l'Eglise, et passant sur toute considération je restai associé aux impies, aux factieux qui bouleversoit à la fois et l'Eglise et l'Etat, mon crime étoit grand je l'avoue, mais combien plus criminel encore celui dont je me rendis coupable en 1795. Rappellé à moi même par le zèle et les sages avertissements de mes légitimes supérieurs, j'avois rétracté mon serment, j'étois rentré dans le giron de l'Eglise catholique, apostolique et

[1] Nous avertissons le lecteur que nous avons respecté l'orthographe de la pièce originale.

romaine, lorsque appellé par les autorités du canton de Samatan le 6 décembre 1795, et interrogé cathégoriquement si j'avois rétracté mon serment, j'ûs la faiblesse de déclarer ne l'avoir jamais rétracté, et retombai par là sous la censure. Oh malheur, oh crime inoui ! je rougis de ma qualité de prêtre catholique, j'ûs honte de m'être repenti, et ce qui me paroit plus affreux et moins digne de grâce, c'est que l'espace de trois ans j'osai encore avec ce nouveau crime monter à l'autel, exercer les fonctions, et tromper les peuples qui venoient à moi et à qui je devois toute vérité. Clergé vénérable du diocèze, constament attaché à votre légitime pasteur, vos leçons, votre conduite n'ont rien pû sur mon cœur endurci dans le crime ! Peuple fidèle de ma paroisse et [de celles environantes, vôtre constant attachement à l'Eglise catholique, malgré les pertes, les privations de tout genre et les persécutions ont été infructueuses pour moi, et j'ai continuai à vivre dans le schisme et l'hèresie !

Dieu de miséricorde, je vous confesse mon crime, me le pardonnerés vous ? Dieu de bonté qui ne voulés pas la mort du pêcheur, mais qu'il se convertisse, ma honte, ma douleur sont-elles dignes de vos paternels regards ? Vous avés ouverts mes yeux à la lumière et mon cœur au repentir, daignés achever vôtre ouvrage, et puisse l'humble et sincère aveu de mes crimes hâter les grâces de miséricorde dont j'ay besoin pour expier par des larmes d'une sincère pénitence, mes iniquités, mes scandales ! Tant et tant des communions sacrilèges que j'ay fait et fait faire; tant des absolutions nulles que j'ay osé prononcer ! Mon Dieu, mon Père, mon Roi, faites par vôtre puissante grâce que je mure de douleur de vous avoir tant si cruelement et si audacieusement outragé. Et vous avés Dieu de bonté, arretté vos foudres, vos corroux suspendus sur ma tête criminele; et vous m'avés encore conservé les jours pour que je pusse rentrer en moi même ! et vous m'avés prévenu par vôtre grâce, malgré mes ingratitudes, mes perfidies, et vous avés dissipé mes illusions, et éclairé mon esprit, touché mon cœur, et donné a mon âme la force de confesser en votre présence et de ce peuple fidèle mes égarements; anges et saints qui habités le ciel, la terre, bénissés pour moi le Seigneur, rendés lui de trés humbles actions de grâces, et chantés au plus haut des cieux ses grandes et trés grandes miséricordes. Dieu d'amour, Dieu de bonté, donnés à mon âme coupable, pour comble de grâce, les tendres sentiments de Magdelaine, les larmes de Pierre, le repentir d'Augustin, et pour la gloire de votre saint nom, Recevés, bénissés la profession publique de mon repentir, de mon obéissance avenir à l'Eglise et à mon légitime pasteur et de ma croyance aux dogmes sacrés quelle a constament enseignés.

Pénétré des sentiments de la plus vive douleur et couvert de honte et de confusion d'avoir adopté et propagé le malheureux schisme qui désole depuis dix ans la France, je jure et promets en présence du Ciel et de la terre et prosterné à vos pieds, ô mon Jésus, réelement présent dans le sacrement d'amour, je promets de vivre le reste de mes jours et mourir dans le sein de l'Eglise catholique, apostolique et romaine, hors de laquelle il n'y a point de salut, et de laquelle je m'étois séparé par mon schisme : je renonce d'esprit et de cœur à cette prétendue Constitution civile du clergé, source empoisonnée de tous les malheurs qui ont affligé ma patrie et que j'adoptai par mon serment du 26 février 1791; je renonce d'esprit et de cœur à toutes les impiétés, blasphèmes et erreurs qui y sont contenues; je crois fermement toutes les vérités enseignées par l'Eglise catholique, apostolique et romaine et en particulier au sacré ministère établi par Jésus-Christ et à l'infaillibilité qu'il a communiquée au corps des premiers pasteurs dont le Pape est le chef, à l'indépendance de cette Eglise quand au spirituel et qu'il n'a confiée qu'aux premiers pasteurs dirigés par l'Esprit-Saint... Je crois : 1°·à la primauté d'honneur et de jurisdiction dont Jésus-Christ en a investi Pierre, le premier de ses apôtres et ses successeurs; 2° à la supériorité des évêques sur les prêtres et autres ministres, à la nécessité de l'ordination canonique et de la mission indispensablement necessaire pour la légitimité du saint ministère, et à la validité des actes qui en emmanent; je reconnois la sainteté des vœux monastiques, leur utilité dans l'Eglise de Dieu, et avoue le crime atroce qu'a commis l'Assemblée en les deffendant et celui qui m'est personel en adhérant par mon serment au forfait de la Constituante.

Je crois enfin de cœur que les ordinations reçues ou conférées par les intrus sont toutes sacrilèges et que l'autorité deleguée par eux est nulle; que l'intrusion est un sacrilège dont la nullité enveloppe tous les actes faits en conséquence.

Je jure et promets obéissance au Saint-Siège apostolique et à Mgr Alexandre-Henry de Chauvigni de Blot, mon seul et légitime évêque.

Je retracte formelement mon serment de 1791 et celui que je renouvelai par mon deni de rétractation dans la maison commune de Samatan et tous autres serments ou soumissions que je puis avoir faits, avec promesse de ne plus me permettre aucune demarche, n'y serment, n'y promesse, n'y soumission, n'y promesse sans y être autorisé par Mgr nôtre Evêque.

Eglise sainte que j'ay tant outragée et dont j'ay meprisé la doctrine; Eglise romaine, siège sacré des successeurs de Pierre; Eglise, maîtresse de toutes les autres, centre d'unité. gardienne de la foi; Eglise de Jésus-Christ, lavés moi, purifiés moi par son sang adorable, vous en êtes la seule depositaire, c'est dans vos seules mains qu'il a deposé cette seconde planche après le naufrage, et vous mon Dieu, tendre Père de miséricorde, daignés ratifier dans le ciel la sentence d'absolution. de reconciliation que je désire, que je demande avec larmes et que j'attendrai avec l'humble soumission d'un vrai penitent et que je recevrai avec un sentiment de reconnoissance qui ne finira qu'avec mes jours, puisse le Ciel propice agréer mon repentir, mes larmes, ma penitence, et l'Eglise me compter durant la vie et à la mort pour un de ses fidèles enfants. *Amen.*

En foi de ce avons signé de nôtre main la retractation.

VIGNES,	BEGUÉ,	BALAS,	LUCRÈS,
Curé d'Ambon.	*Prêtre catholique.*	*Retracté.*	*Vicaire général.*

Nous soussigné, prêtre delegué par qui de droit, avons receu la présente retractation de M. Balas, ce 19 octobre 1800.

CUXAC,
Curé de Fregouville.

TABLE

**Par ordre Alphabétique
de quelques Noms de Lieux et de Per onnes
mentionnés dans ce volume.**

C

D

E

F

M

Primat, évêque constitutionnel de Toulouse, 74, 111.
Puntis (Jean-Baptiste), prêtre illuminé, 95.
Puntis (Pierre), prêtre illuminé, 95.
Puységur (de), 25.

Q

Quintigneux, anc. par. du diocèse de Lombez, 169.

R

Raymond, curé de Cugnaux, 28.
Rangouze de Beauregard (de). vicaire général d'Agen, 101.
Reymond, évêque constitutionnel, 75.
Rieumes (paroisse), 3.
Roche Aymon (abbé de la), prêtre de la Petite Eglise, 147.
Rochevert de Bosredon (dame de(, mère de l'év. ae Lombez, 12.
Rodière. 106.
Romont (Suisse), 35.
Roncenac, 74.
Roux, vicaire général d'Agen, 101.
Ruffo (cardinal), archevêque de Naples, 150.

S

Sales (les deux), de Gimont, prêtres de la Petite Eglise, 57, 58.
Salinis (de), archevêque d'Auch, 173.
Samatan, 3.
Sainte-Agathe (paroisse), 172 .
Sainte-Allyre (paroisse), 12.
Saint-André, 171.
Saint-Bertrand, 75.
Saint-Bonnet de Rochefort, 10.
Saint-Criq. 173.
Saint-Gal, 12.
Saint-Georges, 97.
Saint-Germier, 161.
Saint-Jean-du-Planté, 4.
Saint-Jean-de-Tartage, 51.
Saint-Lizier-du-Planté, 4.
Saint-Majan, de Lombez, 15.
Saint-Martin-des-Aurios, 80.
Saint-Michel-de-Gaillac, 51.
Saint-Orens (paroisse). 97.
Saint-Pierre-de-Villars (prieuré), 13.
Saint-Salvy-d'Alby, 51.

TABLE DES MATIÈRES

Errata.

Page 5, à la note 3 du fond de la page, au lieu de : Eouard, lisez: *Edouard*.

Page 10, 4° ligne, au lieu de : d'ou, lisez : *d'où*.

Page 10, à la note 1 du fond de la page et à la 5° ligne, au lieu de : peur, lisez : *peut*.

Page 16, 15° ligne, au lieu de : est à s'y conformer, lisez : *ait*.

Page 87, 1™ ligne, au lieu de : correliogionn, lisez : *coréli-gionnaire*.

Page 109, à l'astérique, quatre ou cinq mots sont passés. et la phrase doit être rétablie ainsi :

Dans la classe des démissionnaires NN. SS. de Girac, évêque de Rennes, de Bausset évêque d'Alais et de la Luzerne, évêque de Langres ; et dans la classe des évêques concordataires Mgr de Dampierre, évêque de Clermont Mgr du Bourg, évêque de Limoges, notre ancien vicaire général de Lombez, et Mgr de Solles, un Auscitain, évêque de Chambéry.

Page 114, 11° ligne, au lieu de : à Mgr Jacoupy, lisez : *par Mgr...*

Page 115, 15° ligne, au lieu de : pays fidèle, lisez : pays *infidèle*.

Page 119, 22° ligne, au lieu de : Saint-Pontife, lisez : *Souverain-Pontife*.

Page 128, à l'avant-dernière ligne au lieu de : prier pour moi, lisez : pour *vous*.

Page 133, 3° ligne au lieu de : la note, lisez : *la vôtre*.

Page 176, 2° note au fond de la page, au lieu de : il était pourvu, lisez : il était *pourvu*.

Page 178, 22° ligne, au lieu de : présélytisme, lisez : *prosé-lytisme*.

Clermont-Tonnerre, archevêque de Toulouse, mettre un *t* à Clermont, non un *d*.

ÊME AUTEUR :

UN

OUBLIÉ

L'ABBÉ BOURGADE

Missionnaire apostolique

Aumônier de la chapelle royale de S.-L. de Carthage

1806—1866

PRIX : 1 fr. — Par la poste : 1 fr. 25

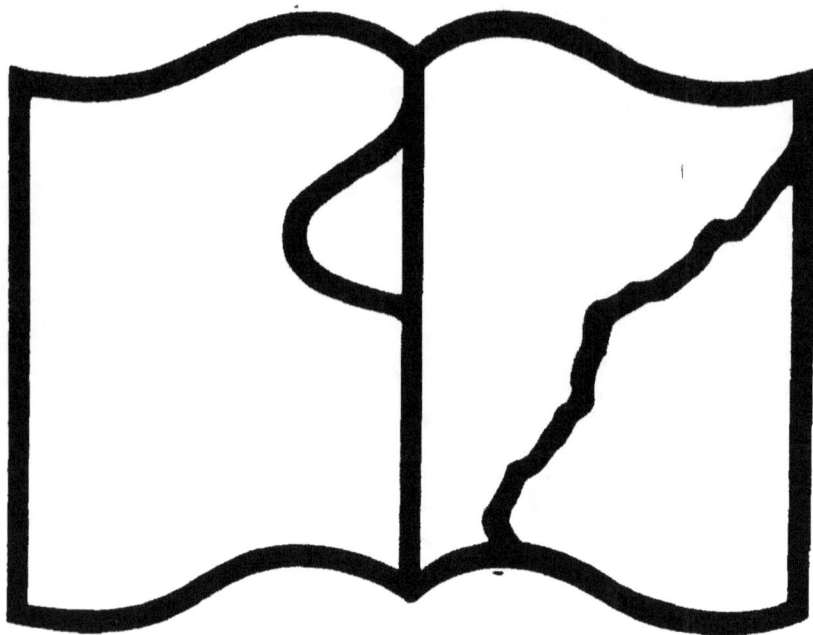

Texte détérioré — reliure défectueuse

NF Z 43-120-11

www.ingramcontent.com/pod-product-compliance
Lightning Source LLC
Chambersburg PA
CBHW071937090426
42740CB00011B/1729